中等职业教育经济管理类改革创新教材·物流专业

物流信息技术

（第二版）

主　编　张秀生　刘丽丽

副主编　张立川　米聚珍　雷　晨　赵江华　任　燕

科学出版社

北　京

内 容 简 介

本书根据物流行业的特点，以理论结合实践为出发点，以实用、易懂为原则，遵循教育部对职业教育的要求，系统地介绍了物流信息技术的相关知识。全书共 9 章，分别是物流信息技术概述、物流企业网络技术、数据库管理技术、自动识别技术与条码技术、物流射频识别技术、物流 EDI 技术、定位与导航技术、GIS 技术、智能物流技术。本书采用“学习导入-理论讲解-问题解决”的编写思路，并配有二维码资源链接、习题及实际操作模拟训练作业，便于教学和自学。

本书可作为中等职业学校物流服务与管理及相关专业的教材，也可作为物流企业管理人员、市场营销人员的参考书。

图书在版编目（CIP）数据

物流信息技术 / 张秀生，刘丽丽主编.—2 版. —北京：科学出版社，2021.8
（中等职业教育经济管理类改革创新教材 • 物流专业）

ISBN 978-7-03-063443-6

Ⅰ. ①物… Ⅱ. ①张… ②刘… Ⅲ. ①物流-信息技术-中等专业学校-教材 Ⅳ. ①F253.9

中国版本图书馆 CIP 数据核字（2019）第 254616 号

责任编辑：王鹤楠 / 责任校对：赵丽杰
责任印制：吕春珉 / 封面设计：东方人华平面设计部

科学出版社出版
北京东黄城根北街 16 号
邮政编码：100717
http://www.sciencep.com
北京九州迅驰传媒文化有限公司 印刷
科学出版社发行　各地新华书店经销
*
2007 年 9 月第 一 版　开本：787×1092 1/16
2021 年 8 月第 二 版　印张：14 1/4
2023 年 8 月第十次印刷　字数：335 000

定价：46.00 元

（如有印装质量问题，我社负责调换〈九州迅驰〉）
销售部电话 010-62136230　编辑部电话 010-62135397-2041

中等职业教育经济管理类改革创新教材·物流专业

编写委员会

顾　问　张志增

主　任　郑学平

副主任　张　渺

委　员（按姓名拼音排序）

董双双　傅锡原　邝凤婵　李俊梅　刘　锐

刘丽丽　刘沫行　邵　新　石新立　苏国锦

孙明贺　王淑荣　王同科　王维民　魏　新

谢　璐　杨　敏　张圣起　张秀生　张毅力

张志磊　左立新

第二版前言

随着世界经济的快速发展和现代科学技术的进步，物流产业作为世界经济中一个新兴产业，正在全球范围内迅速发展。在国际上，物流产业被认为是国民经济发展的动脉和基础产业，其发展程度成为衡量一国现代化程度和综合国力的重要标志之一，被喻为促进经济发展的“加速器”。现代物流作为一种先进的组织方式和管理技术，被广泛认为是企业在降低物资消耗、提高劳动生产率以外的重要利润源泉，被业界称为“第三利润源”“尚未开垦的大陆”“降低成本的宝库”“国家经济的支柱”。在我国的经济发展过程中，现代物流正发挥着重要作用，并将使传统的交通运输业和仓储业发生革命性的变革。

随着我国物流产业的快速发展及物流行业对专业人才需求的不断增加，物流人才紧缺的问题日益突出。目前，我国已将现代物流专业人员列为十二类紧缺人才之一。

随着越来越多的信息技术在物流领域中的广泛应用和物流企业信息密集程度的提高，物流从业人员的知识水平和技能水平也随之发生变化，这就对物流人才的培养和物流从业人员的培训提出了较高的要求。因此，加强信息技术人才的培养和物流从业人员操作与技能的培训，是提升物流领域信息技术水平的关键。

本书根据教育部《中等职业学校物流专业紧缺人才培养培训教学指导方案》和多年的教学实践编写而成。书中本着要把提高学生的职业能力放在核心位置，加强实践性教学环节的指导思想，重点讲述了物流信息技术概述、物流企业网络技术、数据库管理技术、自动识别技术与条码技术、物流射频识别技术、物流 EDI 技术、定位与导航技术、GIS 技术和智能物流技术，具有很强的实用性。

本书由张秀生、刘丽丽担任主编，张立川、米聚珍、雷晨、赵江华、任燕担任副主编，刘会菊、董双双、李霞、邵新、靳颖参与编写。本书的编写分工如下：第 1 章由任燕编写，第 2 章由刘丽丽、邵新编写，第 3 章由刘会菊、董双双、李霞、靳颖编写，第 4 章由雷晨编写，第 5 章由米聚珍编写，第 6 章由赵江华编写，第 7 章和第 9 章由张秀生编写，第 8 章由张立川编写，张秀生、刘丽丽负责统稿、校稿。本书由全国物流职业教育教学指导委员会信息化专业委员会副主任郑学平担任主审。在编写本书过程中参考了许多专家的论著和相关教材及网站资料，在此对相关作者表示衷心的感谢。

由于编者水平有限，书中难免有不妥之处，敬请广大读者批评指出。

编　者

2021 年 2 月

第一版前言

随着世界经济的快速发展和现代科学技术的进步，物流产业作为世界经济中一个新兴产业，正在全球范围内迅速发展。在国际上，物流产业被认为是国民经济发展的动脉和基础产业，其发展程度成为衡量一国现代化程度和综合国力的重要标志之一，被喻为促进经济发展的“加速器”。现代物流业作为一种先进的组织方式和管理技术，被广泛认为是企业在降低物资消耗、提高劳动生产率以外的重要利润源泉，被业界称为“第三利润源”“尚未开垦的大陆”“降低成本的宝库”“国家经济的支柱”。它将在我国的经济发展中起到重要作用，也将对传统的交通运输业和仓储业带来革命性的变革。

随着我国物流产业的快速发展及物流行业对专业人才需求的不断增加，物流人才紧缺的问题日益突出。目前，我国已将现代物流专业人员列为十二类紧缺人才之一。

现代信息技术在经济中的广泛应用，不仅直接促进了传统产业的快速发展和结构调整，而且促使传统的物流活动成为一个新的专业化分工领域，形成从生产到消费的系统化的物流链条，实现了物流流程的优化和资源的合理配置，提高了全社会的流通效率和经济效益。

随着许多信息技术在物流领域中的广泛应用和物流企业信息密集程度的提高，物流从业人员的知识水平和技能水平也随之发生变化，这就对物流人才的培养和物流从业人员的培训提出了较高的要求。因此，加强信息技术人才的培养和物流从业人员操作与技能的培训，是彻底改变物流领域信息技术水平落后的关键。

根据教育部《中等职业学校物流专业紧缺人才培养培训教学指导方案》和多年的教学实践，我们编写了本书。书中本着要把提高学生的职业能力放在核心位置，加强实践性教学环节的指导思想，重点讲述了物流信息化系统的定义、功能结构，物流信息系统的开发过程，数据库技术、条码技术、射频识别技术、EDI 技术、GIS 技术和 GPS 技术的应用，具有很强的实用性。为了方便读者使用，本书还配备了相关的视频资料，如有需要请发邮件至 renfj@abook.cn 索取。

本书具体的编写分工如下：第 1 章、第 5 章由河北经济管理学校的董云婷编写，第 2 章由河北经济管理学校的刘会菊编写，第 3 章由北京外贸学校的李小龙编写，第 4 章由河北经济管理学校的王晓斐编写，第 6 章、第 10 章由河北经济管理学校的张秀生编写，第 7 章由北京金融商贸职业技术学校的赵静编写，第 8 章、第 9 章由河北经济管理学校的张立川编写。全书由张秀生负责统稿、定稿。本书由教育部中职物流专业教学指导委员会委员、中国现代物流研究会秘书长李守斌担任主审。

本书在编写过程中参考了许多专家的论著和相关教材及网站资料，在此对相关作者表示衷心的感谢。

由于编者水平有限，书中难免有不妥之处，敬请广大读者批评指出。

编　者

2007年3月

目　　录

第1章 物流信息技术概述

信息技术在物流业的广泛应用，提高了企业的运作效率，增强了企业的竞争能力，而现代物流的发展对信息技术提出了更高的要求。物流信息贯穿整个物流活动的始终，并且起到重大的作用。随着近些年全球物流业的蓬勃发展，物流信息技术也越来越多地被物流公司和其他产业认可，它在整个社会活动中扮演着至关重要的角色。

1.1 信息与物流信息

学习目标

1. 了解数据与信息的概念、特征和关系
2. 掌握物流信息的概念和分类
3. 掌握信息与物流信息的关系

学习导入

信息是物流活动的主要要素之一，信息提高了物流各个功能环节的效率。在运输环节中，卫星导航系统对地面运输车辆和水运船只进行精确的跟踪定位，同时还提供交通气象信息、异常情况报警信息和指挥信息，不仅确保了车辆、船只的运营质量和安全，而且也能进行各种运输工具的优化组合、运输网络的合理编织，大幅度提高了运输效率；在货物保管环节中，条码信息技术使商品的出入库、库存保管、商品统计查询、托盘利用等所有保管作业实现了自动检测、自动操作和自动管理，大幅度降低了保管成本，提高了仓储效率；在装卸搬运和包装环节中，电子数据信息和条码信息技术实现了自动化装卸搬运、模块化单元包装、机械化分类分拣和电子化显示作业，大幅度提高了装卸搬运和包装作业效率。

1.1.1 信息的含义与特征

1. 数据与信息

（1）数据

“数据”这个词大概已经算是当今使用频率最高的词汇之一了，那么到底什么叫数据？就是我们日常工作中所说的数字吗？这两者有什么联系和区别？我们可以先这样简单地理解：描述事物的符号记录称为“数据”。描述事物的符号可以是数字，也可以是文字、图形、图像和声音等不同的表现形式。

可见，数据的表现和存在形式是多种多样的，像“多媒体数据”，它可以是数字、文字、图形、图像、视频、音频等多种形式。举个例子：我们经常将朋友的电话号码和地址等信息记录在一个笔记本上，这样，每一个人的记录就可以看成是一条数据。电话号码就属于数字形式的数据，而地址属于文字形式的数据。

事物的用途直接影响着事物属性的定义，这些属性采用特定的符号来表示，并被转换成数据。确切地说，数据是描述事物特征的特定的符号，是人们传达思想，进行思想信息交流的载体。

对数据的描述是一个从客观事物出发，经过概念、规则或逻辑推理转换成数据的过程。这个过程可归纳为三个步骤：现实世界→概念世界→数据世界，如图 1.1 所示。

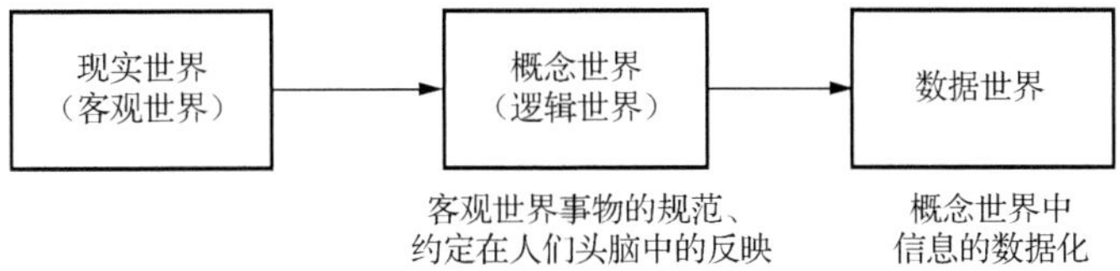

图 1.1 对数据的描述过程

（2）信息

信息是指经过加工后的数据，对接收者存在着直接或潜在的价值。

信息与数据息息相关，数据是信息的载体，信息是对数据的解释。我们可以用图 1.2 所示来说明。

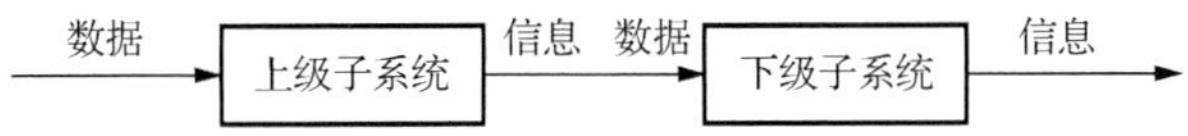

图 1.2 数据与信息的关系

对于任何一个子系统来说，它接收的总是数据，输出的总是信息。

信息包括以下概念：

① 信源，即信息的发布者，也就是信息的传者。

② 信宿，即接受并利用信息的人，也就是信息的受者。

③ 媒介，即可用以记录和保存信息并随后由其重现信息的载体。

④ 信道，即信息传递的途径、渠道。

⑤ 反馈，即受者对传者发出信息的反应，在传播过程中，这是一种信息的回流。

2. 信息的特征

（1）可识别性

信息是可以识别的，识别又可分为直接识别和间接识别，直接识别是指通过感官的识别，间接识别是指通过各种测试手段的识别。不同的信息源有不同的识别方法。

（2）可存储性

信息是可以通过各种方法存储的。

（3）可扩充性

信息随着时间的变化，将不断扩充。

（4）可压缩性

人们对信息进行加工、整理、概括、归纳，可使之精练、浓缩。

（5）可传递性

信息的可传递性是信息的本质特征。

（6）可转换性

信息可以由一种形态转换成另一种形态。

（7）特定范围有效性

信息只有在特定的范围内是有效的，否则是无效的。

3. 信息与数据的关系

信息是加工后的数据，能够减少不确定性，对使用者的决策有意义。数据与信息相当于原料和成品的关系。

1.1.2 物流信息

1. 物流信息的概念

物流信息是指与物流活动（运输、库存、包装、搬运、流通加工等）有关的必要信息。如在运输手段、路线的选定，运输单位的决定，库存期间的决定，接受订货和订货处理等过程中，都存在着大量必要的物流信息。

物流信息的基本功能是支持运输管理、仓储管理、订货管理等物流活动。信息化的发展使物流信息不只是停留在基本功能上，还包括更广泛的与流通有关的信息，如商品交易信息和商场信息。

2. 物流信息的分类

在处理物流信息和建立信息系统时，对物流信息进行分类是一项基础工作。物流信息有以下几种：

① 计划信息。

② 控制及作业信息。

③ 统计信息。

④ 支持信息。

物流信息的含义及特征

另外，按领域功能分类，物流信息可分为运输信息、仓储信息、装卸信息等。

3. 物流信息的特征

1）范围大，信息源点多，处理地点和传达对象分布广泛。

2）动态性强。

3）种类繁多。

4）物流信息趋于标准化。

1.1.3 信息与物流的关系

物流是联结供给和消费、克服空间和时间差异、实现物的价值的经济活动。现代物流一般包含运输、仓储、装卸、搬运、包装等活动，而且这些活动对商品的流动来讲，是在不同场所进行的，特别是物流服务的主要作用在于缩短货物的在途时间、实现零库存、及时供货和保持供应链的连续和稳定。现代物流要求在物的流动过程中，保持信息的畅通。物流的特性决定了物流与信息流之间有着天然的密不可分的关系。

物流活动中的信息流是伴随着物流的运作而不断产生的，并作为物流的重要组成要素，为物流的运转、管理、决策以及制定战略提供不可缺少的依据。

物流和信息流之间的关系是密不可分的。一方面，物流活动产生大量的原材料供应、成品消费等信息。为提高物流的效率，要求信息流保持通畅，并准确反馈物流各环节运作所需要的信息。另一方面，信息技术的不断进步为信息的及时大规模传递创造了条件，反过来物流服务范围的扩大和物流组织管理手段的不断改进，促进了物流能力和效率的提高。

1）物流活动的内容包括订货处理、配送作业、运输、采购等。通过信息流的反馈作用，使其每一项物流作业按照物流要求得以实现。

2）物流是一项系统性较强的活动，需要制订周密的物流计划。这些计划的制订，需要有大量的、及时的信息支持，充分、准确的信息流是制订物流计划有效的保障。

3）现代通信技术和网络技术的发展和应用，使得跨地区的及时信息交流和传递成为可能，加之网上支付应用已经普及，使物流在较大范围运作、构建跨地区的物流网络成为可能。

小 结

信息在我们的生活和工作中无处不在，准确、及时、有用的信息对做出合理、有效的决策至关重要。物流活动中的物流信息更是如此，每个物流企业都应对物流信息做出合理的收集和应用。

1.2 物流系统功能的信息需求与信息处理

学习目标

1. 了解物流系统的功能
2. 掌握物流系统功能的信息需求
3. 了解物流信息处理的内容

学习导入

为了与国际接轨，建立高效、迅速的现代物流系统，海尔采用了 SAP 公司的 ERP 系统（企业资源计划系统）和 BBP 系统（原材料网上采购系统），对企业进行流程改造。经过近几年的实施，海尔的现代物流管理系统不仅很好地提高了物流效率，而且将海尔的电子商务平台扩展到了包含客户和供应商在内的整个供应链管理，极大地推动了海尔电子商务的发展。你了解海尔的物流系统是怎样构成的吗？

1.2.1 物流系统的功能

物流系统的功能

1. 运输功能

运输是物流的核心业务之一，也是物流系统的一个重要功能。选择何种运输手段对于物流效率具有十分重要的意义，在决定运输手段时，必须权衡运输系统要求的运输服务和运输成本，可以将运输机具有的服务特性作为判断的基准：运费、运输时间、频度、运输能力、货物的安全性、时间的准确性、适用性、伸缩性、网络性和信息等。

2. 仓储功能

在物流系统中，仓储和运输是同样重要的构成因素。仓储功能包括了对进入物流系统的货物进行堆存、管理、保管、保养、维护等一系列活动。仓储的作用主要表现在两个方面：一是完好地保证货物的使用价值和价值；二是为了将货物配送给用户，在物流中心进行必要的加工活动而进行的保存。随着经济的发展，物流由少品种、大批量物流进入到多品种、小批量或多批次、小批次物流时代，仓储功能从重视保管效率逐渐变为重视如何才能顺利地进行发货和配送作业。流通仓库作为物流仓储功能的服务据点，在流通过程中发挥着重要的作用，它将不再以储存保管为主要目的。流通仓库包括拣选、配货、检验、分类等作业，并具有多品种、小批量，多批次、小批量等收货配送功能以及附加标签，重新包装等流通加工功能。根据使用目的，仓库的形式可分为以下几种。

1）配送中心（流通中心）型仓库，具有发货、配送和流通加工的功能。

2）存储中心型仓库，以存储为主的仓库。

3）物流中心型仓库，具有存储、发货、配送、流通加工功能的仓库。

物流系统现代化仓储功能的设置，以生产支持仓库的形式，为有关企业提供稳定的零部件和材料供给，将企业独自承担的安全储备逐步转为社会承担的公共储备，减少企业经营的风险，降低物流成本，促使企业逐步形成零库存的生产物资管理模式。

3. 包装功能

为使物流过程中的货物完好地运送到用户手中，并满足用户和服务对象的要求，需要对大多数商品进行不同方式、不同程度的包装。包装分工业包装和商品包装两种。工业包装的作用是按单位分开产品，便于运输，并保护在途货物。商品包装的目的是便于最后的销售。因此，包装的功能包括再保护商品、单位化、便利化和商品广告等几个方面。前三项属物流功能，最后一项属营销功能。

4. 装卸搬运功能

装卸搬运是随运输和保管而产生的必要的物流活动，是对运输、保管、包装、流通加工等物流活动进行衔接的中间环节，以及在保管等活动中为进行检验、维护、保养所进行的装卸活动，如货物的装上卸下、移送、拣选、分类等。装卸作业的代表形式是集装箱化和托盘化，使用的装卸机械设备有吊车、叉车、传送带和各种台车等。在物流活动的全过程中，装卸搬运活动是频繁发生的，因而也是造成产品损坏的重要原因之一。对装卸搬运的管理，主要是对装卸搬运方式、装卸搬运机械设备的选择和合理配置与使用，以及装卸搬运合理化，尽可能减少装卸搬运次数，以节约物流费用，获得较好的经济效益。

5. 流通加工功能

流通加工功能是在物品从生产领域向消费领域流动的过程中，为了促进产品销售、维护产品质量和实现物流效率化，对物品进行加工处理，使物品发生物理或化学性变化的功能。这种在流通过程中对商品进一步的辅助性加工，可以弥补企业、物资部门、商业部门生产过程中加工程度的不足，更有效地满足用户的需求，更好地衔接生产和需求环节，使流通过程更加合理化，是物流活动中的一项重要增值服务，也是现代物流发展的一个重要趋势。

流通加工的内容有装袋、定量化小包装、拴牌子、贴标签、配货、挑选、混装、刷标记等。流通加工的主要作用表现在：进行初级加工，方便用户；提高原材料利用率；提高加工效率及设备利用率；充分发挥各种运输手段的最高效率；改变品质，提高收益。

6. 配送功能

配送功能的设置，可采取物流中心集中库存、共同配货的形式，使用户或服务对象实现零库存，依靠物流中心的准时配送，而无须保持库存或只需保持少量的保险储备，以减少物流成本的投入。配送是现代物流的一个最重要的特征。

7. 信息服务功能

现代物流是需要依靠信息技术来保证物流体系正常运作的。物流系统的信息服务功能包括进行与上述各项功能有关的计划、预测、动态（运量，收、发、存数）的情报及有关的费用情报、生产情报、市场情报活动。物流情报活动的管理，要求建立情报系统和情报渠道，正确选定情报科目和情报的收集、汇总、统计、使用方式，以保证其可靠性和及时性。

从信息的载体及服务对象来看，该功能还可分成商流信息服务功能和物流信息服务功能。商流信息主要包括进行交易的有关信息，如货源信息、物价信息、市场信息、资金信息、合同信息、付款结算信息等。商流信息中的交易、合同等信息，不但提供了交易的结果，也提供了物流的依据，是两种信息流主要的交会处；物流信息主要是物流数量、物流地区、物流费用等信息。物流信息中库存量信息不但是物流的结果，也是商流的依据。

物流系统的信息服务功能必须建立在计算机网络技术和国际通用的电子数据交换技术基础之上，才能高效地实现物流活动一系列环节的准确对接，真正创造“场所效用”及“时间效用”。可以说，信息服务是物流活动的中枢神经，该功能在物流系统中处于不可或缺的重要地位。

信息服务的主要作用表现为：缩短从接受订货到发货的时间，库存适量化，提高搬运作业效率，提高运输效率，使接受订货和发出订货更为省力，提高订单处理的精度，防止发货、配送时出现差错，调整需求和供给，提供信息咨询等。

1.2.2 物流系统功能的信息需求

物流系统功能的信息需求，如图 1.3 所示。

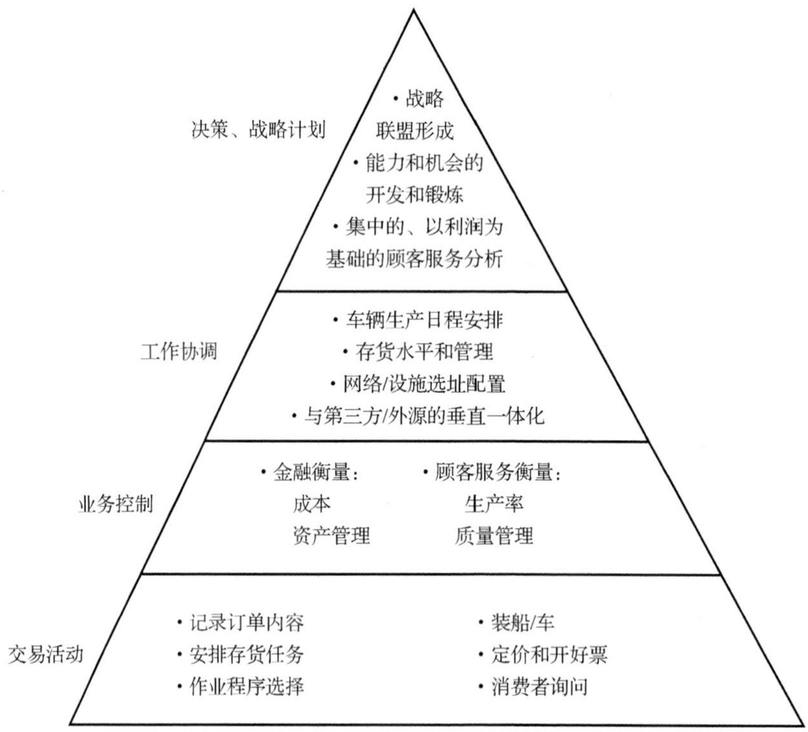

图 1.3 物流系统功能的信息需求

1.2.3 物流信息处理的主要内容

1. 订货信息处理

1）计划阶段：选定订货方法，选定订货信息的传递手段。

2）实施阶段：订货处理，核对库存，核对装卸能力，核对配送能力，制作出货单，制作进货单，迟进货物的管理。

3）评价阶段：订货统计分析，退货处理，进货管理。

2. 库存管理中的信息处理

1）计划阶段：决定库存地点的数量，商品库存的合理配置，设定库存预算，拟定标准的库存周转率。

2）实施阶段：回答库存，进出库处理，移送处理，卸现货货架。

3）评价阶段：库存预算与库存实际的对比，标准库存周转率与实际周转率的对比，分析过剩库存，分析缺货库存，分析商品的恶化和破损，计算保管费，计算保险费。

3. 进货信息处理

1）计划阶段：选定进货方法，选定订货信息传递手段。

2）实施阶段：进货，掌握和督促未进仓库的商品。

3）评价阶段：分析进货统计。

4. 仓库管理中的信息

1）计划阶段：决定租用储运公司的仓库或使用自有仓库，仓库容积和设备的设计，保管形式的设计，仓库设备投资的经济核算。

2）实施阶段：自动仓库的经营；容纳场所的指示；故障对策，完善仓库的安全设备；安置管理。

3）评价阶段：分析仓库设备的调动；空架表；故障分析；计算修理费用，计算保安设施费用。

5. 装卸信息处理

1）计划阶段：装卸方法的设定，装卸机械投资的经济核算。

2）实施阶段：装卸作业指示，商品检查。

3）评价阶段：装卸费用分析，装卸机械调动分析。

6. 包装信息处理

1）计划阶段：决定包装形式；决定运输货物的形态；拟定包装标准，设计自动包装。

2）实施阶段：包装材料的管理，包装工程的管理，不同包装种类的指示货盘管理，空集装箱的管理。

3）评价阶段：包装费用的分析，事故统计。

7. 运输信息处理

1）计划阶段：运输工具的选定，运输路线的选定，运送大宗货物的决定。

2）实施阶段：调配车辆，货物装载指示，货物跟踪管理。

3）评价阶段：运费计算，装载效率分析，车辆调动分析，迂回运输分析，事故分析。

8. 配送信息处理

1）计划阶段：配送中心的数量、位置的确定，配送区域的确定。
2）实施阶段：配送指示，与配送的货物抵达点联络，货物跟踪管理。
3）评价阶段：运费计算，装载效率分析，车辆调动分析，退货的运费分析，误差分析。

9. 综合系统信息处理

1）计划阶段：物流综合系统的设计，需求的预测。
2）实施阶段：订货处理的流向跟踪。
3）评价阶段：综合业绩的掌握和分析，综合流通费用的分析，服务时间和服务效率的分析。

小 结

物流系统是对整个物流活动的综合管理。系统是否合理关系到企业物流工作的有效性和合理性，对任何物流企业来说，物流系统的基础构架没有太大的区别，但是具体工作必须进行有针对性的设置和安排。

1.3 物流信息系统的含义、特征与类型

学习目标

1. 了解物流信息系统
2. 掌握物流信息系统的基本结构
3. 了解物流信息系统的类型

学习导入

现在越来越多的公司建立了自己的物流系统，节省了成本，提高了效率。但是不同的公司有不同的结构和侧重的业务。你能根据自己的了解和所学知识编写一个最基本的物流公司的系统结构图吗？

1.3.1 物流信息系统概述

物流信息系统作为信息系统的主要组成部分，可以理解为通过对与物流相关的信息的收集、加工、处理、储存和传递来达到对物流活动的有效控制和管理，并为企业提供

信息分析和决策支持的人机系统。它具有实时化、网络化、系统化、规模化、专业化、集成化、智能化等特点。

物流信息系统对物流信息进行收集、整理、存储、传播和利用，也就是将物流信息从分散到集中，从无序到有序，从产生、传播到利用的过程。同时对涉及物流信息活动的各种要素，包括人员、技术、工具等进行管理，实现资源的合理配置。在这个意义上，物流信息系统将硬件和软件结合在一起，对物流活动进行管理、控制和衡量。

物流信息系统的结构如图 1.4 所示。

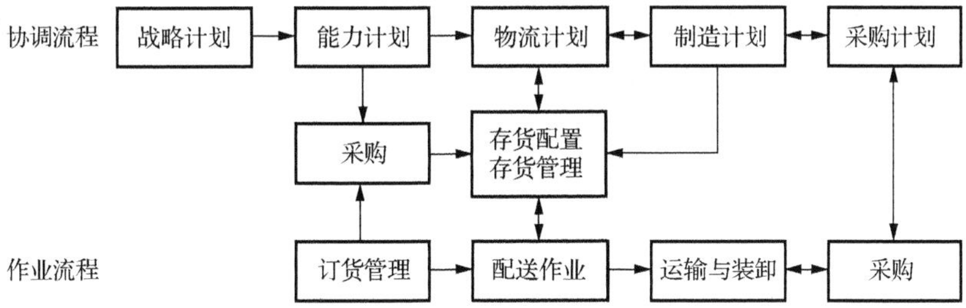

图 1.4 物流信息系统的结构

从物流信息系统的结构图中可以看到，现代物流是一系列繁杂而精密的活动，要计划、组织、控制和协调这一活动，离不开物流信息系统的支持。物流信息系统的支持与决策作用主要表现在以下几个方面。

1）为物流战略规划提供决策依据，为建立以顾客为中心的服务战略提供实施依据，确立正确的顾客服务水平和物流保障系统。

2）为顾客的订单处理提供准确可靠的作业指令。订单处理过程是作业指令的发出和进行具体的生产、运输、仓储、配送等方面的执行命令的过程。有了及时准确的作业命令，才会有准确率高的物流作业活动。

3）为物流基础设施投资提供项目可行性建议。

4）为物流绩效评价提供基础数据和指标体系。

在实际操作过程中，可以参考沃尔玛的经营策略。

据沃尔玛中国官方网站介绍，每周有超过 2.75 亿名顾客和会员光顾沃尔玛在 27 个国家拥有的 58 个品牌下的 11 300 多家分店及电子商务网站。沃尔玛全球 2019 财年营收达到 5144 亿美元，全球员工总数超 220 万名。如此庞大的“商业帝国”，如果没有一套完善的物流信息系统，那么其工作量之大是无法估计的，也是不可能完成的。实际上，沃尔玛的信息系统是极其完备和先进的，在这一点上，沃尔玛远居世界前列。

有资料表明，到 20 世纪 90 年代初，沃尔玛在计算机和卫星（物流信息系统的硬件设施）通信系统上就已经投资了 7 亿美元，而它只不过是一家纯利润只有 2%～3%的折扣百货零售公司。1983 年，沃尔玛与休斯公司合作的投资 2400 万美元的人造卫星发射升空。到 20 世纪 80 年代末期，沃尔玛配送中心的运行完全实现了自动化。每个配送中心的面积约 10 万 m^2，每种商品都有条码，由十几公里长的传送带传送商品，由激光扫描器和计算机追踪每件商品的储存位置和运送情况。沃尔玛在全球的 4000 家门店通过它的物流信息系统网络可以在 1 小时之内对每件商品的库存、上架、销售量全部盘点一遍。在公司的通信卫星室里看上一两分钟就可以了解一天的销售情况，可以查到当天信用卡入账的总金额，可以查到任何地区或者任何商店、任何商品的销售数量，并且根据销售的历史记录及目前状况和趋势，预测出未来的销售情况，为库存和采购提供准确及时的决策依据。整个沃尔玛公司的信息系统可以处理工资发放、顾客信息和订货、发货、送货，并达成了公司总部与各分店及配送中心之间的快速直接通信。

1.3.2　物流信息系统的特征

1）不同地域对象之间的系统。

2）不同企业之间的系统。

3）大量信息的实时处理。

4）对于波动的适应性。

5）与作业现场密切联系的系统。

6）可得性。

7）准确性。

8）及时性。

9）以异常情况为基础的物流信息系统。

1.3.3　物流信息系统的类型

按物流作业流程来分，可分为进货管理系统、销售管理系统和库存管理系统。

若按物流环节来分，可分为仓储管理系统、配送管理系统等。

1. 进货管理系统

进货操作中主要有以下环节。

1）请购单。

2）询价。

3）采购单。

4）进货处理。

5）退货处理。

6）供应商管理。

物流信息系统

2. 销售管理系统

1）销售管理系统主要包含以下环节：

① 报价。

② 销售单。

③ 出货处理。

④ 退货处理。

⑤ 客户信息管理。

⑥ 销售预测和分析。

2）销售预测与分析系统设计要求如下：

① 具备按商品、客户、作业人员、仓库等查询销售量、销售金额、成本、利润等数据及打印各种汇总报表的功能。

② 在固定期间比较不同时期的资料，并制作百分比评估表。

③ 能由使用者自定各项预测模式。

④ 注意检索与排序程序的算法，以缩减处理时间。

3. 库存管理系统

库存管理系统具体有以下环节。

1）库存计划。

2）商品分类分级。

3）入库。

4）出库。

5）调拨处理。

6）盘点。

4. 仓储管理系统

1）入库作业系统。

2）保管场所系统。

3）出库作业系统。出库作业系统包括订单处理系统、订货拣选系统、出库处理等内容。

5. 配送管理系统

配送管理系统包括商品集中、分类、车辆调度、车辆配装、配送路线规划及配送途中的跟踪管理等功能。

1）配送系统设计要点如下：

① 派车系统中司机及随车人员的调派要考虑司机的工作能力、体力、以往工作量及曾配送区域的范围，以便有效地安排配送人员。

② 车辆配送中遇到困难或其他不能完成任务的情况，也应返回系统中进行分析，避免再次出现车辆调派的错误。

③ 现有车辆不足以配发所有物品时，车辆调派系统还需具备估计所需车辆种类、台数的功能。

2）企业信息管理系统。其主要功能是满足企业日常生产活动中对资金、人事、业务流程管理、资产等的审核、监督、控制等方面的要求。因此信息管理系统有许多种，分别适应企业不同方面的要求，例如：①电子邮件系统；②办公自动化系统；③工资系统；④认识档案系统；⑤固定资产管理系统；⑥财务管理系统；⑦进、销、存管理系统；⑧生产制造管理系统；⑨企业资源管理系统；⑩客户关系管理系统；⑪供应商关系管理系统；⑫物流管理系统；⑬供应链管理系统；⑭信息管理平台。

知识链接

物流管理软件的主要功能

物流管理软件及其功能主要包括以下内容。

1. 货代管理软件

（1）空运管理
① 客户委托。
② 制单作业。
③ 集货作业。
④ 订舱。
⑤ 预报。
⑥ POD（客户接受确认）。
⑦ 运价管理。
（2）海运管理
① 客户委托。
② 制单作业。
③ 订舱。
④ 调箱作业。
⑤ 集装/拼箱作业。

物流信息管理软件

2. 财务管理软件

① 总账管理。
② 应收账款管理。
③ 应付账款管理。
④ 财务预算管理。
⑤ 固定资产管理。
⑥ 财务分析管理。
⑦ 客户化财务报表。
另外，物流管理软件还有仓储管理、运输管理、订单管理、结算管理等软件。

阅读资料

信息技术助力沃尔玛的成功

沃尔玛之所以成功，很大程度上是因为它至少提前10年（较竞争对手）将尖端科技和物流系统进行了巧妙搭配。沃尔玛一直崇尚采用最现代化、最先进的系统进行合理的运输安排，通过计算机系统和配送中心的搭配来获得最终的成功。早在20世纪70年代，沃尔玛就开始使用计算机进行管理，建立了物流的管理信息系统（management information system，MIS）来处理系统报表，加快了运作速度。20世纪80年代初，沃尔玛与休斯公司合作发射物流通信卫星，实现了全球联网，使得沃尔玛产生了跳跃性的发展。1983年采用了POS机，全称point of sale，就是销售始点数据系统。1985年建立了EDI，即电子数据交换系统，进行无纸化作业，所有信息全部在计算机上运作。1986年又建立了QR，称为快速反应机制，快速拉动市场需求。20世纪90年代，沃尔玛采用了全球领先的卫星定位系统（GPS）来控制公司的物流，提高配送效率，以速度和质量赢得用户的满意度和忠诚度。这些所有的系统都是基于一个叫作UNIX的配送系统，并采用传送带和非常大的开放式平台，还采用产品代码、自动补货系统和激光识别系统，为沃尔玛节省了相当多的成本。

沃尔玛具体应用的物流信息技术有以下几个方面。

1. “无缝”供应链的运用

物流不仅包括了物资流动和存储，还包含了上下游企业的配合程度。沃尔玛之所以能够取得成功，很大程度上在于沃尔玛采取了“无缝点对点”的物流系统。“无缝”是指整个供应链达到一种非常顺畅的联结，对沃尔玛而言，就是产品从工厂到商店货架的这个过程应尽可能平滑，就像一件外衣一样是没有缝的。在供应链中，每一个供应者都是这个链条中的一个环节，沃尔玛使整个供应链成为一个非常平稳、光滑、顺畅的过程。这样，沃尔玛的运输、配送以及对订单与购买的处理等所有的过程，都是一个完整网络中的一部分，这样大大降低了物流成本（见图1.5）。

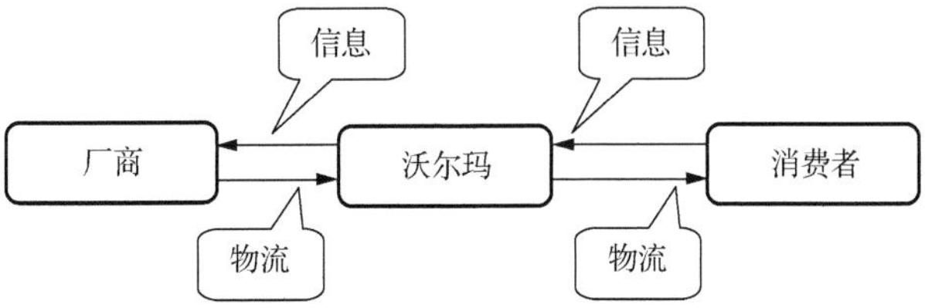

图1.5 物流与信息

在衔接上游客户上，沃尔玛有一个非常好的系统，可以使供货商们直接进入沃尔玛的系统，沃尔玛称之为“零售链接”。通过“零售链接”，供货商们可以随时了解销售情况，对将来货物的需求量进行预测，以决定生产情况，这样他们的产品成本也可以降低，从而使整个流程成为一个“无缝”的过程。沃尔玛有的时候采用空运，有的时候采用轮船运输，还有时采用卡车进行公路运输。在中国，沃尔玛百分之百采用公路运输，即采用卡车把产品运到商场，然后卸货并自动将商品计入商店的系统中。在沃尔玛的物流中，非常重要的一点是沃尔玛必须要确保商店所得到的产品与发货单上的完全一致，因此沃尔玛整个物流过程都要确保是精确的，没有任何错误的。这样，商店把整个卡车的货品卸下来就可以了，而不用把每个产品检查一遍，因为他们相信送过来的产品是没有任何失误的，这样就节省很多的时间。沃尔玛在这方面已经形成了一种非常精确的传统，这有助于降低成本，而这些商店在接收货物以后就直接放到货架上销售，这就是沃尔玛物流的整个循环过程。

2. 射频（radio frequency，RF）技术

射频技术在日常的运作过程中可以跟条码结合起来应用。便携式数据终端设备：传统的方式到货以后要打电话、发 E-mail 或者发报表，通过便携式数据终端设备可以直接查询货物情况。物流条码：利用物流条码技术，能及时有效地对企业物流信息进行采集跟踪。

3. 射频识别技术（radio frequency identification，RFID）

射频识别技术是一种非接触式的自动识别技术，它通过射频信号自动识别目标对象并获取相关数据，识别工作无须人工干预，可在各种恶劣环境中进行。

销售时点（point of sale，POS）系统是利用光学自动阅读方式的收银机，将店铺各单品的销售信息或退货、分送等各环节的相关资料输入计算机，经加工处理后传于有关部门供经营者使用的系统。POS 系统的构成要件是商品条码、电子收银机、扫描器、后台计算机和总部信息中心。其作业程序是：用光电扫描器扫描顾客所购商品的条码，将商品信息输入计算机，计算机再从数据库中查找该信息并进行数据处理，返回收银机打印出顾客购买清单和付款总金额，同时将商品选购信息传递给总部或物流中心，信息经加工后成为卖场商品品种配置、商品陈列及价格设置等方面决策的依据。POS 系统保持了对每种商品实时购、销、存状态的记录，管理者可通过该系统及时、正确地监控业务经营，并做出各种采购、供应、库存及卖场布置决策。

4. 电子数据交换（electronic data interchange，EDI）

EDI 是通过计算机网络传递商务信息，如商品选择、订货、配送、验收、付款等，实现零售业交易的电子交易方式。EDI 系统一般由以下几个方面组成：关于信息传送方式的规定、关于信息表示方式的规定、关于系统运行操作的规定和关于交易业务的规定，并且主要通过增值网（VAN）实现 EDI 的通信功能。零售商应用 EDI 的优越性在于加快信息传递，极大降低进货作业的出错率，节省进货商品检验的时间和成本，能迅速核对订货与到货数据，易于发现差错，实现无纸化交易。EDI 的应用主要是连接零售业和供应商。

5. 电子订货系统（electronic ordering system，EOS）

EOS 是零售业利用通信网络（VAN 或互联网）和终端设备以在线联结方式进行订货作业和订货信息交换的系统。根据应用范围可分为零售业内部 EOS（如分店向总部订货）和零售商与供应商之间的 EOS（总部订货）。EOS 运作的基本组件包括价格卡或订货簿、掌上终端机、计算机、调制解调器等。EOS 的订货程序是：当确认有订货需求后，经过登录订货簿或扫描价格卡完成向掌上终端机的订货商品输入，而后传至计算机经网络传递给总公司或供应商。从实际情况看，EOS 主要用于分店向总部的进货管理和分店盘点管理。EOS 可实现店铺的商品库存水平合理化，节约物流信息传输时间，提高物流效率，通过盘点实现店铺商品成本的控制，迅捷掌握商品的销售状态。

从沃尔玛的成功中可以看出，信息技术的应用虽然投资很大，但是它却能降低成本，带来无限的收益与竞争力。信息技术成为了沃尔玛成功的一大法宝。

小 结

随着信息技术的发展，越来越多的企业开始重视现代信息技术的应用。现代物流也是如此，因此物流信息系统的应用就更为重要。信息人员的工作，信息的收集和运用，信息系统的使用可以提高工作效率，增加企业利润。

本章小结

物流信息技术在物流行业的作用至关重要。目前，已有越来越多的国家和公司在物流活动中广泛地应用了信息技术，我国也是如此。因此，物流人员必须要对信息技术有更加深刻的了解后才能更好地应用到实践活动中去。信息充斥了社会的所有角落，我们所处的时代是信息爆炸的时代，信息系统的应用尤其广泛，而且信息人员在近几年的需求在增加，物流信息技术的学习与应用都是必需的。

思考与练习

1. 数据与信息的区别和联系有哪些？
2. 物流信息有何特点？
3. 简述物流系统的功能。
4. 简述物流信息系统的基本结构。

小组模拟仿真

（要求小组讨论，并将活动成果以小组为单位提交电子作业）

物流信息技术概述

在 Internet 上登录某一专业物流公司的网站，了解其物流信息技术运用情况，并整理成案例。

1. 分析问题

1）该公司利用了哪些信息技术手段？
2）你认为哪些方面应用得较好，哪些方面还有待加强？
3）分析该公司的物流信息系统。

2. 活动要求

分组讨论，并以 PPT 的形式呈现。

3. 制作步骤

1）每组将任务分工，分别查询相关的资料。
2）将所搜集的素材整合在一起。
3）设计完整美观的 PPT。
4）由小组代表阐述案例并进行评价。
5）组外同学提出与小组案例相关的问题。
6）小组代表或组员回答上述问题。
7）小组代表总结。
8）教师评价打分。

4. 注意事项

1）PPT 资料要求图文并茂、清晰生动、突出主题。
2）语言表达流畅、吐字清楚、声音洪亮、逻辑性强。
3）分析问题一定要结合实际。

5. 作业展示及点评

考核评分请参见下表。

考核评分表

考评小组		被考评小组	
考评地点		考评时间	
考评内容	物流信息技术概述		
考评标准	内容	分值	实际得分
	条理清楚	60	
	有创新	30	
	整体内容连贯，素材运用得当	10	
合计		100	

注：满分为100分，60～74分为及格；75～84分为良好；85～100分为优秀。

第2章 物流企业网络技术

网络技术是现代物流信息技术中的重要内容之一，信息的处理离不开计算机，而传输与交互信息必须依靠计算机网络。通过企业内部的网络（Intranet），可以在企业内部实现无纸化办公；通过企业间的网络（Extranet），可为供应链成员的交易伙伴、合作对象、相关公司、销售商及主要客户提供受控的外联网络；通过 Internet 可提供电子邮件、电子公告板、网络新闻、文件传输、浏览、检索等功能，通过 Internet 的高速服务可以克服物流在时间与空间上所受的限制，实现传统物流向现代物流的转换。

2.1　物流企业内部网络化

学习目标

1. 了解什么是计算机网络
2. 理解计算机网络的分类
3. 掌握计算机网络的功能
4. 熟练掌握计算机网络的拓扑结构
5. 会简单组网及排除故障

学习导入

某传统物流企业存在各部门报表不一致、单据经常出错、库存数据不准确、信息查询不方便等问题。现想降低单据流转出错率，避免原始数据重复录入，实现各信息流（入库信息、库存信息、出库信息、采购信息等）在企业内部及时准确流通，请为该物流企业制定相应策略。

2.1.1　计算机网络概述

1. 计算机网络的发展

认识计算机网络

计算机网络诞生于 20 世纪 50 年代中期，20 世纪 60～70 年代是广域网从无到有并得到大发展的年代；80 年代局域网取得了长足的进步，已日趋成熟；进入 90 年代，一方面广域网和局域网紧密结合使得企业网络迅速发展；另一方面建造了覆盖全球的信息网络 Internet，为在 21 世纪进入信息社会奠定了基础。

计算机网络的发展经历了一个从简单到复杂、又到简单（指入网容易、使用简单、网络应用大众化）的过程。

（1）第一代计算机网络——面向终端的计算机网络

面向终端的计算机网络是具有通信功能的主机系统，即所谓的联机系统。这是计算机网络发展的第一阶段，被称为第一代计算机网络，如图 2.1 所示。

1954 年，收发器（transceiver）终端出现，实现了将穿孔卡片上的数据从电话线上发送到远地的计算机。用户可在远地的电传打字机上输入自己的程序，计算机计算出来的结果从计算机传送到远地的电传打字机上打印出来。计算机网络的概念也就这样产生了。

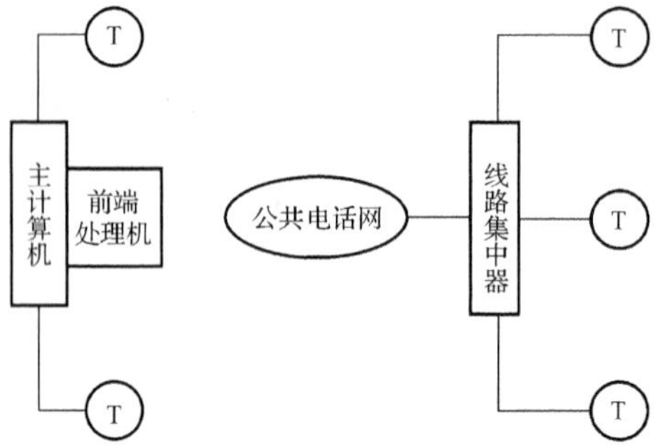

图 2.1 第一代计算机网络

20 世纪 60 年代初，美国建成了全国性航空飞机订票系统，用一台中央计算机连接 2000 多个遍布全国各地的终端，用户通过终端进行操作。这些应用系统的建立，构成了计算机网络的雏形。

在第一代计算机网络中，计算机是网络的中心和控制者，终端围绕中心计算机分布在各处，而计算机的任务是进行成批处理。

面向终端的计算机网络采用了多路复用器、线路集中器、前端控制器等通信控制设备连接多个终端，使昂贵的通信线路为若干个分布在同一远程地点的相近用户分时共享使用。

（2）第二代计算机网络——共享资源的计算机网络

多台主机通过通信线路连接起来，相互共享资源。这样就形成了以共享资源为目的的第二代计算机网络，如图 2.2 所示。

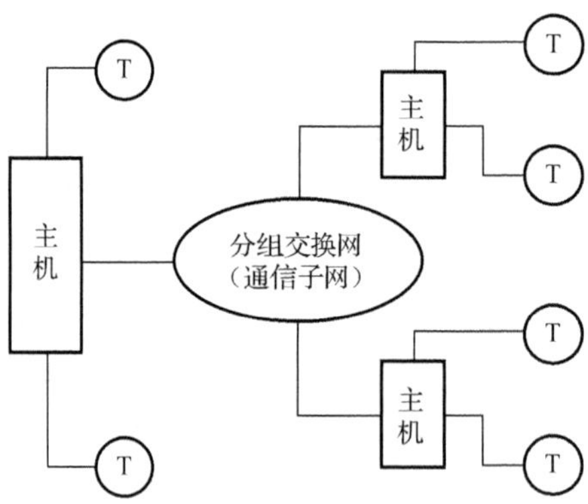

图 2.2 第二代计算机网络

第二代计算机网络的典型代表是 ARPA 网络（ARPAnet）。ARPA 网络的建成标志着现代计算机网络的诞生。ARPA 网络的试验成功使计算机网络的概念发生了根本性的变化，很多有关计算机网络的基本概念都与 ARPA 网的研究成果有关，如分组交换、网络协议、资源共享等。

（3）第三代计算机网络——标准化的计算机网络

20 世纪 70 年代以后，局域网得到了迅速发展。美国 XEROX、DEC 和 INTEL 3 大公司推出了以 CSMA/CD 介质访问技术为基础的以太网（Ethernet）产品。其他大公司也纷纷推出自己的产品。但各家网络产品在技术、结构等方面存在着很大差异，没有统一的标准，因而给用户带来了很大的不便。

1974 年，IBM 公司宣布了网络标准按分层方法研制的系统网络体系结构。网络体系结构的出现，使得一个公司所生产的各种网络产品都能够很容易地互相连成网，而不同公司生产的产品，由于网络体系结构不同，则很难相互连通。

1984 年，国际标准化组织（ISO）正式颁布了一个使各种计算机互连成网的标准框架——开放系统互连参考模型（open system interconnection reference model，OSI/RM 或 OSI）。20 世纪 80 年代中期，ISO 等机构以 OSI 模型为参考，开发制定了一系列协议标准，形成了一个庞大的 OSI 基本协议集。OSI 标准确保了各厂家生产的计算机和网络产品之间的互联，推动了网络技术的应用和发展。这就是所谓的第三代计算机网络。

（4）第四代计算机网络——国际化的计算机网络

20 世纪 90 年代，计算机网络发展成了全球的网络——Internet，计算机网络技术和网络应用得到了迅猛的发展，如图 2.3 所示。

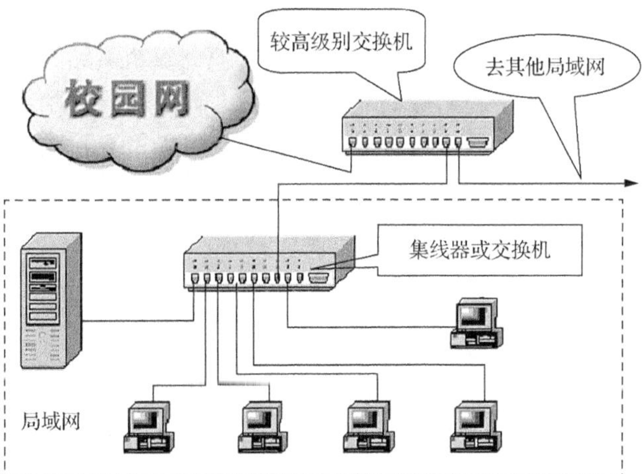

图 2.3 第四代计算机网络

Internet 最初起源于 ARPAnet。由 ARPAnet 研究而产生的一项非常重要的成果就是 TCP/IP 协议（transmission control protocol/internet protocol，即传输控制协议/网际协议）。

TCP/IP 协议使得连接到 Internet 上的所有计算机能够相互交流信息。1986 年建立的美国国家科学基金会网络（NSFNET）是 Internet 发展的一个里程碑。

2. 国际化计算机网络 Internet

目前，计算机网络是一大热门课题，应用需求极为广泛。人们提出了“网络就是计算机”的概念，计算机网络伴随着计算机已成为人们工作、学习、生活中不可缺少的一部分。

计算机网络是为了达到共享硬件、软件和数据资源的目的，在相应的信息协议和网络系统软件的支持下，通过通信设备线路将地理位置不同的具有独立功能的多台计算机连接起来的计算机系统的集合，图 2.4 所示为一个简单的网络。

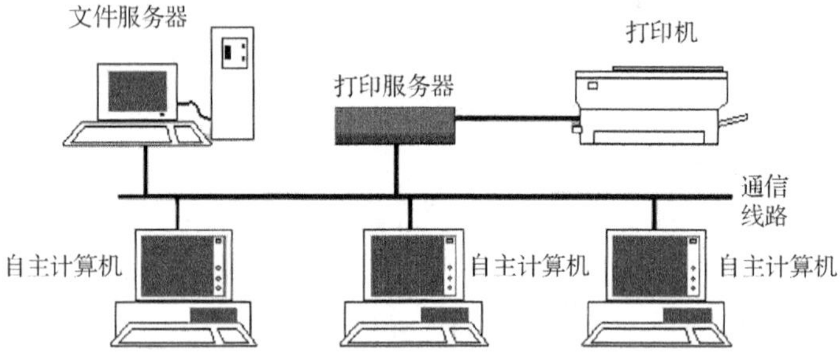

图 2.4 简单网络组成示意

2.1.2 计算机网络的组成

计算机网络通俗地讲就是由多台计算机（或其他计算机网络设备）通过传输介质和软件物理（或逻辑）连接在一起组成的。总的来说，计算机网络的组成基本上包括：计算机、网络操作系统、传输介质（可以是有形的，也可以是无形的，如无线网络的传输介质就是空气）以及相应的应用软件四部分。

1. 计算机网络的逻辑组成

计算机网络要完成数据处理与数据通信两大基本功能，那么从它的结构上必然可以分成两个部分：负责数据处理的计算机和终端，负责数据通信的通信控制处理机（communication control processor，CCP）和通信线路。从计算机网络组成角度来分，典型的计算机网络在逻辑上可以分为两个子网：资源子网和通信子网。

2. 计算机网络的物理组成

计算机网络按物理结构可分为网络硬件和网络软件两部分。

（1）网络硬件

网络硬件主要包括：网络服务器、网络工作站、网络适配器（网卡）、网络传输介质和其他网络硬件设备等。

1）网络服务器：负责对计算机网络进行管理和提供各种服务，包括有域服务器、数据库服务器、Web 服务器、邮件服务器、FTP 服务器、打印服务器等。

2）网络工作站：一般采用微型计算机。用户通过使用网络工作站来连接计算机网络，使用网络中的资源。

3）网络适配器（网卡）：负责计算机主机与传输介质之间的连接、数据的发送与接收、介质访问控制方法的实现。

4）网络传输介质：负责将各个独立的计算机系统连接在一起，并为它们提供数据通道。现在常用的传输介质主要有两类，即双绞线、光纤、同轴电缆等有线传输介质和红外线、微波等无线传输介质。

5）其他网络硬件设备：交换机、网络集线器、路由器、调制解调器、输入/输出设备（I/O 外设）等。

（2）网络软件

网络软件主要包括：网络操作系统软件、网络通信协议、网络工具软件、网络应用软件等。

1）网络操作系统软件：负责管理和调度计算机网络上的所有硬件和软件资源，使各个部分能够协调一致地工作。常用的网络操作系统有 Windows、Netware、UNIX、Linux 等。

2）网络通信协议：在网络通信中，为了能够使通信中的两台或多台计算机之间成功地发送和接收信息，必须制定并遵守互相都能接受的一些规则，这些规则的集合称为通信协议。常用的网络通信协议有 TCP/IP 协议、SPX/IPX 协议、NetBEUI 协议等。

3）网络工具软件：用来扩充网络操作系统功能的软件，如网络浏览器、网络下载软件、网络数据库管理系统等。

4）网络应用软件：基于计算机网络应用而开发出来的用户软件，如民航售票系统、远程物流管理软件、订单管理软件、酒店管理软件等。

计算机网络的组成结构如图 2.5 所示。

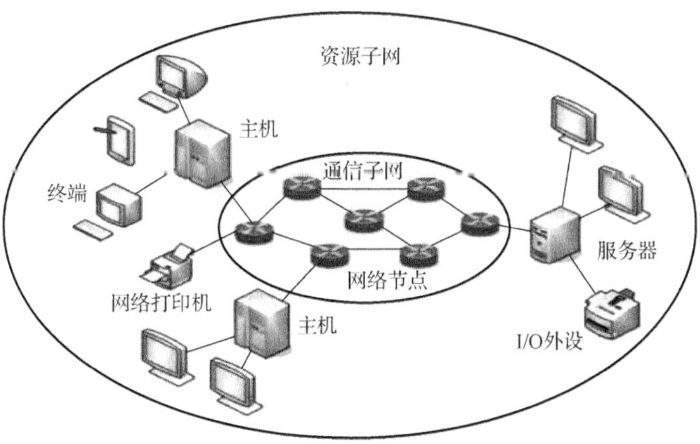

图 2.5 计算机网络的组成结构

2.1.3 计算机网络的分类

1. 局域网、城域网和广域网

虽然网络类型的划分标准各种各样，但是从地理范围划分是一种大家都认可的通用网络划分标准。按这种标准可以把各种网络类型划分为局域网、城域网、广域网三种。局域网一般来说只能是在一个较小区域内，城域网是不同地区的网络互联，不过在此要说明的一点就是这里的网络划分并没有严格意义上地理范围的区分，只能是一个定性的概念。下面简要介绍这几种计算机网络。

> **想一想**
>
> 常用的传输介质、网络连接设备、网络软件都有哪些?

（1）局域网

局域网（local area network，LAN）是我们最常见、应用最广的一种网络。现在局域网随着整个计算机网络技术的发展和提高得到了充分的应用和普及，几乎每个企业都有自己的局域网，有的甚至家庭中都有自己的小型局域网。所谓局域网，就是在局部地区范围内的网络，它所覆盖的地区范围较小。局域网在计算机数量配置上没有太多的限制，少的可以只有两台，多的可达几百台。一般来说，在企业局域网中工作站的数量在几十台到两百台左右。网络所涉及的地理距离一般来说可以是在几米至 10 公里以内。局域网一般位于一个建筑物或一个企业内，不存在寻径问题，不包括网络层的应用。

局域网的特点是：连接范围窄、用户数少、配置容易、连接速率高。目前局域网最快的速率要算 10G 以太网了。IEEE（电子电气工程师协会）的 802 标准委员会定义了多种主要的局域网：以太网、令牌环网（token ring）、光纤分布式数据接口（fiber distributed data interface，FDDI）网、异步传输模式（asynchronous transfer mode，ATM）网及无线局域网（wireless LAN，WLAN）。这些都将在后面详细介绍。

（2）城域网

城域网（metropolitan area network，MAN）一般来说是在一个城市，但不在同一地理小区范围内的计算机互联。这种网络的连接距离可以在 10～100 公里，它采用的是 IEEE 802.6 标准。MAN 与 LAN 相比，扩展的距离更长，连接的计算机数量更多，在地理范围上可以说是 LAN 的延伸。在一个大型城市或都市地区，一个 MAN 通常连接着多个 LAN，如连接政府机构的 LAN、医院的 LAN、电信的 LAN、公司企业的 LAN 等。光纤连接的引入，使 MAN 中高速的 LAN 互联成为可能。

城域网多采用 ATM 技术做骨干网。ATM 是一个用于数据、语音、视频及多媒体应用程序的高速网络传输方法。ATM 包括一个接口和一个协议，该协议能够在一个常规的传输信道上，在比特率不变及变化的通信量之间进行切换。ATM 也包括硬件、软件以及与 ATM 协议标准一致的介质。ATM 提供一个可伸缩的主干基础设施，以便能够适应不同规模、速度及寻址技术的网络。ATM 的最大缺点就是成本太高，所以一般在政府城域网中应用，如邮政、银行、医院等。

（3）广域网

广域网（wide area network，WAN）也称为远程网，所覆盖的范围比城域网（MAN）更广，地理范围可从几百公里到几千公里。因为距离较远，信息衰减比较严重，所以这种网络一般是要租用专线，通过接口信息处理机（interface message processor，IMP）协议和线路连接起来，构成网状结构，解决寻径问题。这种城域网因为所连接的用户多，总出口带宽有限，所以用户的终端连接速率一般较低，通常为 9.6Kbit/s～45Mbit/s，如 ChinaNet、ChinaPAC 和 ChinaDDN 网。

上面讲了网络的几种分类，在现实生活中用得最多的是局域网，因为它可大可小，无论在企业还是在家庭实现起来都比较容易。局域网也是应用最广泛的一种网络，所以下面主要对局域网及局域网中的接入设备做进一步的介绍。

2. 局域网的分类

目前在局域网中常见的有：以太网、令牌环网、FDDI 网、ATM 网、无线局域网等几类，下面分别做一些简要介绍。

（1）以太网

以太网最早是由 Xerox（施乐）公司创建的，在 1980 年由 DEC、Intel 和 Xerox 三家公司联合开发为一个标准。以太网是应用最为广泛的局域网，包括标准以太网（10Mbit/s）、快速以太网（100Mbit/s）、千兆以太网（1000Mbit/s）和万兆以太网（10Gbit/s），它们都符合 IEEE 802.3 系列标准规范。

（2）令牌环网

令牌环网常用于 IBM 系统中，在老式的令牌环网中，数据传输速度为 4Mbit/s 或 16Mbit/s，新型的快速令牌环网传输速度可达 100Mbit/s。令牌环网的传输方法在物理上采用了星形拓扑结构，但逻辑上仍是环形拓扑结构。结点间采用多站访问单元（multistation access unit，MAU）连接。MAU 是一种专业化集线器，它是用来围绕工作站计算机的环路进行传输的。由于数据包看起来像在环中传输，所以在工作站和 MAU 中没有终结器。

在这种网络中，有一种专门的帧称为“令牌”，在环路上持续地传输来确定一个结点何时可以发送包。令牌为 24 位长，有 3 个 8 位的域，分别是首定界符（start delimiter，SD）、访问控制（access control，AC）和终定界符（end delimiter，ED）。首定界符是一种与众不同的信号模式，作为一种非数据信号表现出来，用途是防止它被解释成其他东西。这种独特的 8 位组合只能被识别为帧首（start of frame，SOF）标识符。由于目前以太网技术发展迅速，令牌环网存在固有缺点，令牌环网在整个计算机局域网中已不多见，原来提供令牌环网设备的厂商多数也退出了市场，所以在目前局域网市场中令牌环网可以说是“明日黄花”了。

（3）FDDI 网

FDDI 是于 80 年代中期发展起来一项局域网技术，它提供的高速数据通信的能力要高于当时的以太网（10Mbit/s）和令牌环网（4Mbit/s 或 16Mbit/s）的能力。FDDI 标准由 ANSIX 3T 9.5 标准委员会制订，为繁忙网络上的高容量输入输出提供了一种访问方法。

FDDI 可以发送两种类型的包：同步的和异步的。同步通信用于要求连续进行且对时间敏感的传输（如音频、视频和多媒体通信）；异步通信用于不要求连续脉冲串的普通的数据传输。在给定的网络中，目标令牌循环时间（target token rotation time，TTRT）等于某结点同步传输需要的总时间加上最大的帧在网络上沿环路进行传输的时间。FDDI 使用两条环路，所以当其中一条出现故障时，数据可以从另一条环路到达目的地。连接到 FDDI 的结点主要有两类，即 A 类和 B 类。A 类结点与两个环路都有连接，由网络设备（如集线器）等组成，并具备重新配置环路结构以在网络崩溃时使用单个环路的能力；B 类结点通过 A 类结点的设备连接在 FDDI 网上，B 类结点包括服务器或工作站等。

（4）ATM 网

ATM 的开发始于 20 世纪 70 年代后期。ATM 是一种单元交换技术，同以太网、令牌环网、FDDI 网等使用可变长度包技术不同，ATM 使用固定长度为 53B 的单元进行交换。它是一种交换技术，它没有共享介质或包传递带来的延时，非常适合音频和视频数据的传输。

（5）无线局域网

无线局域网是目前最为热门的一种局域网。无线局域网与传统局域网的主要不同之处就是传输介质不同。传统局域网都是通过有形的传输介质进行连接的，如同轴电缆、双绞线和光纤等，而无线局域网则是采用空气作为传输介质的。正因为无线局域网摆脱了有形传输介质的束缚，所以无线局域网的最大特点就是自由。只要在网络的覆盖范围内，可以在任何一个地方与服务器及其他工作站连接，而不需要重新铺设电缆。这一特点非常适合那些移动办公一族，在机场、宾馆、酒店等地（通常把这些地方称为“热点”），只要无线网络能够覆盖到，他们都可以随时随地连接上无线网络，甚至 Internet。

无线局域网所采用的是 802.11 系列标准，它也是由 IEEE 802 标准委员会制定的。目前这一系列标准主要有四个标准，分别为 802.11b、802.11a、802.11g 和 802.11z，前三个标准都是针对传输速度的热异常进行的改进，最开始推出的是 802.11b，它的传输速度为 11Mbit/s，因为它的连接速度比较慢，随后推出了 802.11a 标准，它的连接速度可达 54Mbit/s。但两者不互相兼容，致使一些早已购买 802.11b 标准的无线网络设备在新的 802.11a 网络中不能使用，所以再次推出了兼容 802.11b 与 802.11a 两种标准的 802.11g，这样原有的 802.11b 和 802.11a 两种标准的设备都可以在同一网络中使用。802.11z 是一种专门为了加强无线局域网安全的标准。无线局域网的“无线”特点，致使任何进入此网络覆盖区的用户都可以轻松地以临时用户身份进入网络，给网络带来了极大的不安全因素，为此 802.11z 标准专门就无线网络的安全性方面做了明确规定，加强了用户身份认证制度，并对传输的数据进行加密。

> **想一想**
>
> 在各种不同情况下，物流企业的计算机网络按地理范围分类，都属于哪一类？

2.1.4 计算机网络的功能

计算机网络的功能主要体现在三个方面：信息交换、资源共享、分布式处理。

1. 信息交换

信息交换是计算机网络最基本的功能，主要完成计算机网络中各个结点之间的系统通信。用户可以在网上传送电子邮件、发布新闻消息、进行电子购物、完成电子贸易、接受远程电子教育等。

2. 资源共享

所谓的资源是指构成系统的所有要素，包括软硬件资源，如计算处理能力、大容量磁盘、高速打印机、绘图仪、通信线路、数据库、文件和其他计算机上的有关信息。由于受经济和其他因素的制约，这些资源并非（也不可能）由所有用户独立拥有，所以网络上的计算机不仅可以使用自身的资源，还可以共享网络上的资源。资源共享增强了网络上计算机的处理能力，提高了计算机软硬件的利用率。

3. 分布式处理

一项复杂的任务可以划分成许多部分，由网络内各计算机分别协作并行完成有关部分，使整个系统的性能大为增强。

2.1.5 计算机网络的拓扑结构

网络拓扑结构就是网络的形状，或者是它在物理上的连通性。常见的拓扑结构有以下几种。

1. 星形结构

使用双绞线连接，结构上以集线器（HUB）为中心，呈放射状连接各台计算机。由于 HUB 上有许多指示灯，遇到故障时很容易发现出故障的计算机，而且一台计算机或线路出现问题不影响其他计算机，这样网络系统的可靠性大大增强。另外，如果要增加一台计算机，只需连接到 HUB 上就可以，很方便扩充网络。

2. 环形结构

环形结构是由一些中继器和连接到中继器的点到点链路组成的一个闭合环，对环接口要求高，如果一个环接口出现故障，整个网络就会瘫痪，因为某一结点故障会引起整个网络的故障，出现故障时需要对每个结点进行检测。

3. 总线型结构

总线型结构是将所有计算机连接在一条线上，使用同轴电缆连接，只适合使用在计算机不多的局域网上，因为一旦电缆中的某一段出现了问题，其他计算机也无法接通，导致整个网络瘫痪。系统中要使用 BNC 接口网卡、BNC-T 型接头、终结器和同轴细缆。

以上三种拓扑结构示意图如图 2.6 所示。

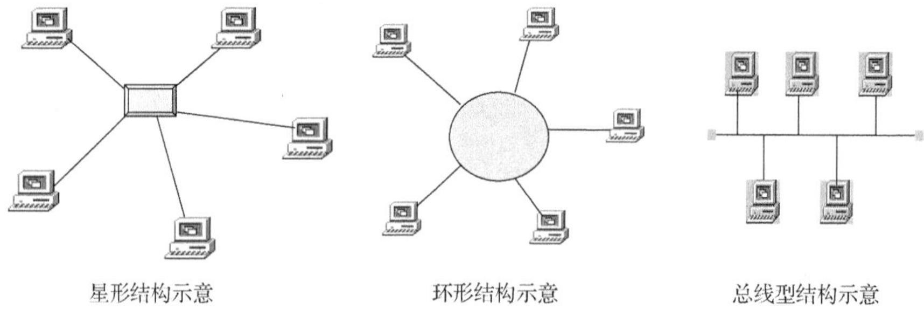

图 2.6　星形、环形、总线型结构示意

4. 树形结构

树形结构是一种分级结构，在这种结构的网络中，任意两个结点之间不产生回路，每条通路都支持双向传输。这种结构的特点是扩充方便、灵活，成本低，易推广，适合于分主次或分等级的层次型管理系统。

想一想

这几种拓扑结构各有什么优点、缺点？物流企业在使用过程中能不能结合起来使用？

5. 混合型结构

混合型结构可以是不规则形的网络，也可以是点-点相连结构的网络。

局域网中常见的结构为总线型或星形结构。

小　结

网络化过程是对物流经营管理机构、物流业务、物流资源和物流信息等要素的组织，按照网络方式在一定市场内进行规划、设计和实施，以实现物流系统快速反应和总成本最优等要求。

2.2　物流企业中的 Internet 应用

学习目标

1. 了解什么是 Internet
2. 理解 Internet 的接入方式
3. 掌握 Internet 提供的服务
4. 理解网络安全相关知识
5. 掌握 IP 及域名使用

学习导入

随着信息时代的到来和 Internet 技术的广泛应用，供应商、生产商和顾客之间的相互依赖性日趋加强。在这种环境下，如何提高企业柔性，缩短反应时间，降低库存水平和改善物流的通畅度具有十分重要的现实意义。那么什么是 Internet，你需要知道哪些相关知识和技术呢？

2.2.1 Internet 简介

Internet 是指将分布于全球的成千上万台计算机网络连接在一起，实现全球信息资源共享的国际互联网，也称为"网络的网络"，是目前世界上最大的互联网络。

互联网在物流企业的应用

2.2.2 Internet 的接入方式

在接入网中，目前常用的接入方式主要有公用电话交换网（public switched telephone network，PSTN）拨号、综合业务数字网（integrated service digital network，ISDN）拨号、DDN（digital data network）专线、不对称数字用户线（asymmetrical digital subscriber line，ADSL）、LAN、甚高比特率数字用户线（very high-bit-rate digital subscriber line，VDSL）、电线缆调制解调器（cable modem，CM）（用于有线网络）、PON（无源光网络，光纤入户）和 LMDS（无线通信）。它们各有各的优缺点，以 LAN 接入方式为例。

LAN 方式接入是利用以太网技术，采用"光缆＋双绞线"的方式对社区进行综合布线。具体实施方案是：从社区机房铺设光缆至住户单元楼，楼内布线采用五类双绞线铺设至用户家里，双绞线总长度一般不超过 100m，用户家里的计算机通过五类跳线接入墙上的五类模块就可以实现上网。社区机房的出口是通过光缆或其他介质接入城域网。

以太网技术成熟、成本低、结构简单、稳定性、可扩充性好，便于网络升级。同时可实现实时监控、智能化物业管理、小区/大楼/家庭保安、家庭自动化（如远程遥控家电、可视门铃等）、远程抄表等，可提供智能化、信息化的办公与家居环境，满足不同层次的人们对信息化的需求。

2.2.3 Internet 网络协议

Internet 上的网络协议统称为 Internet 协议簇，其中包括传输控制协议（transmission control protocol，TCP）、网络协议（internet protocol，IP）、网际控制报文协议（internet control message protocol，ICMP）、用户数据报协议（user datagram protocol，UDP）等。因为 TCP 和 IP 是其中最基本也是最主要的两个协议，所以习惯上又称整个 Internet 协议簇为 TCP/IP 协议簇。

TCP/IP 是一组计算机通信协议的集合，其目的是允许互相合作的计算机系统通过网络共享彼此的资源。这里的计算机系统既包括同构的系统，也包括异构的系统。网络可由同构的网络系统组成，也可由异构的网络系统组成。TCP/IP 针对的是异构的网络系统，这也是为什么通常将这种网络称为网际网（Internet）的原因。

TCP/IP 是建立在“无连接”技术上的网络互联协议，信息（包括报文和数据流）以数据报的形式在网络中传输，从而实现用户间的通信。TCP/IP 分为四层：应用层（application layer）、传输层（transport layer）、网络层（Internet layer）和网络接口层（network interface layer）。

2.2.4 Internet 地址

Internet 上的每个接口必须有一个唯一的 Internet 地址（也称作 IP 地址）。

1. 基本地址格式

现在的 IP 网络使用 32 位地址，以点分十进制表示，如 172.16.0.0。基本地址的格式为：IP 地址＝网络地址＋主机地址。

2. IP 地址类型

最初设计互联网时，为了便于寻址以及层次化构造网络，每个 IP 地址包括两个标识码（ID），即网络 ID 和主机 ID。同一个物理网络上的所有主机都使用同一个网络 ID，网络上的一个主机（包括网络工作站、服务器和路由器等）有一个主机 ID 与其对应。IP 地址根据网络 ID 的不同分为 5 种类型，A 类地址、B 类地址、C 类地址、D 类地址和 E 类地址。

（1）A 类 IP 地址

一个 A 类 IP 地址由 1B 的网络地址和 3B 主机地址组成，网络地址的最高位必须是“0”，地址范围从 1.0.0.0 到 126.0.0.0。可用的 A 类网络有 126 个，每个网络能容纳 1 亿多个主机。

（2）B 类 IP 地址

一个 B 类 IP 地址由 2B 的网络地址和 2B 的主机地址组成，网络地址的最高位必须是“10”，地址范围从 128.0.0.0 到 191.255.255.255。可用的 B 类网络有 16382 个，每个网络能容纳 6 万多个主机。

（3）C 类 IP 地址

一个 C 类 IP 地址由 3B 的网络地址和 1B 的主机地址组成，网络地址的最高位必须是“110”。范围从 192.0.0.0 到 223.255.255.255。C 类网络可达 209 万余个，每个网络能容纳 254 个主机。

（4）D 类地址用于多点广播

D 类 IP 地址第一个字节以“1110”开始，它是一个专门保留的地址。它并不指向特定的网络，目前这一类地址被用在多点广播（multicast）中。多点广播地址用来一次寻址一组计算机，它标识共享同一协议的一组计算机。

（5）E 类 IP 地址

以“11110”开始，为将来使用保留。

全零（“0.0.0.0”）地址对应于当前主机。全“1”的 IP 地址（“255.255.255.255”）是当前子网的广播地址。

在 IP 地址三种主要类型里，各保留了三个区域作为私有地址，其地址范围如下：

A 类地址：10.0.0.0～10.255.255.255。

B 类地址：172.16.0.0～172.31.255.255。

C 类地址：192.168.0.0～192.168.255.255，如图 2.7 所示。

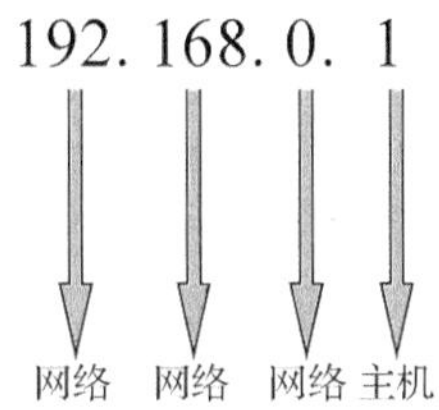

IP 地址分类

图 2.7　C 类地址

2.2.5　域名系统

在说明域名系统（domain name system，DNS）前，先说明什么叫域名（domain name）。在网络上辨别一台计算机的方式是利用 IP，但是一组 IP 数字很不容易记，且没有什么联想的意义，因此，我们会为网络上的服务器取一个有意义又容易记的名字，这个名字就叫作 domain name。

入网的每台主机都可以有一个类似这样的域名：计算机名.组织机构名.网络名.顶层域名（见图 2.8）。

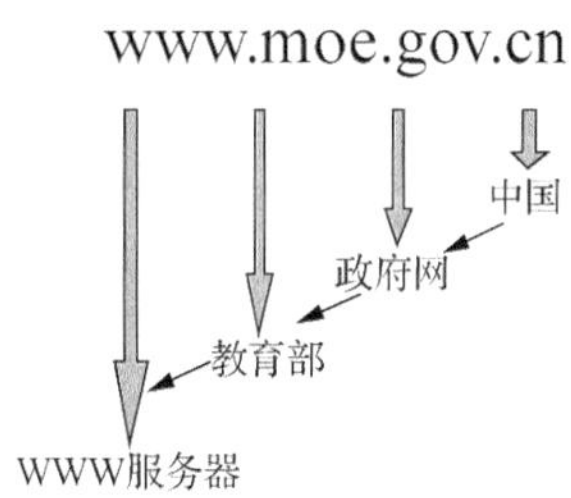

图 2.8　域名示例

2.2.6　网络安全

1. 网络安全面临的形势

网络安全现在主要面临以下问题。

1）系统非常容易被入侵。

2）攻击工具容易获得，也容易使用。

3）被攻击单位不会作出报道。

2. 常见的杀毒软件和病毒监控程序

所有计算机用户最大的担忧就是病毒侵入他们的系统，这些病毒包括 20 世纪 80 年代实验室制造出来的早期病毒和最新的恶意代码。

阻止计算机病毒侵入系统的方法通常有两种，一是将计算机放置在一个受保护的“气泡”中，在现实中就意味着孤立此机器，但同时也意味着该台计算机将接收不到任何信息；二是安装一套杀毒软件，它可以使任何计算机免受恶意代码的攻击。

目前常见的杀毒软件有百度杀毒、腾讯电脑管家、360 杀毒等。

3. 防火墙

防火墙（firewall）是指设置在两个或多个网络之间的安全阻隔，用于保证本地网络资源的安全，通常是包含软件部分和硬件部分的一个系统或多个系统的组合。

原理：监控计算机上的各个端口，只要有人试图经由某个路径入侵计算机，防火墙就会立刻加以拦截。

知识链接

常用域名的含义

1. 机构名称

机构名称见表 2.1。

表 2.1 机构名称

代码	机构的类型	代码	机构的类型
com	商业机构	mil	军事部门
edu	教育机构	net	网络中心
gov	政府机构	org	社会组织，专业协会
int	国际组织		

2. 国家或地区

国家或地区见表 2.2。

表 2.2 国家或地区

代码	国家或地区	代码	国家或地区
cn	中国	ru	俄罗斯
us	美国	ca	加拿大
uk	英国	in	印度
hk	中国香港	tw	中国台湾

阅读资料

IPv4 和 IPv6

IPv4，是互联网协议（internet protocol，IP）的第四版，也是第一个被广泛使用、构成现今互联网技术基石的协议。IPv6 是互联网工程任务组（internet engineering task force，IETF）设计的用于替代现行版本 IP 协议（IPv4）的下一代 IP 协议，IPv6 将 IPv4

中32位的地址长度扩展到了128位，使用IPv6，可以让全世界的每一粒沙子都能分配到一个IP地址，那么IPv6和IPv4对比有什么优势呢？

与IPv4相比，IPv6具有以下几个优势：

1）IPv6具有更大的地址空间。IPv4中规定IP地址长度为32，即有$2^{32}-1$个地址；而IPv6中IP地址的长度为128，即有$2^{128}-1$个地址。

2）IPv6使用更小的路由表。IPv6的地址分配一开始就遵循聚类（aggregation）的原则，这使得路由器能在路由表中用一条记录（entry）表示一片子网，大大减小了路由器中路由表的长度，提高了路由器转发数据包的速度。

3）IPv6增加了增强的组播（multicast）支持以及对流的控制（flow control），这使得网络上的多媒体应用有了长足发展的机会，为服务质量（quality of service，QoS）控制提供了良好的网络平台。

4）IPv6加入了对自动配置（auto configuration）的支持。这是对动态主机配置协议（dynamic host configuration protocol，DHCP）的改进和扩展，使得网络（尤其是局域网）的管理更加方便和快捷。

5）IPv6具有更高的安全性。在使用IPv6网络时，用户可以对网络层的数据进行加密，并对IP报文进行校验，极大地增强了网络的安全性。IPv6的设计初衷是用以解决IPv4地址枯竭问题，同时对IPv4进行大量改进，并最终取代IPv4。然而由于网络地址转换（network address translation，NAT）等技术的广泛应用，IPv4在互联网流量中长期占据主要地位，IPv6的使用增长缓慢。直到2017年7月，通过IPv6使用Google服务的用户百分率才首次超过20%。

2018年5月，中华人民共和国工业和信息化部发布《推进互联网协议第六版（IPv6）规模部署行动计划》。6月，三大运营商联合阿里云宣布，将全面对外提供IPv6服务，并计划在2025年前助推中国互联网真正实现“IPv6 Only”。7月百度云制定了中国的IPv6改造方案。8月3日，工业和信息化部信息通信发展司在北京召开IPv6规模部署及专项督查工作全国电视电话会议，表示中国将分阶段有序推进规模建设IPv6网络，实现下一代互联网在经济社会各领域深度融合。6月20日，阿里云宣布全面支持IPv6，包括计算、存储、网络、数据库、安全、CDN等产品线的众多产品支持或即将支持IPv6。同时，随着5G、物联网技术的逐渐成熟、苹果AppStore审核要求全面支持IPv6的要求等，万物互联的时代即将到来，使得市场上对IPv6的呼声不断升高。

小 结

不管是货主企业还是物流企业要开展物流服务，首先要建立起一个完善的沟通渠道，建立一个能够沟通整个供应链的信息网络，与相关物流企业沟通，与货主沟通。在使用Internet的过程中要注意网络安全问题。

2.3 物流企业计算机网络系统规划与设计实例

学习目标

1. 了解物流企业中计算机网络系统规划与设计需求
2. 理解物流企业中网络规划与设计的基本步骤
3. 理解网络规划与设计的软硬件要求

学习导入

某物流公司由于业务活动比较多，需要通过一个功能全面、效率高的计算机网络来整合物流组织体系，重构仓储配送管理模式，有效地降低运营成本，同时实现物流业务的仓储、运输等全过程信息化网络化管理。物流公司实现动态分配车辆、集成 GIS（geographic information system，地理信息系统）、优化运输配送路线，并且启用条码设备，实行全程单品管理等功能，为客户提供网上查询服务，邮件、手机短信等服务。试讨论如何为该物流企业进行规划和设计。

2.3.1 校园网络规划设计

1. 建立近期、中期和长期发展规划

依据本校建网资金的安排，在听取校内外专家意见的基础上，结合本校教学科研的内容及其发展的需要，制定一个在未来 10 年中的近期、中期及长期的建设规划，以保持网络建设的延续性，并保护先前的投资（含各种硬件、软件及信息资源），能融入不断涌现的新技术和新应用。

2. IP 地址资源的利用

IP 地址是在 Internet 上的站点及相关设备的地址，它是由网络信息中心（Network Information Center，NIC）负责统一分配的，确保了它在世界上的唯一性。当申请到一个建网的 IP 地址之后，必须合理地划分子网，每个子网中的 IP 地址要合理使用，既要满足当今的需要，也要预留将来网络扩展时所需，以便有足够的地址保证各类服务器连入 Internet。

3. 建立相关机构

有计划地培养网络管理员及培训部门用户学会使用信息制作、发布的工具。建网单位应该设有一个“网络信息化领导小组”，对网络的规划实施起指导和决策作用。按照建网单位的网络规模，根据不同时期的需要，配置专业的网络管理员。针对网络技术应用日新月异的情况，加上校园网络信息资源建设的繁重任务，应加强对师生的应用培训，以适应网络新技术的应用及安全控制，保证网络的正常运行和安全。

4. 注重需求分析

网络的规划设计是一个系统建立和优化的过程，建设网络的根本目的是在 Internet 上进行资源共享与通信。要充分发挥投资网络的效益，需求分析是网络规划设计中的重要内容，它明确了网络设计应达到的目标，并有助于设计者更好地理解网络应该具有的性能。结合学校的办学规模、管理需求和师生对教学科研的需要，尽可能地确立一个性能较高的网络计算平台。

同时，经过系统的需求分析，网络的设计者还能更好地做出决策，评价现有的网络，提供移植的功能及给所有校内师生更为合适的资源。

5. 组网技术的选择

目前，可用于校园局域网（LAN）的技术有以太网、快速以太网、千兆以太网、令牌环网、FDDI 网和 ATM 网。从网络应用、维护、安全和扩展方面而言，快速以太网和 ATM 网在实际应用中得到了广泛的采用。同时，千兆以太网技术已成为大型快速以太网的升级目标。虽然快速以太网和千兆以太网因采用 CSMA/CD 的介质访问控制方式而广泛地存在着“广播风暴”的问题，但可以以更好的传输介质和交换设备予以克服。千兆以太网突出的优点是可兼容先前的设备投资，师生的网络应用及培训更易进行，网络的可管理性和扩展性也很好。ATM 是一种快速分组交换技术，它在 WAN（广域网）上体现的强大功能和在 LAN 上的成功应用，均以事实说明了它的技术的先进性。在 ATM 中，不同速率的各种数据，如语音、图像、视频都被分成标准的 53B 的信元，以光纤作为传输通道，避免了以太网中的“广播风暴”，提升了网络的整体性能。但是 ATM 不兼容以往的以太网投资，其管理和操作有异于传统的以太网平台，故不适用于以太网的升级改造。

6. 校园网络的设计模式

一个良好的设计方案除了体现出网络的优越性能之外，还体现在应用的实用性、网络的安全性、易于管理性和未来的可扩展性。因此，设计时要考虑以下问题。

1）要适应未来网络的扩展和拓扑结构的变化。

2）要能为特定的师生用户或用户组提供访问路径。

3）要保证网络能不间断地运行。

4）当网络扩大和应用增加时，变化的网络结构要能应付相应的带宽要求。

5）使用频率较高的应用能够支持网上大多数的师生用户。

6）能合理地分配用户对网内、网外的信息流量。

7）能支持较多的网络协议，扩大网络的应用范围。

8）支持 IP 的单点传送和多点广播数据流。

要达到以上这些设计要求，分层的设计功能及星形、树形和混合型的拓扑结构应给予足够的重视。

7. 网络硬件的选择

除小型企业或工作室常使用普通的 PC 主机来充当服务器外，一般应使用专业的高性能服务器。连接介质的选择分两部分，第一部分为各交换机（switch）之间（楼与楼之间，楼层之间）及网络出口干线选择光纤，第二部分为从访问层的交换机到用户的计算机桌面选择超五类双绞线。网络连接的关键设备是路由器（router），无论是 Internet 接入、异地网络连接还是大型网络广播域的划分，都离不开路由器，因此，路由器的性能较为重要。数据存储设备，除可选择大容量硬盘外，还可选择磁带机、磁盘阵列、光盘阵列，这些外存设备均可用于存储海量网络数据，如图书资料、多媒体素材及课件、学生学籍和成绩管理等。

8. ISP 的选择

用户如果要接入 Internet，就要去找 Internet 服务供应商（Internet service provider，ISP）。ISP 是用户接入 Internet 的入口。通常，个人用户的计算机或集团用户的计算机网络先通过某种通信线路连接到 ISP 的主机，再通过 ISP 的连接通道接入 Internet。

目前我国主要的 ISP 有中国公用计算机互联网（CHINANET，即中国电信网）、中国网通公用互联网（CNCNET，包括金桥网 CHINAGBN）、中国移动互联网（CMNET）、中国联通互联网（UNINET）、中国铁通互联网（CTTNET）、中国卫星集团互联网（CSNET）、中国科技网（CSTNET）、中国教育和科研计算机网（CERNET）、中国国际经济贸易互联网（CIETNET）、中国长城互联网（CGWNET）。

企业在选择 ISP 时要注意以下问题。①对提供电子商务解决方案的服务商的合法性进行考察。②服务商是否有成功案例，这决定了他是否有足够的相关经验和资历提供电子商务解决方案。③是否能真正得到所需的服务，能否为企业带来实际的赢利，这种赢利是长期潜在的还是短期现实的。④服务商在行业中的形象和声誉。⑤服务商是否能对企业的额外要求提出中肯合理、令人信服的解释，这种解释是否专业。⑥对服务商业务的纵向比较。服务商承诺的服务项目中是否有区别于其竞争对手的特色，能体现出强技术性和专业性。⑦服务商是否有良好的沟通能力，在沟通过程中观察其工作效率，服务商是否体贴客户。⑧了解服务商的服务收费在同行中是否有竞争性。如果收费高了，其价值体现在何处，能为客户带来何种真正的好处。

9. 带宽的申请和使用分配

随着计算机技术与现代通信技术的有机结合，计算机网络影响和改变了人们的生产、生活和学习方式。全新的信息化时代对网络的速度和服务质量等各方面的要求也进一步提升，此时，带宽的申请与分配显得尤为重要。带宽的申请，对于个人用户来说，一般使用 ADSL 宽带业务，带宽在 50M 到 100M 不等，采用动态 IP 地址；对于企业来说，由于业务量较大，需要使用宽带专线，带宽从百兆到千兆不等，可根据企业的实际情况来选择带宽。企业专线网络有固定 IP，固定 IP 在全球是唯一的，它可以绑定在企业服务器上作为外界访问服务器的唯一标识，有了固定 IP，网络会更稳定，企业专线网络上下行对等。带宽的分配是指对网络流量传送进行合理的分配，以保证在有限的带宽内实时业务的正常传输，不至于因为业务量太大而出现网络阻塞，使视频出现马赛克或音频出现间断等现象。以校园网为例，为了把校园网的带宽进一步扩宽，可以和一些运营商合作共同接入网络线路。校园网带宽有限，而校园网应用无限，为了避免和缓解网络堵塞，在分配带宽时，将 IP 网段分成教学组和学生组，设置教学组的优先级高于学生组，即教学组的上传与下载速度比学生组高，常用的访问网站、邮件服务要高于 P2P（对等网络）的使用。

10. 网络操作系统的选择

网络操作系统（net operation system）的选择关系到网络的应用、安全和管理。目前常用的网络操作系统有 UNIX、Linux、Netware、Windows 系列，下面进行简单介绍。

1）UNIX 操作系统是一个多用户、多进程的分时操作系统，在互联网发展的初期，它就被融入了许多网络技术和通信协议，它以较好的可移植性及极好的安全性能，被广泛地用于微型机、小型机、超小型机和大型计算机上。今天，UNIX 仍然作为 Internet 上各类服务器主选的网络操作系统，并深得金融、电信、保险行业的青睐。

2）Linux 是近年来流行的一种类 UNIX 操作系统，其功能与 UNIX 有许多共同点。Linux 包含了文件管理、用户账号管理、网络管理等许多工具，对互联网的应用有很好的支持。

3）Netware 是 Novell 公司开发的网络操作系统，自 20 世纪 80 年代至今，已发展了十几种版本，新版本体现了高度的开放性和安全性，是目前国际上应用最广泛的一类局域网操作系统。

4）Windows 是一个抢先式多任务的网络操作系统，并具有较高的可靠性和开放性，它具有让企业有多种应用管理的强大功能，如数据库服务、电子邮件，能联合多种网络进行通信。它能支持较多的应用软件、工具、文件共享和网络打印服务，也是一个功能卓越的网络操作系统。

Windows 操作系统的版本有 Windows Server 2000、Windows Server 2003、Windows Server 2008、Windows Server 2012、Windows Server 2016 和 Windows Server 2019，Windows 操作系统在局域网配置中是最常见的，但由于它对服务器的硬件要求较高，且稳定性能不是很高，所以微软的网络操作系统一般只用在中低档服务器中。

综合以上网络操作系统的特点与对网络应用的支持，就可选择一个或几个适合于校园网内各子网服务器的操作系统，以适合各类应用、安全控制和管理。

2.3.2 物流企业网络系统设计

结构化开发方法

1. 网络规划与设计原则

网络系统规划与设计的一般步骤如下。

（1）需求分析和可行性分析

需求分析和可行性分析主要涉及网络环境、网络设备配置、用户的功能要求、系统目标、技术支持和效益分析等方面。

（2）网络规划

网络规划包括对需求分析的技术性论证、网络的分布、网络的基本设备和类型、网络的基本规模、网络的功能和服务项目的总体规划。

（3）网络系统的总体设计

网络系统的总体设计包括网络的拓扑结构设计、网络组网方案的确定、网络软硬件的选择、网络的综合布线、网络主数据库系统的选择和形成网络总体设计说明书。

2. 网络系统规划与设计原则

网络系统规划是为要建立的网络系统提出一套完善的设想和方案，网络设计师对网络规划进一步分析和论证，并将其具体落实。在进行网络系统规划和设计时应遵循的基本原则是实用性、经济性、可靠性、安全性、先进性、开放性、可扩充性和兼容性。

3. 网络系统总体规划

网络系统总体规划包括网络分析、网络基本设备和类型、网络的基本规模、网络基本功能和服务项目。

2.3.3 某物流中心图书物流管理信息系统

原型法

某物流中心面向社会全方位开展出版社的收货、储存、包装、发运、配送业务。图书物流管理信息系统整合了全国 200 多家出版社、60 多家物流合作伙伴，对图书物流业务的仓储、运输等全过程实现信息化管理以及对出版社、经销商、书店的数据交换。一家软件公司为该物流中心建立了客户服务管理中心和财务结算管理中心，为客户提供网上查询服务，邮件、手机短信服务。动态分配车辆，集成 GIS，优化运输配送路线，并且启用条码设备，实行全程单品管理。通过物流应用系统，客户从货物起运时就可以获得准确的货物到达时间、到达位置等信息。这样收货人与各仓储、运输公司等相关部门就可以提前做好准备，实现货物的快速流动与安全抵达。图书物流管理信息系统可同时实现图书分拣、退货、加工、员工绩效考核等功能，逐步整合了业务平台，为业务的发展提供了更强大的支持，同时为公司管理人员、业务人员的日常工作提供便利，全面实现工作效率和服务水平的提升。

1. 图书物流管理信息系统主要功能模块

图书物流管理信息系统由系统管理、标准化管理、业务管理、统计查询等功能模块组成。

1）系统管理模块。这一模块主要管理权限的设置及系统选项设置，由系统管理员根据用户的级别设定访问权限及留言簿回复权限。

2）标准化管理模块。标准化管理模块主要作用于应用系统内的基础信息，这些基础信息的建立将会为应用系统的顺利使用、扩展和信息管理提供有力保证。标准化管理主要包括对以下基础信息的管理：部门信息、岗位信息、员工信息、库区信息、仓库信息、库位信息、客户信息、货运公司信息、图书信息、司机信息、车辆信息、到站城市信息、道路信息等。在系统实际应用中，企业应根据实际业务管理需要灵活授权相关业务部门对基础信息进行管理。

3）业务管理模块。一般物流企业常用的业务管理功能包括入库管理、残书处理、在库管理、配送出库管理及分拣发运管理五个部分。根据企业的业务范围不同，应在基本功能的基础上扩充相应子模块。

以配送出库模块为例，配送出库模块包括配送订单管理、仓储出货管理、配送保险单管理、配送派车单管理、监控计划管理、配送装车单管理、配送签收单管理等功能。

4）统计查询模块。系统的统计查询有两部分：业务查询统计和分拣费用管理。其中业务查询包括发货退货查询、分拣退货查询、工作量查询、财务发票查询等。物流分拣中心负责所有图书货物的发送和运输，由市场部、货运部、分拣部、统计部、客户服务部、综合管理部等六个部门组成，整合公路、铁路、航空、邮政等各种运输方式及中转仓储功能为一体。系统的分拣统计主要是对物流分拣中心的费用管理。分拣中心的费用按结算对象的不同有应收（与出版社结算）和应付（与货运公司结算）两种分拣费用，而且对每个结算对象的费用标准也不尽相同。基于以上情况，系统中首先对每个结算对象进行费用单价（即费用标准）的设置，而后在业务进行中将业务单据（委托单和货运单）和费用单价进行捆绑，这样计算出每笔业务的费用发生情况，生成相应的分拣费用单，最后的费用查询统计即以费用单为依据进行。

2. 图书物流管理信息系统应用的拓扑结构

图书物流管理信息系统应用的拓扑图如图2.9所示。

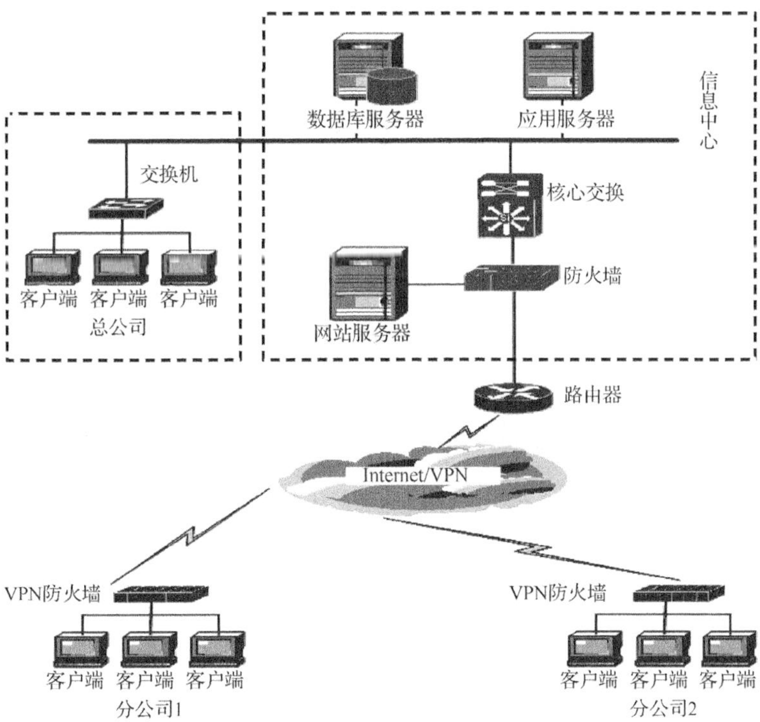

图2.9 图书物流管理信息系统应用的拓扑图

小　结

网络的规划设计是一项系统工程，不同的规划设计方案可使网络存在较大的性能差异，它不仅体现了网络本身具备的技术特性和应用特点，也体现了不同用户的各种需求，从根本上而言更体现了信息化社会的基础。

物流中心以综合物流管理信息平台为支撑，整合物流组织体系，重构仓储配送管理模式，有效地降低了运营成本，取得了明显的经济效益。

本章小结

本章主要讲述了物流企业网络技术的相关内容，物流企业在由传统物流向现代物流转型的过程中，基础网络化和 Internet 应用所应掌握和必备的知识。物流企业网络化的目标是对物流经营管理机构、物流业务、物流资源和物流信息等要素的组织按照网络方式在一定市场内进行规划、设计和实施，以实现物流系统快速反应和总成本最优等要求。

思考与练习

1．简述网络化对物流企业的重要性。
2．设计一个中型物流企业的网络组成，并说明其拓扑结构。
3．物流企业 Internet 的接入方式应该采用哪一种？
4．物流企业如何使用 Internet 提供的服务？
5．物流企业如何更大限度地保证网络安全？

小组模拟仿真

（要求小组讨论、实施，并将活动结果和活动过程中的各种单据以小组为单位提交电子作业）

非网络化/网络化操作处理缺货、采购、入库过程

1. 分析问题

1）结合实际分析提高单据流转率、降低单据流转出错率的方法。
2）网络在物流企业中的作用。
3）物流企业进行网络化的具体步骤。

2. 活动要求

分组讨论完成设计内容，以 PPT 的形式写出差别、说明设计思路及优势，并画出局域网构建示意图。

3. 制作步骤

1）每组先将任务分工，分别查询相关的资料。
2）非网络化处理一次缺货、采购、入库过程。
3）结合实际构建企业局域网，并接入互联网。
4）在网络化环境下处理一次缺货、采购、入库过程。
5）分析非网络环境下与网络环境下处理方式的不同。

4. 注意事项

网络设计尽量合理，网络安全。

5. 作业展示及点评

考核评分参见下表。

考核评分表

考评小组		被考评小组	
考评地点		考评时间	
考评内容	非网络化/网络化操作处理缺货、采购、入库过程		
考评标准	内容	分值	实际得分
	各种单据是否齐全	20	
	所设计的企业网络化过程是否合理	50	
	网络化环境下的处理效率	30	
合计		100	

注：满分为 100 分，60～74 分为及格；75～84 分为良好；85～100 分为优秀。

第3章 数据库管理技术

数据库管理技术是通过研究数据库的结构、存储、设计、管理及应用的基本理论和实现方法，并利用这些理论来实现对数据库中的数据进行处理、分析和理解的技术，数据库管理技术在物流企业中广泛用于物流运输过程和物流仓储管理中。

3.1 数据库基础知识

学习目标

1. 掌握数据库概念
2. 理解数据库管理系统概念
3. 理解数据库系统概念
4. 了解数据库系统的特点

学习导入

现代物流系统是一个庞大复杂的系统，特别是全程物流，包括运输、仓储、配送、搬运、包装和再加工等环节，每个环节信息流量巨大，使企业很难对这些数据进行及时、准确的处理。为了帮助决策者快速、准确地做出决策，提高企业的运作效率，降低物流成本、增加收益，就需要一种新的数据储存技术来收集并处理数据，而这一技术就是数据库技术。

3.1.1 数据库、数据库管理系统及数据库系统

1. 数据库

什么是数据库和数据库管理系统

孤立的数据不能代表确切的信息，为反映某一方面的信息往往需要若干数据。例如，学生的基本信息包括姓名、性别、出生年月、籍贯，这些数据需要被组织起来。最初的数据以文件形式组织，处理数据时，更多的是对文件的操作（读与写），存在数据处理不便、共享困难等一系列问题，数据库（database，DB）技术的产生有效地克服了这类问题。

数据库，从字面上可理解为是存放数据的仓库。从技术角度上看，数据库是存储在计算机的存储介质上，按一定的方式组织起来的相关数据的集合。数据库是结构化的，不仅描述数据本身，而且对数据之间的关系进行描述。数据库中的数据具有高度的共享性。

2. 数据库管理系统

如何科学地组织和存储数据，如何高效地获取和维护数据，完成这一任务的便是数据库管理系统（database management system，DBMS）。DBMS 是维护和管理数据库的软件，是数据库与用户间的界面。它需要通过操作系统的支持，向用户提供一系列的数据管理功能。数据库管理系统是数据系统的一个重要组成部分。其主要功能包括以下

几个方面。

1）数据定义功能：用户通过 DBMS 提供的数据定义语言（data definition language，DDL）对数据库的数据对象进行定义。

2）数据操纵功能：用户通过 DBMS 提供的数据操纵语言（data manipulation language，DML）实现对数据库的基本操作，如查询、插入、删除和修改等。

3）数据库运行管理：数据库在建立、运行和维护时由数据库管理系统统一管理和控制，以保证数据的安全性、完整性，多用户数据的并发使用及发生故障后的系统恢复。

4）数据库的建立和维护功能：它包括数据库初始数据的输入和转换，数据库转储和恢复，数据库的重组织功能和性能监视、分析功能等。这些功能通常是由一些实用程序完成的。

3. 数据库系统

数据库系统（database system，DBS）是指在计算机系统中引入数据库技术，具有管理数据库功能。其一般由数据库、数据库管理系统（及其开发工具）、应用程序、数据库管理员和用户构成，数据库系统的层次如图 3.1 所示。

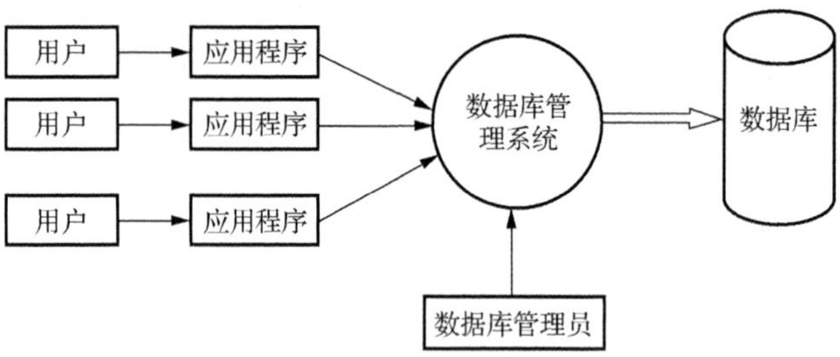

图 3.1 数据库系统的层次

3.1.2 数据库系统的特点

1. 数据结构化

数据不再从属于特定的应用，而是按照某种数据模型组织成为一个结构化的整体。它描述数据本身的特性，也描述数据与数据之间的种种联系。数据结构化，有利于实现数据共享。

2. 数据的共享性

数据共享是数据库系统的目的，也是它的重要特点，各个不同的用户可以在相同的时间存取同一数据库中的数据。

3. 数据冗余小，易扩充

以一定的数据模型来组织数据，数据可减少重复；数据不再是面向某一特定的应用，而是面向整个系统，减少了数据冗余和不一致现象。

4. 数据独立于程序

数据库系统提供了数据的存储结构与逻辑结构之间的映射功能及总体逻辑结构与局部逻辑之间的映射功能，实现了数据的物理独立性和逻辑独立性，把数据的定义和描述与应用程序完全分离开。

5. 数据由 DBMS 统一管理和控制

数据库的资源是共享资源，而计算机的共享一般是并发的，即多个用户同时使用数据库，甚至可以同时使用数据库中同一个数据。为此，DBMS 还必须提供以下几个方面的数据控制功能。

（1）数据的安全性保护

数据的安全性是指采取一定的安全保密措施确保数据不被非法的使用，进而造成数据的泄密和破坏。

（2）数据的完整性检查

数据的完整性是指数据的正确性、有效性和相容性。完整性检查将数据控制在有效的范围内，或保证数据之间满足一定的关系。

（3）并发控制

当多个用户的并发进程同时存取、修改数据库时，可能会发生相互干扰而得到错误结果，导致数据库完整性遭到破坏，因此必须对多用户的并发操作加以控制和协调。

（4）数据库恢复

当系统发生故障或对数据库数据的操作发生错误时，系统能进行应急处理，把数据库恢复到正确状态。

知识链接

认识数据库管理技术

数据库管理技术的发展过程

计算机一开始的设计是计算，后来随着科学技术的发展，计算机开始用于数据的管理，数据管理的技术可以分为三个阶段：人工管理阶段、文件管理系统阶段、数据库系统阶段。

1. 人工管理阶段

这个阶段是没有操作系统的，早期的计算机没有操作系统。软硬件技术也不完善，计算机是用来科学计算的，存储设备也只有磁带、卡片和纸带，软件方面也没有操作系统和管理数据的软件，数据管理依赖于人工。在人工管理阶段，数据不可以长期保存。当时没有数据管理软件，数据管理只能依赖程序来完成。

2. 文件管理系统阶段

在 20 世纪 50 年代到 60 年代后期，软件和硬件技术都有了一定的发展，产生了专门的软件，出现了文件管理系统来管理数据。这一阶段实现了数据的长期保持，那些数据以文件的形式保存在外部存储器上，供程序进行查询、修改、删除等操作。程序与数据也有了一定的独立性，程序员可以更加专注于算法，减少了维护程序的工作量。但这一阶段，数据共享率也很低，文件是面向应用程序的，不同的应用程序如果使用部分相同的数据，也必须建立各自的文件，数据不能共享，冗余度高。还有就是数据的独立性差，文件系统中的一个文件只能为一个应用程序服务，是一一对应关系。数据和应用程序相互依赖，改变了数据也要改变应用程序和文件结构。

3. 数据库系统阶段

20 世纪 60 年代以后，计算机性能越来越高，数据量增大，共享数据也越来越多，计算机的硬件软件都有很大发展。为了满足和解决多用户、多应用程序使用数据的需求，数据需要为尽可能多的应用程序服务，数据管理技术就产生了。发展到这个阶段，数据实现结构化，数据之间有联系、有逻辑性；数据共享性也很高，冗余少且容易扩充，数据可以被多个用户、多个应用程序共享，也可以增加新的应用来共享数据，比如想登录某个 App，可以用微信，也可以用 QQ，这就是一种数据的共享。这一阶段，数据的完整性和安全性也有了很大的提高。程序与数据库相互独立，数据的独立性高，数据库也由数据库管理系统统一管理。

小 结

数据库是长期存储在计算机内的有组织的数据集合，它可以供多个用户共享，具有较小冗余和较高的数据独立性。DBMS 是维护和管理数据库的软件，方便用户快速地建立、维护、查询、存取和处理数据库中的数据。

3.2 关系型数据库设计基础

学习目标

1. 了解数据模型的概念
2. 掌握关系模型概念及常用术语
3. 理解关系模型的特点
4. 掌握关系模型的完整性

学习导入

世界万物都是以某种模型存在于现实生活中的，我们见过很多模型，例如飞机模型、汽车模型、手机模型、建筑模型等。那么什么是模型呢？在计算机中如何将数据以某种形式来组织呢？

数据模型是数据库的基础，数据是对客观事物的符号表示，模型是现实世界的抽象，数据模型是对数据特征的抽象。

3.2.1 数据模型

模型是现实世界特征的模拟和抽象，而数据模型（data model）则是对现实世界数据特征的抽象。数据库存放的是某个企业、组织或部门的综合性数据。它不仅要反映数据本身的内容，而且要反映数据之间的联系。

数据模型

数据库的组织形式称为数据模型，它决定了数据（结点）之间的联系表达方式，直接影响数据库的性能，数据模型的设计方法决定着数据库的设计方法。数据库系统使用的主要数据模型有层次模型（hierarchical model）、网状模型（network model）、关系模型（relational model）和面向对象模型（object-oriented model）。

层次模型、网状模型是早期的数据模型，又称为格式化数据模型。由于关系模型比层次模型、网状模型更为简单灵活，并且其研制发展较快，因此现在关系型数据库产品占据统治地位。

3.2.2 关系模型

关系模型是建立在严格的数据概念的基础之上的。在关系模型中，数据被组织成若干个二维表，它们分别由行和列组成。每一张表又称为一个关系，其数据结构形式简单、统一，易于掌握和应用，因而在数据库领域占有重要地位。现以表3.1为例，介绍关系模型中的一些术语。

表3.1 供应商表

供应商	货物名称	电话	地点
S_1	冰箱	021-×××××××××	上海
S_2	洗衣机	020-×××××××××	广州
S_3	电视机	0532-×××××××××	青岛

关系：一个关系对应一张二维表，表3.1所示这张供应商表就是一个关系。

元组：表中的一行即为一个元组。

属性：表中的一列即为一个属性，给每个属性起一个名称即为属性名。如表3.1所示，有四列，对应四个属性（供应商、货物名称、电话、地点）。

分量：元组中的一个属性值，如 S_3、电视机等。

主键：表中的某个属性组，它可以唯一确定一个元组。

关系模式：对关系的描述，一般表示为关系名（属性 1，属性 2，……，属性 n）。例如，表 3.1 的关系可描述为供应商表（供应商，货物名称，电话，地点）。

1. 关系模型的特点

（1）关系必须规范化

所谓规范化是指关系模型中的每一个关系模式都必须满足一定的要求，即表中不能再包含表。

（2）模型概念单一

关系模型无须另设指针，而是由数据本身自然地反映它们之间的联系。

（3）集合操作

在关系模型中，操作的对象和结果都是元组的集合，即关系。

2. 关系模型的三类完整性

（1）实体完整性

若属性 A 是基本关系 R 的主属性，则属性 A 不能取空值。

对于实体完整性规则说明如下：

① 一个基本关系通常对应现实世界的一个实体集。

② 现实世界中的实体是可区分的，即它们具有某种唯一性标识。

③ 关系模型中由主键作为唯一性标识，主键值不能重复。

④ 主键不能取空值。所谓空值就是“不知道”或“无意义”的值，即不存在的实体。

例如：学生（学号、姓名、性别、年龄、籍贯），学号即为学生关系的主属性（属性值是唯一的），其值不能重复也不能取空。

（2）参照完整性

若基本关系 R 中含有与另一基本关系 S 的主键 Ks 相对应的属性 F(F 称为外部键)，则对于 R 中每个元组在 F 上的值必须满足：或者取空值（F 的每个值均为空值）；或等于 S 中某个元组的主键值。

例如，供应商表（供应商、地点）和订单表（订单号、供应商、货物、价格、数量），在订单关系中，供应商是它的外部键，其值或者为空，或者等于供应商关系中供应商的值。

（3）用户定义的完整性

实体完整性和参照完整性用于所有基本表，并由关系模型自动定义和检验。用户定义的完整性就是针对某一具体关系型数据库的约束条件。它反映某一具体应用所涉及的数据必须满足的语义要求。关系模型应提供定义和检验这类完整性的机制，以便用统一的、系统的方法处理它们，而不由应用程序承担这一功能。

3.2.3 关系型数据库

关系型数据库

使用关系模型的数据库称为关系型数据库。在关系型数据库中处理的最小单位是字段（即属性），如一个人的姓名、一个产品的编号、单价等字段的逻辑组合称为一个记录（即元组），即与一个特定产品有关的所有字段构成这个产品的记录。所有同类的记录组成一个文件即二维表，如所有的产品记录组成产品文件。逻辑相关的表组成一个数据库，如产品销售数据库可以包含产品表、订单表和销售商表等。

1. 关系的概念

一个关系（relation）是一张描述数据集合的二维表。

关系具有以下基本性质。

① 任意两个元组不能完全相同。

② 行的顺序可以任意交换。

③ 列是同域的，每一列的字段数据类型相同。

④ 不同的列可以出自同一个域，但要给予不同的属性名。

⑤ 列的次序可以任意交换。

⑥ 表中任意字段必须是不可再分的数据项。

⑦ 在关系型数据库中，每一个二维表或关系都描述一种实体。实体是表示特定的人或事物的概念，如供应商、货物、订单等（表 3.1）。

2. 关系型数据库设计过程

在现实世界中描述学生和课程，要结合具体的事物场景来分析。如学生通过网络进行学习时，此时学生有名称、账号、登录密码、性别、年龄等基本特征；课程有课程名称、授课老师、类别、学生对象、课程简介等基本特征；学生与课程的主要关系是学生学习课程。

经过上面对学生和课程的分析，可以画出学生与课程的 E-R 模型（实体-联系模型），完成第一阶段从现实世界到概念世界的抽象。学生与课程的 E-R 模型如图 3.2 所示。

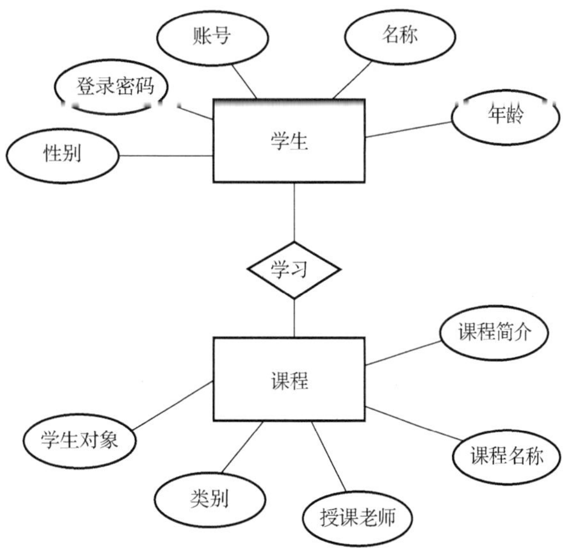

图 3.2 学生与课程的 E-R 模型

第二阶段将设计的 E-R 模型抽象为结构化的二维表形式，形成关系数据模型。将 E-R 模型转换为结构化的二维表形式非常简单，一个事物（实体）对应一个表，事物（实体）的属性为表的字段，事物（实体）之间的关系可以在一个实体的二维表中增加另一个实体的主要字段来实现。E-R 模型转换后的二维表如图 3.3 所示。

学生表

名称	账号	课程名称
张三	zhangsan	Java编程
李某	limou	Java编程
赵五	zhaowu	Web前端

学生表
包含课程
名称字段

课程表

课程名称	授课老师	类别
Java编程	郎老师	编程语言
数据库应用	李老师	数据库编程
Web前端	张老师	互联网

图 3.3　学生课程二维表结构

知识链接

常用的关系型数据库系统

1. Oracle

20 世纪 70 年代一间名为 Ampex 的软件公司，正为中央情报局设计一套名叫 Oracle 的数据库，Ellison 是程序员之一。Oracle 是世界领先的信息管理软件开发商，因其复杂的关系型数据库产品而闻名。Oracle 数据库产品为财富排行榜上的前 1000 家公司所采用，Oracle 的功能是比较强大的，一般用于超大型管理系统软件的建立，现在的应用范围也已经比较广泛。许多大型网站、银行、证券、电信等都选用了 Oracle 系统。

2. SQL Server

SQL Server（structured query language server）是一个关系型数据库管理系统（DBMS）。它最初是由 Microsoft、Sybase 和 Ashton-Tate 三家公司共同开发的，于 1988 年推出了第一个 OS/2 版本。

SQL Server 是目前应用比较广泛和普遍的一款数据库，是数据库发展的一个里程碑。

3. Access

Access 是微软公司推出的基于 Windows 的桌面关系型数据库管理系统（relational database management system，RDBMS），是 Office 系列应用软件之一。

它提供了表、查询、窗体、报表、页、宏、模块共 7 种用来建立数据库系统的对象；提供了多种向导、生成器、模板，把数据存储、数据查询、界面设计、报表生成等操作规范化；为建立功能完善的数据库管理系统提供了方便，也使得普通用户不必编写代码，就可以完成大部分数据管理的任务。

4. DB2

DB2 是 IBM 公司研制的一种关系型数据库系统。DB2 主要应用于大型应用系统，具有较好的可伸缩性，可支持从大型机到单用户环境，应用于 OS/2、Windows 等平台下。

DB2 提供了高层次的数据利用性、完整性、安全性、可恢复性，以及小规模到大规模应用程序的执行能力，具有与平台无关的基本功能和 SQL 命令。

5. MySQL

MySQL 是一个小型关系型数据库管理系统，开发者为瑞典 MySQL AB 公司。该公司在 2008 年 1 月 16 日被 Sun 公司收购，而 2009 年，Sun 公司又被 Oracle 收购。目前 MySQL 被广泛地应用在 Internet 上的中小型网站中。由于其体积小、速度快、总体拥有成本低，尤其是开放源码这一特点，许多中小型网站为了降低网站总体拥有成本而选择了 MySQL 作为网站数据库。

小 结

关系型数据库中的关系就是一张二维表格，每一行数据集合就是一个元组，每一列就是一个属性；关系模型的特点有关系必须规范化、模型概念单一、集合操作；关系模型三类完整性分别是实体完整性、参照完整性、用户定义的完整性。

3.3 库存管理系统的数据库设计

学习目标

1. 了解系统设计步骤
2. 了解数据库系统设计原则
3. 会设计数据表结构

学习导入

库存管理是物流企业常见的工作任务，利用现代数据库技术可以轻松实现管理功能。假如某供应部门管理多个仓库，仓库主要管理物资的入库、出库、库存和采购等事项。如何高效管理各种数据呢？那就是建立一个数据库管理系统，从而实现其高效管理功能。

3.3.1 系统设计

在使用 Access 建立数据库的表、窗体和其他对象之前，设计数据库是很重要的，合理的设计是创建能够有效地、准确地、及时地完成所需功能的数据库的基础，没有好的设计，数据库不但在查询方面效率低下而且也较难维护。进行数据库设计之前必须清楚这个系统需要实现什么样的功能，然后再细化到数据库各个组件的设计上。一般来说，设计的过程如图 3.4 所示。

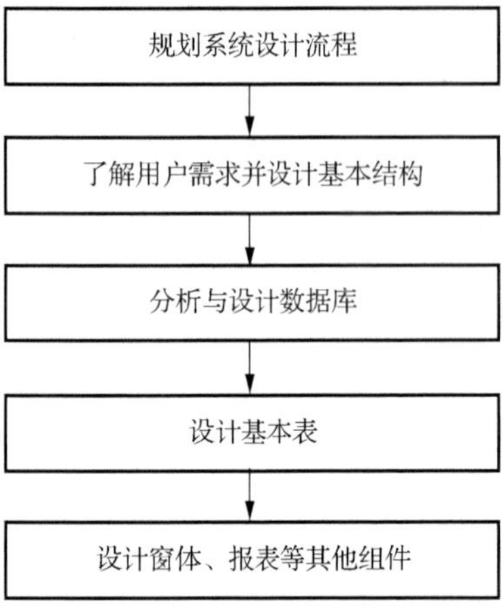

图 3.4 数据库设计流程

1. 需求分析

在开始设计数据库之前，需要确定数据库的目的以及如何使用，尽量多了解一些有关数据库的设计要求，弄清用户需要从数据库中得到什么样的信息。

实施数据库设计的过程包括以下几个步骤。

1）确定数据库中需要的表。

2）确定每个表中需要的字段。

3）明确每条记录中有唯一值的字段。

4）确定表之间的关系。

5）输入数据，创建其他数据库对象。

要实现上述目标，最好的方法就是与数据的使用人员进行交流，集体讨论需要解决的问题，并说明需要生成的报表；与此同时收集当前用于记录数据的表格，然后参考某些设计得很好并且与当前要设计的数据库相似的数据库进行设计。

2. 创建数据库时要做的准备

在创建数据库之前必须明确以下几点。

1）数据库必须能够管理用户期望的输出和打印输出所有必须具备的信息。

2）数据中不保存不必要的信息。

3）弄清数据应该为用户所做的操作和应解决的问题。

4）明确用户通过什么样的界面来操作数据库中的数据和输出。

3. 数据库用户的分类

数据库设计完成之后，所面对的是数据库的用户，不同的用户对于同一个数据库会有不同的使用需求，因此明确谁将使用数据库是很重要的。

通常数据库用户使用数据库的情况有以下三种。

1）将数据添加到数据库中。

2）编辑、操作、整理和输出数据库中的数据。

3）查询数据库中的数据。

从设计角度来看，应按不同类型的用户设计数据库的表、窗体和报表。

4. 数据库的设计原则

一个好的数据库结构必须在开发时就满足一定的条件和原则。简化一个数据库结构的过程被称为“数据标准化”。该理论最早在20世纪70年代提出，在此后的许多年中，该理论得到不断的发展和扩充。

标准化数据库设计有如下原则。

1）减少数据的冗余和不一致性。如果数据库存在冗余和不一致问题，那么用户每次向数据库中输入数据时，都有发生错误的潜在可能。例如，人事信息数据库中，如果在多个不同的表中都包含姓名的输入，那么用户在多次输入时，就有可能发生错误。

2）简化数据检索。数据库中保存的信息必须能够根据需要快速地显示出来，否则，使用计算机自动化的数据库系统将没有任何意义。

3）保证数据的安全。数据库中的数据，必须具有一定的安全性，输入数据库中的数据在输出显示时，必须对应显示原始数据。

4）维护数据的方便性。数据库中的数据在每次更新或删除时，都必须将数据库中所有与其相关的地方都做出改变，并且在设计数据库时，要考虑到数据的修改最好在尽量少的操作步骤中完成。

3.3.2 库存管理系统分析

根据商业企业库存管理现状，库存管理系统要能处理库存中大部分的数据并完成烦琐复杂的统计计算；库存管理系统要能及时提供准确有用的库存信息，可以使管理者合理安排库存，加速资金周转。根据库存管理的业务流程和要求，库存管理系统数据流程图如图3.5所示。

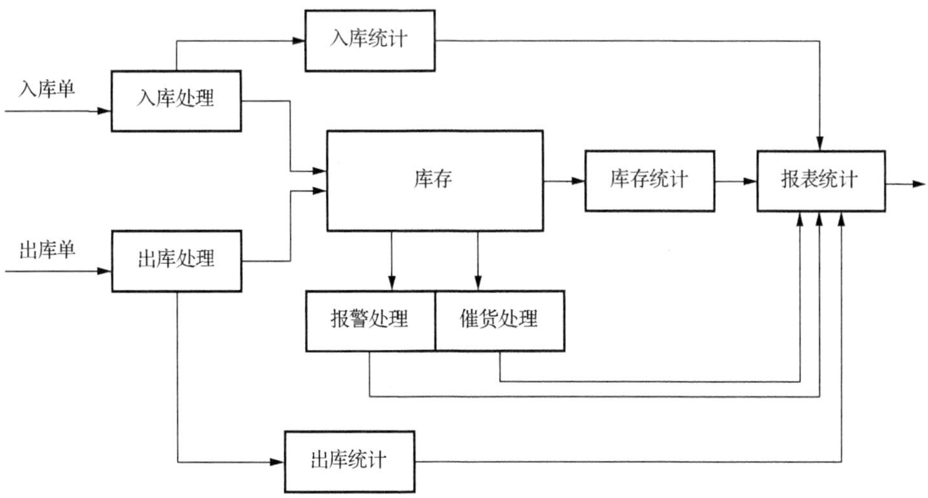

图3.5 库存管理系统数据流程图

一般来说，利用库存管理系统可以从以下方面提高企业管理的水平。

1）提高管理效率，降低人工成本。

2）降低采购成本。

3）减少仓储面积，提高房产综合利用。

4）降低储备资金占用。

3.3.3 系统设计

1. 数据库设计

根据库存管理系统分析，库存管理系统处理数据涉及的表有入库表、出库表、库存表及商品信息表等。要使所有表既无数据冗余，又无传递依赖，可将库存管理系统数据库定义为 5 张表，分别为商品信息表、仓库表、商品入库表、商品出库表、库存表。各表结构如表 3.2～表 3.6 所示。

表 3.2 商品信息表

字段名称	字段类型	长度	允许空值	备注
商品代码	短文本	20	必填	主键
商品名称	短文本	50	必填	
条形码	短文本	20	必填	
商品拼音编码	短文本	10	必填	
单位	短文本	4	必填	组合框
规格	短文本	10	必填	
产地	短文本	20	必填	
类别	短文本	10	必填	
进货价	数字	单精度	必填	

表 3.3 仓库表

字段名称	字段类型	长度	允许空值	备注
仓库 ID	数字	长整型	必填	主键
仓库名称	短文本	10		组合框
仓库位置	短文本	50		
仓库类型	短文本	50		
安全等级	短文本	50		
仓库用途	短文本	50		
仓库容量	数字	长整型		默认值：“0”

表 3.4 商品入库表

字段名称	字段类型	长度	允许空值	备注
入库 ID	数字	长整型	必填	主键
入库日期	日期/时间	长日期		
商品代码	短文本	20	必填	
入库数量	数字	长整型	必填	
单位	短文本	4		组合框
仓库	短文本	10		组合框
标志	短文本	1		默认值：“0”

表 3.5 商品出库表

字段名称	字段类型	长度	允许空值	备注
出库 ID	数字	长整型	必填	主键
出库日期	日期/时间	长日期		
商品代码	短文本	20	必填	
出库数量	数字	长整型	必填	
单位	短文本	4		组合框
仓库	短文本	10		组合框
标志	短文本	1		默认值：“0”

表 3.6 库存表

字段名称	字段类型	长度	必填	备注
商品代码	短文本	20		主键
商品名称	短文本	50		
仓库	短文本	10		组合框
单位	短文本	4	必填	组合框
库存数量	数字	长整型	必填	默认值：“0”
最高储备	数字	长整型	必填	
最低储备	数字	长整型		

2. 模块设计

根据上文的分析，并依据系统设计，对整个系统进行模块设计，得到如图 3.6 所示的系统功能图。

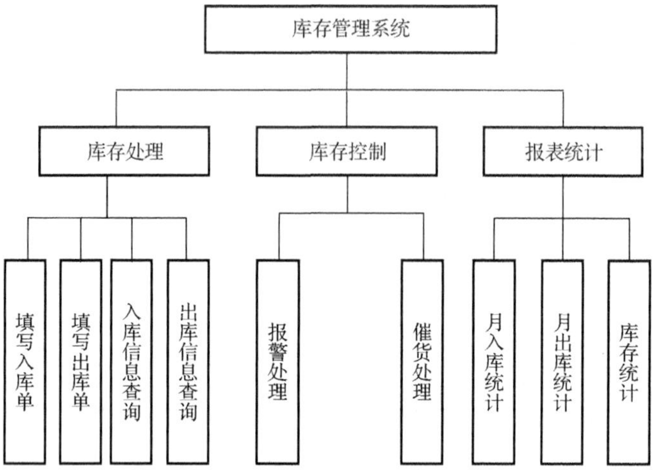

图 3.6　系统功能图

小　结

在市场经济中，销售是企业运作的重要环节，为了更好地推动销售，不少企业建立了分公司或代理制，通过分公司或代理商把产品推向最终用户。销售公司的增加和销售渠道的复杂化促使了物流业的发展。

随着电子商务的发展，企业对库存管理的要求越来越高。传统的库存管理中，一批产品从入库到出库，要经过多个环节，而且具有如下几个弊端：手工处理入库、出库造成产品供应效率低，影响企业发展；手工完成大量的入库、出库和库存统计，造成库存产品汇总困难，使库存结构难以掌握；仓库与管理部门之间信息交流少，造成库存积压，使资金周转缓慢。建立计算机化的库存管理系统可以对解决这些问题提供有效的帮助。

3.4　Access 库存管理系统

学习目标

1. 学会表的创建
2. 学会查询的创建
3. 学会报表的创建
4. 能够设计窗体

学习导入

当出库信息和入库信息完成输入时，库存中数据是否自动发生变化，当库存中商品不足或超出时能否进行报警呢？下面学习利用 Access 创建一个完整的库存管理系统。

3.4.1　创建表

1. 新建数据库

启动 Access 2013 软件，在弹出的新建对话框中单击“空白桌面数据库”，通过“浏览”选择文件保存位置和文件名，如库存管理系统，单击保存后，单击“创建”即可创建一个数据库文件，如图 3.7 所示。

表的创建

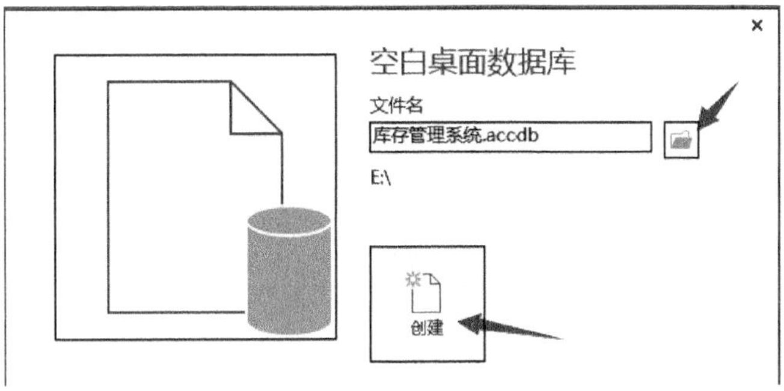

图 3.7　新建数据库

2. 创建“商品信息表”

在打开的 Access 窗口中，单击“创建”菜单，在选项组中单击“表设计”命令，按上面表的结构要求，在“字段名称”位置输入字段名如“商品代码”，在字段类型中选择“短文本”，在下面的“常规”选项卡中的“字段大小”输入长度 20，在“必需”中选择“是”，用同样的方法完成其他字段的添加，最后在“商品代码”字段名左侧按钮上右击，选择“主键”，可将字段设置为主键，如图 3.8 所示。

3. 设置字段组合框

选择“单位”字段，单击“查阅”选项卡，在“显示控件”中选择“组合框”，在行来源类型中选择“值列表”，在行来源中输入："箱";"盒";"个";"瓶"，如图 3.9 所示，完成字段设置后保存表为“商品信息表”。在左侧表中单击选中“商品信息表”即可在表中输入相关商品信息，如图 3.10 所示。

4. 创建“仓库表”

创建“仓库表”如图 3.11、图 3.12 所示。

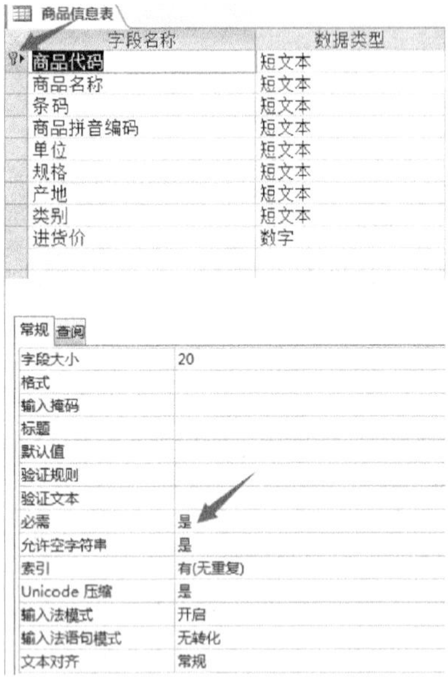

图 3.8　商品信息表设计字段

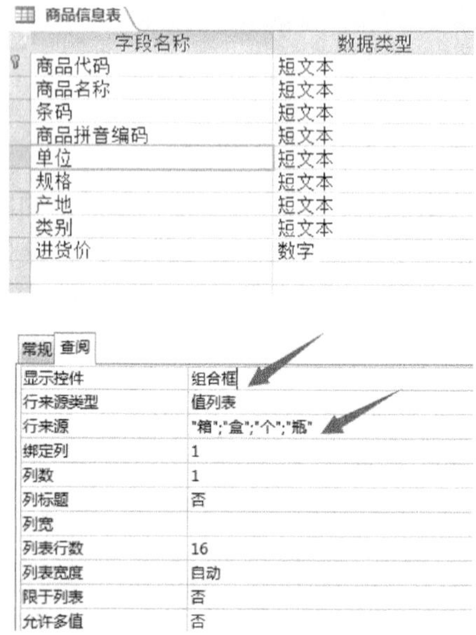

图 3.9　商品信息表组合框设计

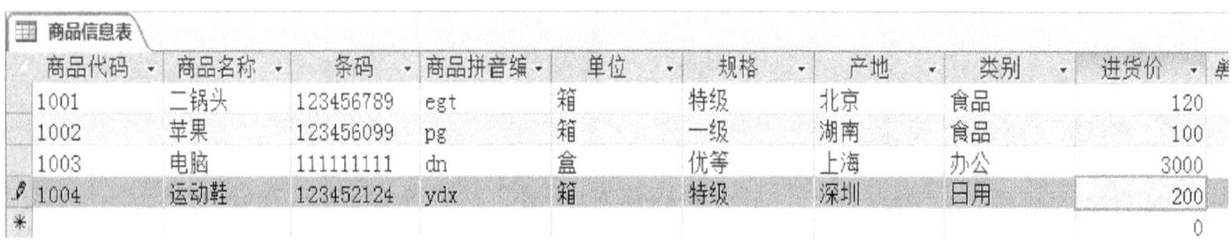

图 3.10　商品信息表添加记录

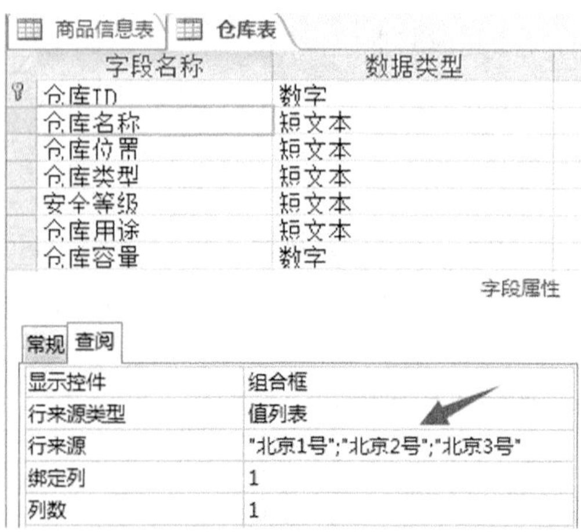

图 3.11　仓库表设计视图

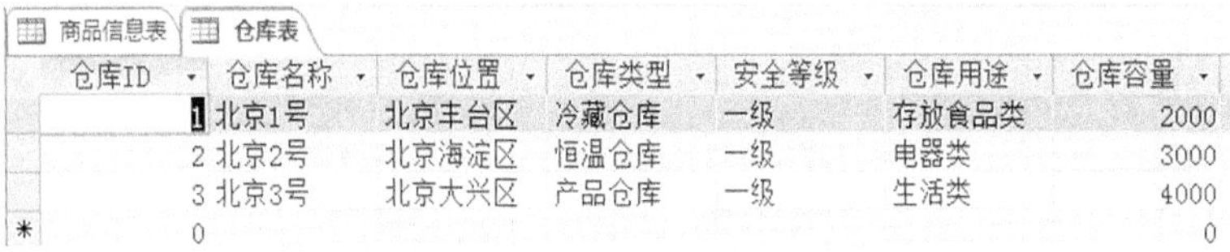

仓库ID	仓库名称	仓库位置	仓库类型	安全等级	仓库用途	仓库容量
1	北京1号	北京丰台区	冷藏仓库	一级	存放食品类	2000
2	北京2号	北京海淀区	恒温仓库	一级	电器类	3000
3	北京3号	北京大兴区	产品仓库	一级	生活类	4000
0						0

图 3.12　仓库表添加记录

5. 创建“商品入库表”

创建过程如图 3.13 所示，其中“单位”字段的组合框的行来源为“"箱";"盒";"个";"瓶"”。仓库的组合框设置行来源类型为“表/查询”，行来源为“SELECT 仓库表.仓库名称 FROM 仓库表;”，如图 3.14 所示。

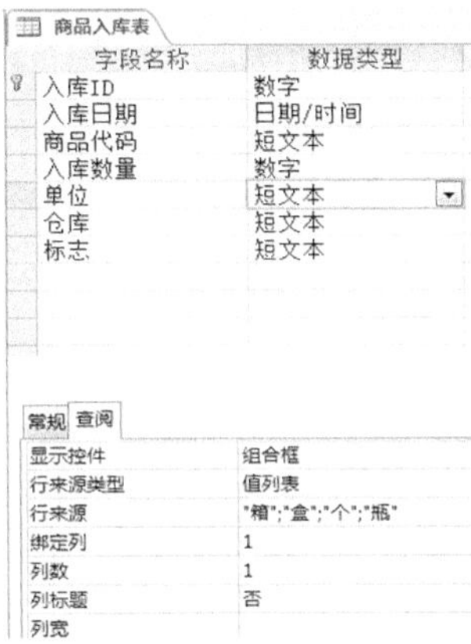

图 3.13　商品入库表设计视图

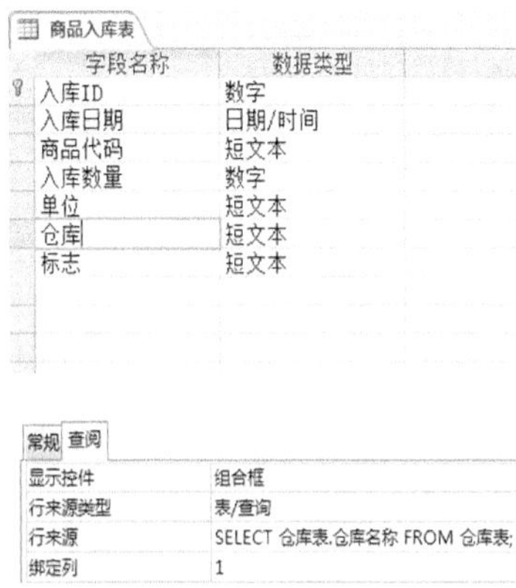

图 3.14　商品入库表仓库字段查阅设计

6. 设计“商品出库表”

“商品出库表”的设计参照“商品入库表”，表设计视图如图 3.15 所示，仓库字段查阅设计如图 3.16 所示。

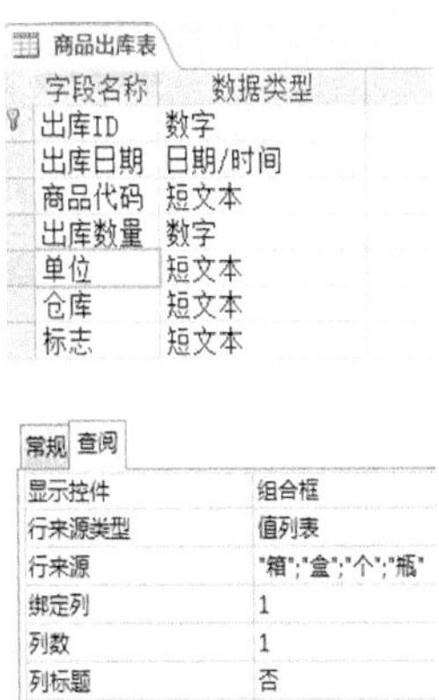

图 3.15　商品出库表设计视图

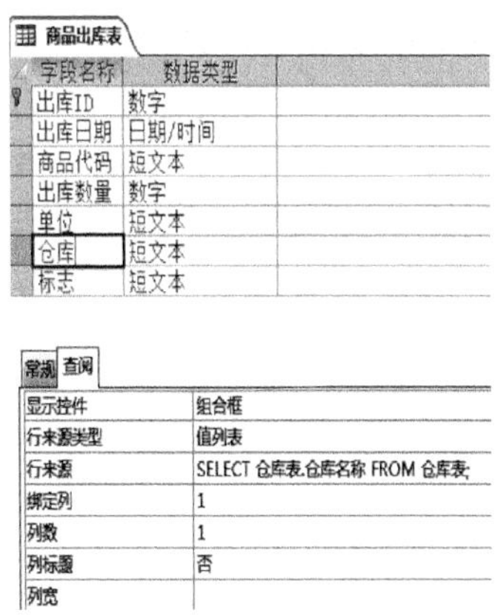

图 3.16　商品出库表仓库字段查阅设计

7. 设计“库存表”

“库存表”设计如图 3.17～图 3.19 所示。

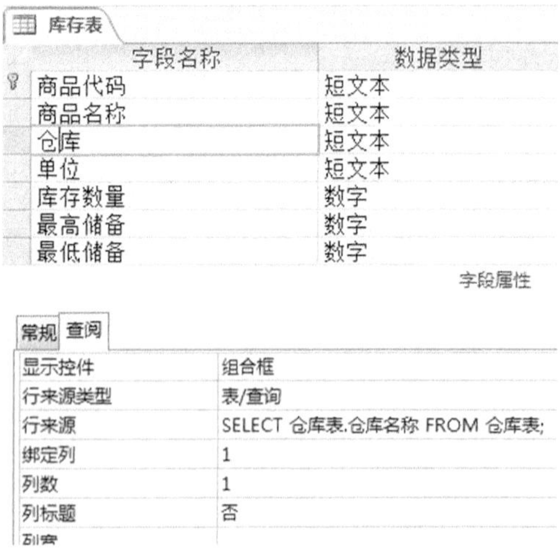

图 3.17　库存表仓库字段查阅设计

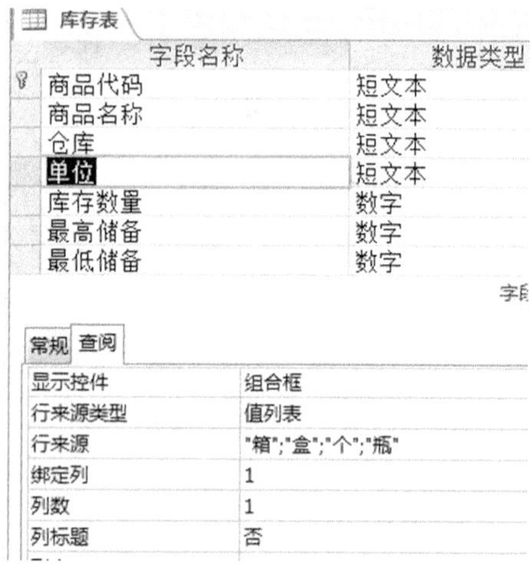

图 3.18　库存表单位字段查阅设计

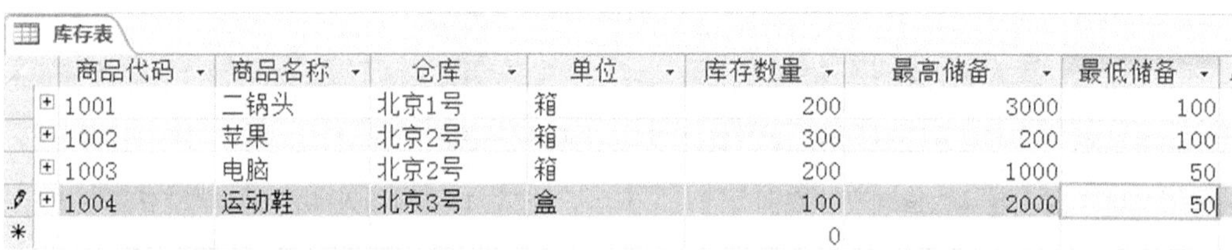

库存表

商品代码	商品名称	仓库	单位	库存数量	最高储备	最低储备
1001	二锅头	北京1号	箱	200	3000	100
1002	苹果	北京2号	箱	300	200	100
1003	电脑	北京2号	箱	200	1000	50
1004	运动鞋	北京3号	盒	100	2000	50
				0		

图 3.19　库存表记录

3.4.2　创建表之间的关系

完成表的设计后，就要在创建的各表之间建立关系，关系是定义表之间的关联方式。关系的创建方法是：选择“数据库工具”中的“关系”，调出“显示表”对话框，利用“添加”按钮把全部的表都添加到布局中，然后单击“关闭”按钮，关闭对话框，所有添加的表都出现在随“显示表”对话框一起调出的“关系”窗口中，从“库存表”表中选定“商品代码”字段，按住鼠标左键将其拖动到“商品出库表”表中的“商品代码”字段，然后释放鼠标，会弹出“编辑关系”对话框。单击“创建”按钮，两个表之间就建立了一个联系。用同样的方法建立所有的联系，如图 3.20 所示。

关系的创建

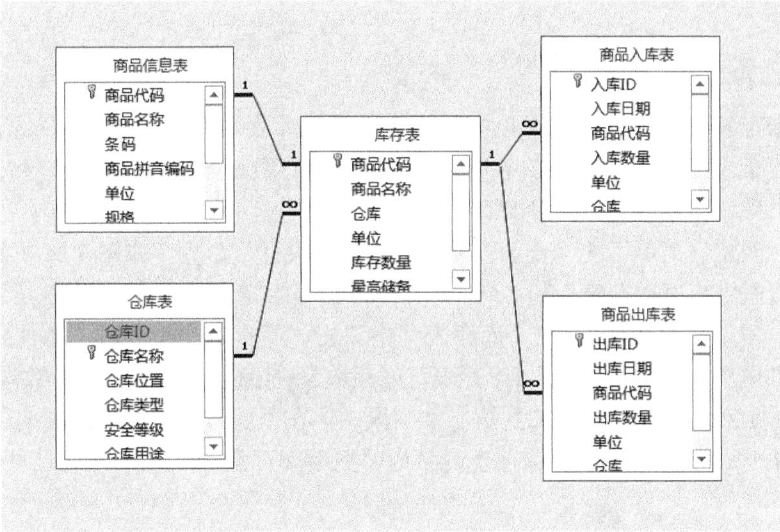

图 3.20 数据表关系

3.4.3 创建查询

数据库中的查询可以实现以下功能。

1）以一个表，或多个表，或查询为基础，创建一个新的数据集。

2）通过创建查询，完成数据的统计分析等操作。

3）使用参数查询，可以使查询结果更具有动态性和实效性。

4）利用交叉表查询，可以将数据表中的某个字段进行汇总，并将其分组，从而更便于查看和分析数据。

5）利用动作查询可以生成表，也可以更新、删除数据源表中的数据，还可以为数据源表追加数据。

6）查询可作为窗体和报表数据的来源，使只能有一个数据源的窗体和报表，实现以多个数据表为数据源成为可能，如图 3.21 所示。

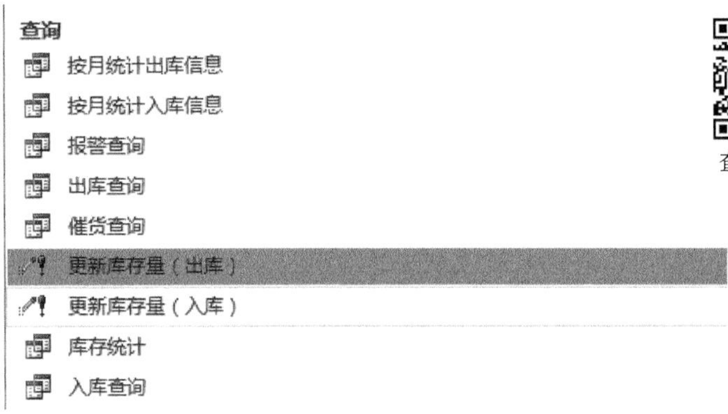

查询的创建

图 3.21 库存系统中的查询

1. 更新库存量（入库）查询

更新库存量（入库）查询可以实现将“商品入库表”中的“标志”为“0”的记录中的商品数量添加到“库存表”中相应商品的“库存数量”中，同时将“商品入库表”中的“标志”字段的值修改为“1”。

执行“创建”菜单下的“查询”项中的“查询设计”命令，如图 3.22 所示，在“显示表”对话框中将“库存表”和“商品入库表”添加到查询中，如图 3.23 所示；在“设计”项中单击选择“更新”，在“库存表”中双击“库存数量”字段，添加到第一个字段中，在“更新到”位置输入：[库存表].[库存数量]+[商品入库表].[入库数量]。在“商品入库表”中双击“标志”添加到第二个字段中，在“更新到”位置输入 1，在“条件”位置输入 0，如图 3.24 所示。保存查询名为“更新库存量（入库）”。

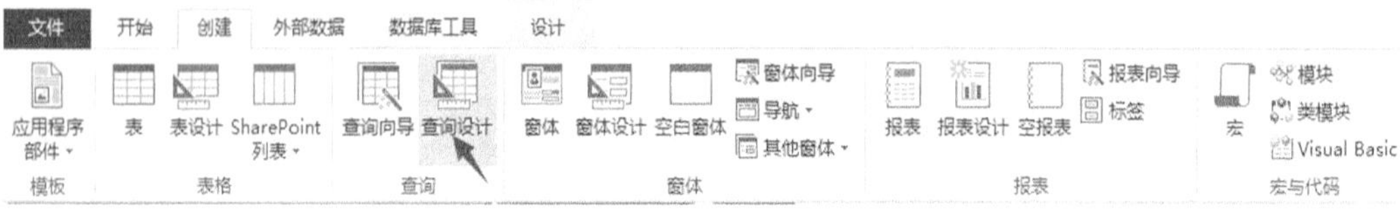

图 3.22 查询设计

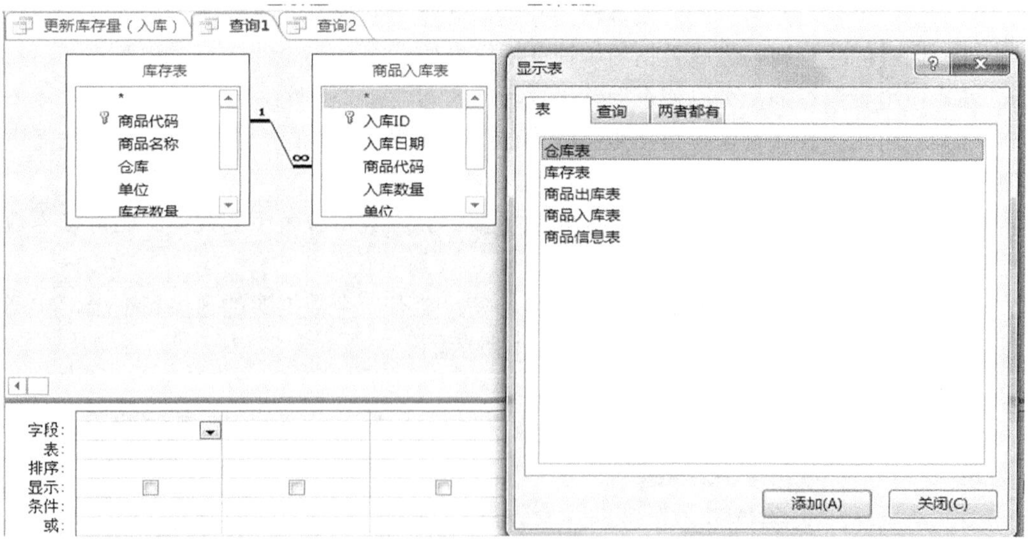

图 3.23 查询中添加表

2. 更新库存管理（出库）查询

将“商品出库表”中“标志”为 0 的记录从“库存表”中的“库存数量”中减去“出库数量”，具体实现方法同上，如图 3.25 所示。

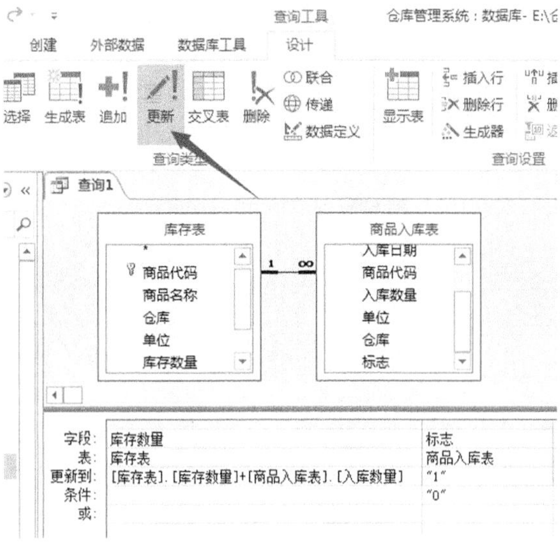

图 3.24　更新查询设计

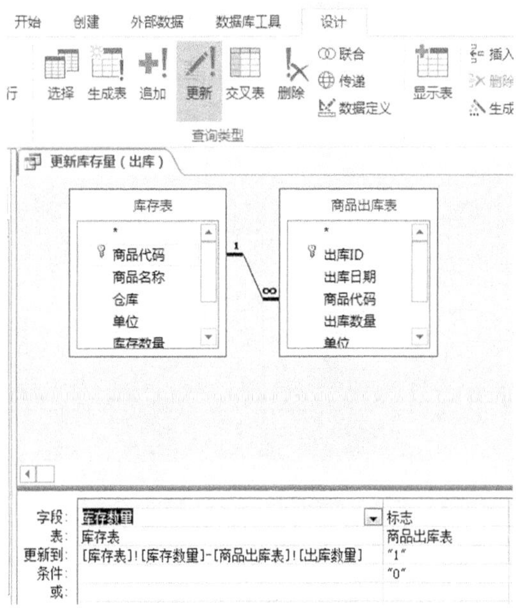

图 3.25　更新存量（出库）设计

3. 入库查询

可根据用户输入的“商品代码”查看“库存表”中商品信息。

添加“商品入库表”和“库存表”到查询设计中，并在“商品代码”字段中的“条件”位置输入：Like [入库查询]![商品代码] & "*"，保持查询为“入库查询”，如图 3.26 所示。

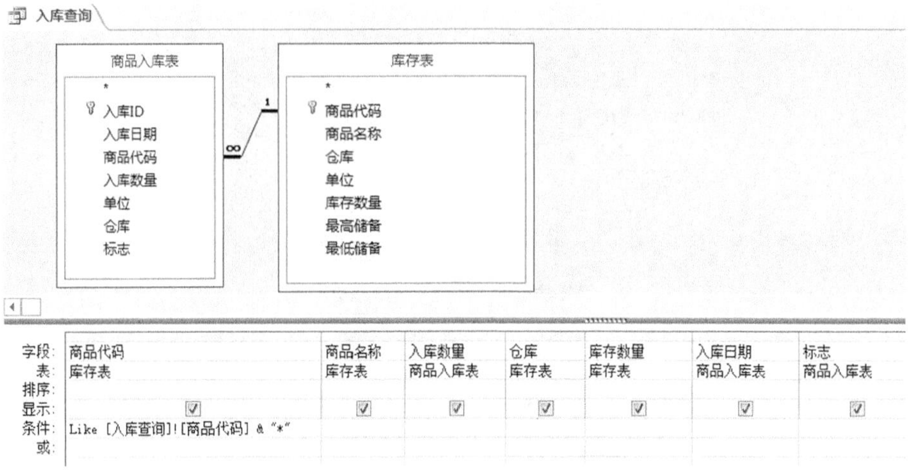

图 3.26　入库查询设计

4. 出库查询

设计方法同入库查询，设计视图如图 3.27 所示。

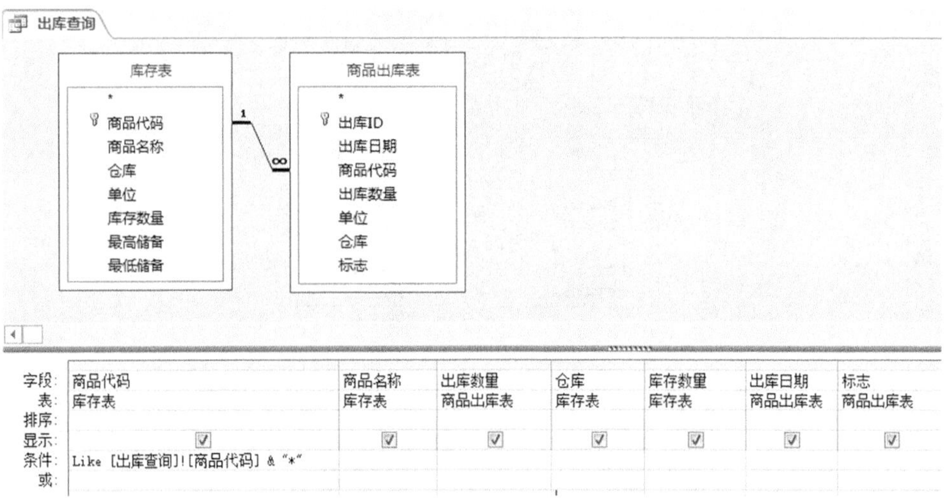

图 3.27　出库查询设计

5. 库存统计查询

可以实现“库存表”中信息按“组（Group By）”进行统计，“库存数量”进行“合计”统计，如图 3.28 所示。

6. 报警查询

可以实现“库存表”中，当“库存数量”超出“最高存储量”时，显示商品信息和超出量。在查询设计视图中添加“库存表”和“商品信息表”，查询字段如图 3.29 所示，最后添加自定义字段：超出量: [库存表]![库存数量]-[库存表]![最高储备]，在条件位置输入条件：>0，如图 3.29 所示。

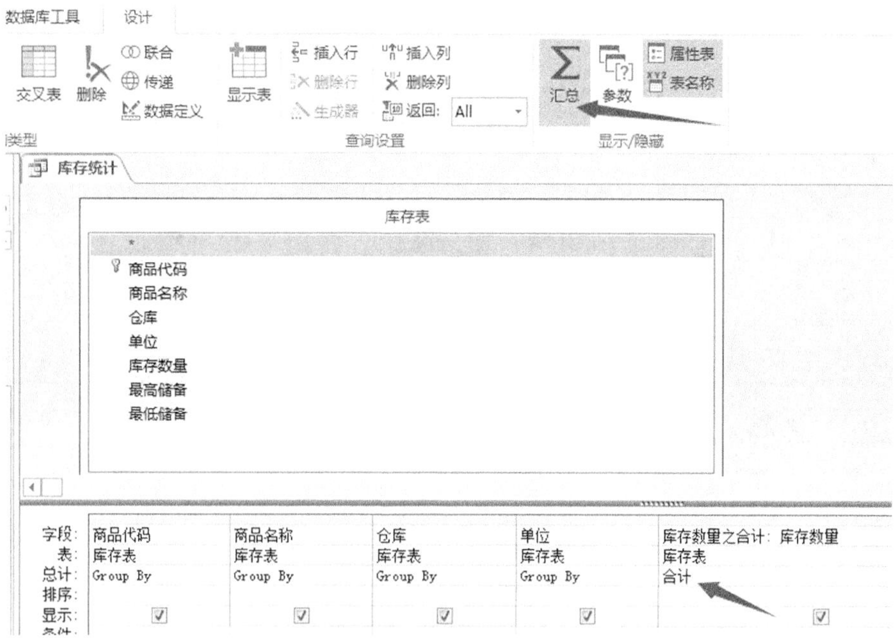

图 3.28 库存统计查询设计

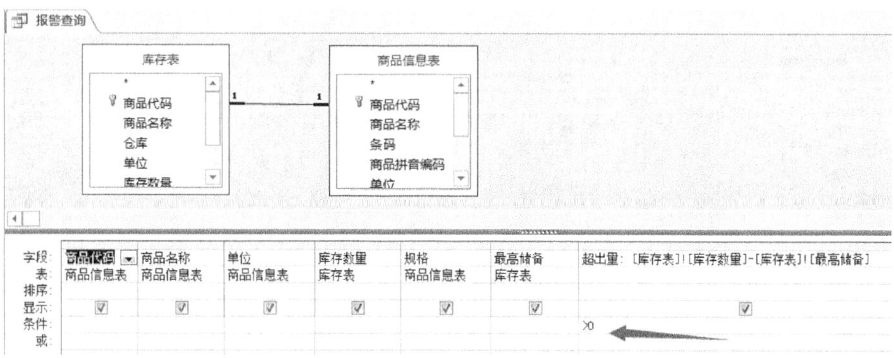

图 3.29 报警查询设计

7. 催货查询

设计视图参见图 3.30，最后添加自定义字段：不足量: [库存表]![最低储备]-[库存表]![库存数量]，条件是：<0，如图 3.30 所示。

8. 按月统计入库信息查询

可实现用户输入查询“年月”信息，统计出本月的信息。其中“商品代码”“商品名称”“单位”“规格”按分组（Group By）显示，“入库数量”合计显示，最后输入字段：统计月份: Month([商品入库表]![入库日期])，总计选择分组（Group By），条件输入：Month([请输入年月(××××-××)])，如图 3.31 所示。

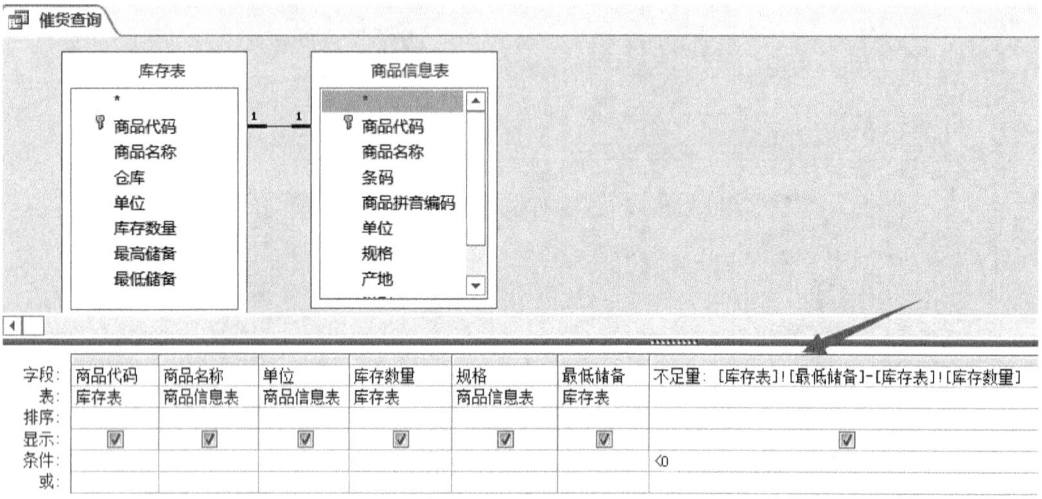

图 3.30 催货查询设计

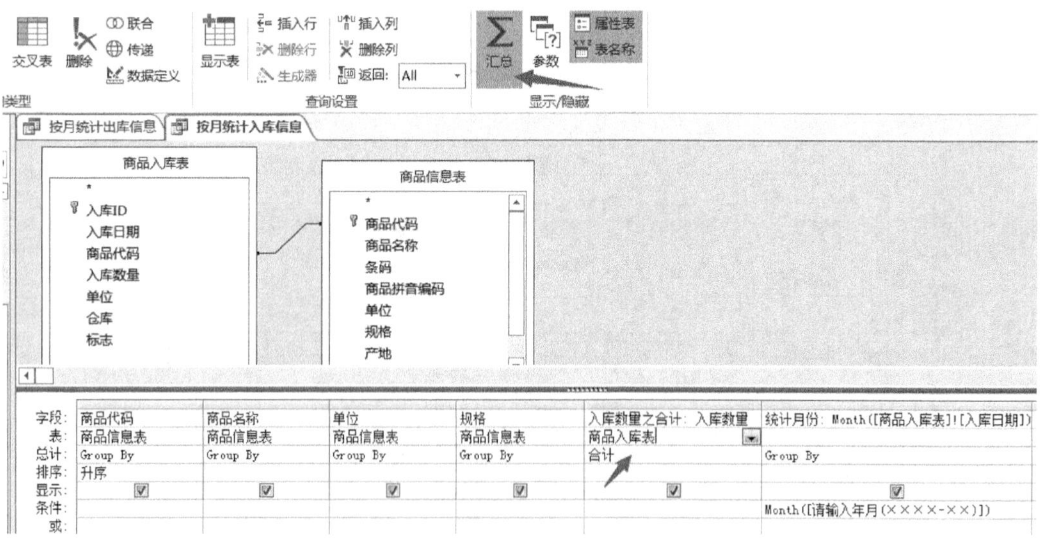

图 3.31 按月统计入库信息查询设计

9. 按月统计出库信息查询

设计方法同按月统计入库信息查询，使用表为“库存表”和“商品出库表”。最后添加字段为：统计月份: Month([商品出库表]![出库日期])，条件为：Month([请输入年月(××××-××)])，如图 3.32 所示。

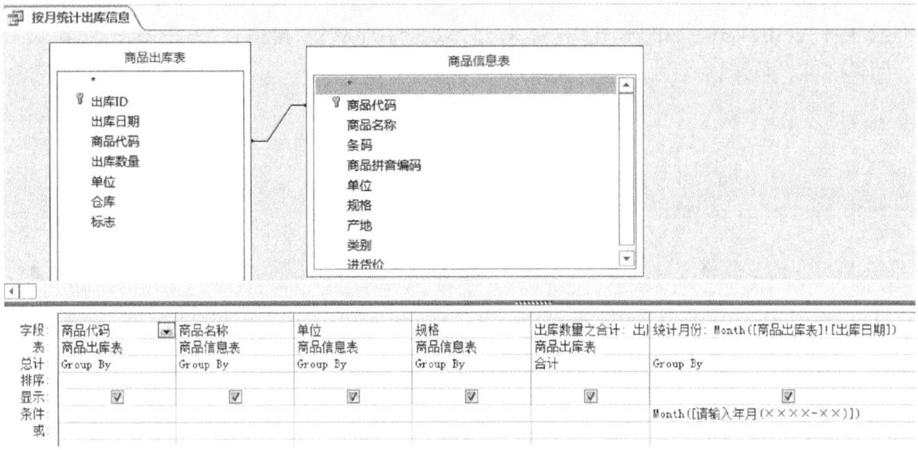

图 3.32　按月统计出库信息查询设计

3.4.4　创建报表

报表的创建

报表是数据库数据输出的一种对象。建立报表是为了以纸张的形式保存或输出数据。利用报表可以控制数据内容的大小和外观，排序、汇总相关数据，输出数据到屏幕或打印设备上。

1）按月统计入库信息表。在“创建”工具栏中，选择“报表”项目卡中的“报表向导”按钮，在“表/查询”下拉列表中选择“查询：按月统计入库信息”，单击“>>”按钮，将全部“可用字段”添加到“选定字段”中，如图 3.33 所示。单击“下一步”按钮两次，在字段排序中选择一个字段如“商品代码”升序显示，布局采用“表格”方式，为报表指定标题：按月统计入库信息，完成报表的设计。

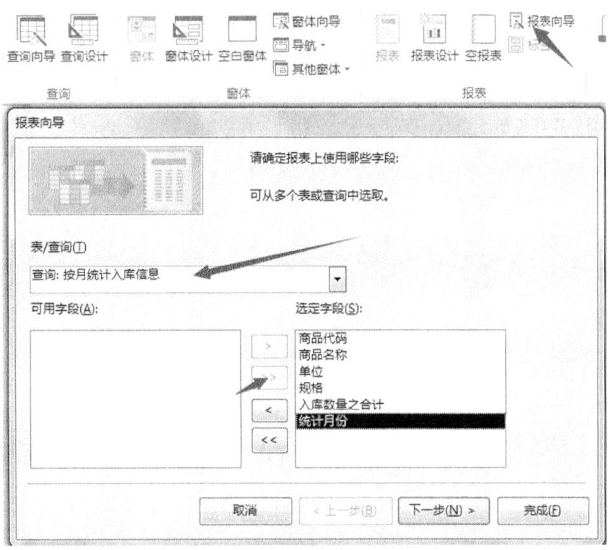

图 3.33　选择表或查询

在报表中右击选择“布局模式”，对报表进行外观的调整，保存后对报表进行打开预览，如图 3.34 所示。

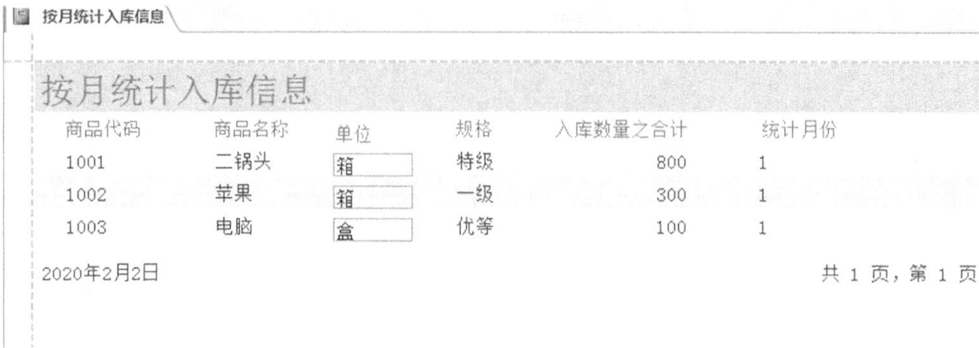

图 3.34　月统计入库报表

2）仿照上述报表制作方法，制作“按月统计出库信息”“报警信息表”“催货信息表”“库存统计表”。

3.4.5　创建窗体

Access 窗体为用户和应用程序提供了良好的界面，它也是数据库系统中一个重要的组成部分，通过窗体用户可以方便地对数据表、查询、报表进行管理操作，如图 3.35 所示。

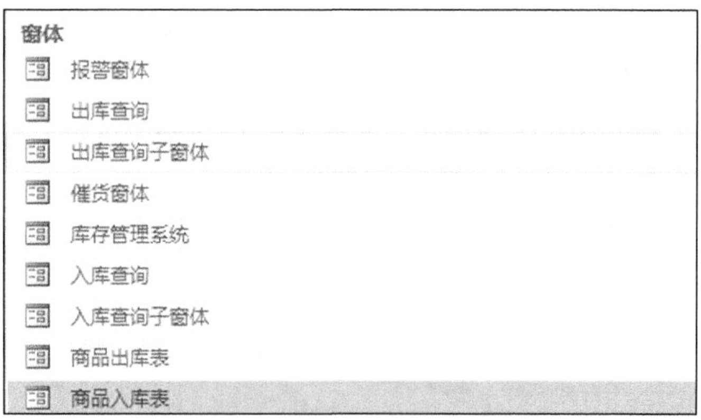

商品入库窗体操作

图 3.35　库存管理系统中的窗体

1.“入库/出库信息管理”窗体

选择“创建”菜单下“窗体”选项卡，单击“窗体向导”，在“表/查询”下拉列表中选择“表：商品入库表”，选定除“标志”外的所有“可用字段”，添加到“选定字段”，如图 3.36 所示。单击“下一步”按钮选择布局“纵栏表”，如图 3.37 所示。单击“下一步”按钮输入窗体名称“商品入库表”后单击“完成”按钮，如图 3.38 所示。

在窗体中右击刚创建的“商品入库表”窗体，选择“设计视图”，在设计视图中调整组件的位置、大小、颜色（可在属性栏中设置），在页脚位置利用“按钮向导”，如图 3.39、图 3.40 所示，添加“前一项记录”“后一项记录”“添加记录”“保存记录”“删除记录”“关闭窗体”按钮。按钮的添加方法类似，只不过在按钮“类别”和操作中选择相关的内容即可，这里不再详述，窗体设计效果如图 3.41 所示。

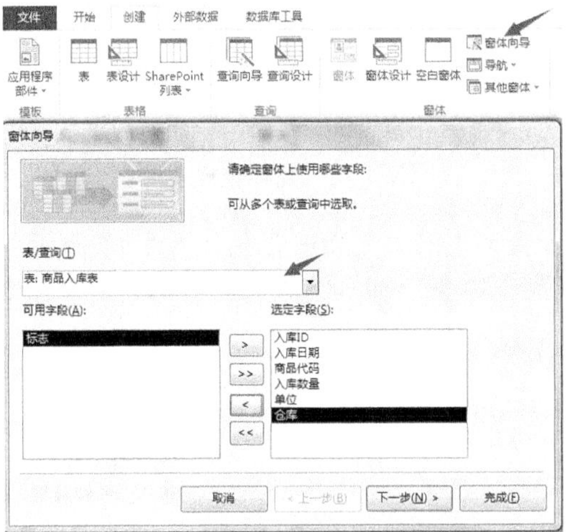

图 3.36 选择表/查询

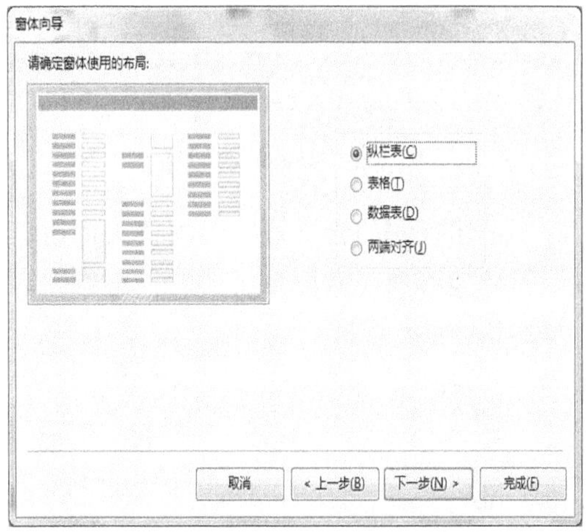

图 3.37 选择布局

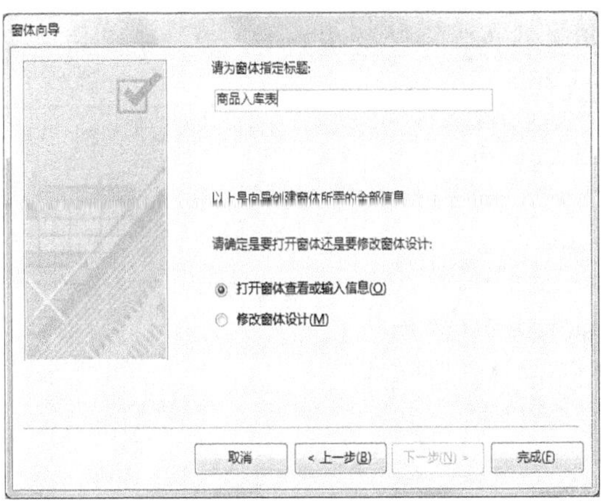

图 3.38 指定窗体标题

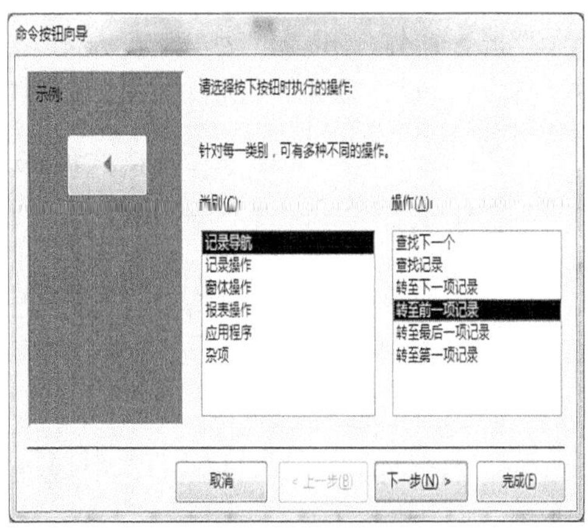

图 3.39 命令按钮向导 1

右击窗体选择“事件生成器”，在窗体关闭事件中输入代码：

```
Private Sub Form_Close()
DoCmd.OpenQuery  "更新库存量（入库）", acViewNormal, acEdit
End Sub
```

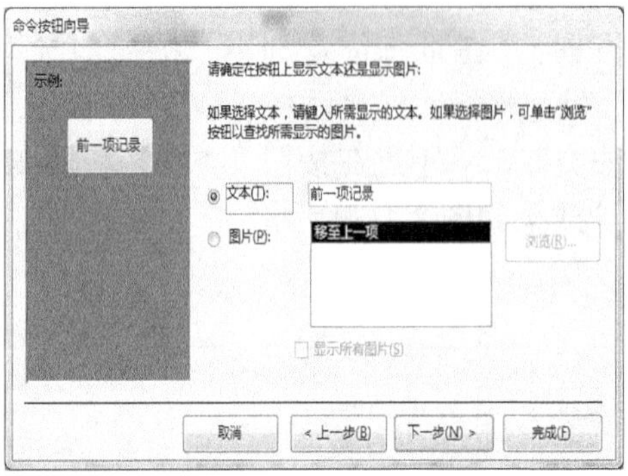

图 3.40　命令按钮向导 2

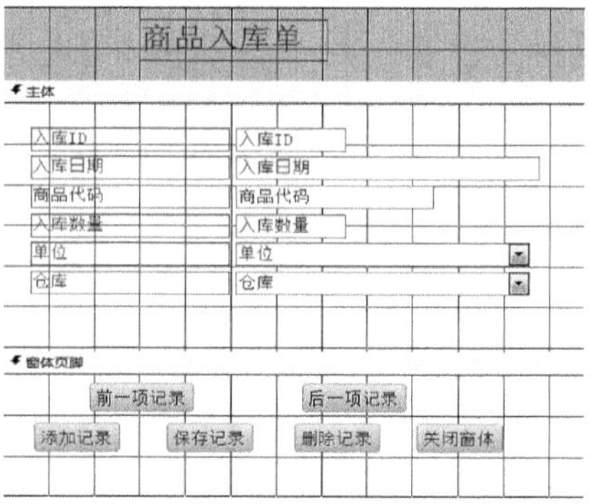

图 3.41　窗体设计效果

上述代码的含义是，当窗体关闭时，执行查询中的“更新库存量（入库）”查询，即将添加的商品入库量更新到库存表中。“商品出库表”制作类似，在窗体关闭事件中输入代码：

```
Private Sub Form_Close()
DoCmd.OpenQuery "更新库存量（出库）", acViewNormal, acEdit
End Sub
```

商品出库窗体

2.“报警/催货”窗体

“报警窗体”和“催货窗体”是利用“报警查询”和“催货查询”设计出来的，首先创建一个设计窗体，在窗体打开事件中输入代码：

```
Private Sub Form_Open (Cancel As Integer)
With CodeContextObject
   rrr = "[报警查询]![商品代码] <> Null"
   DoCmd.ApplyFilter "报警查询", rrr
   If (.RecordsetClone.RecordCount > 0) Then
      MsgBox "有需要报警的产品", vbOKOnly, "提示框"
      DoCmd.Close
      DoCmd.OpenReport "报警信息表", acViewPreview
   Else
      MsgBox "没有需要报警的产品", vbOKOnly, "提示框"
       DoCmd.Close
   End If
End With
End Sub
```

保存窗体为“报警窗体”，“催货窗体”制作方法类似，窗体的打开事件代码是：

```
Private Sub Form_Open (Cancel As Integer)
With CodeContextObject
   rrr = "[催货查询]![商品代码] <> Null"
   DoCmd.ApplyFilter "催货查询", rrr
   If (.RecordsetClone.RecordCount > 0) Then
      MsgBox "有需要催货的产品", vbOKOnly, "提示框"
      DoCmd.Close
      DoCmd.OpenReport "催货信息表", acViewPreview
   Else
      MsgBox "没有需要催货的产品", vbOKOnly, "提示框"
       DoCmd.Close
   End If
End With
End Sub
```

报警催货窗体

3. “入库/出库查询”窗体

第一步：创建一个窗体，在窗体上添加“文本框”和“按钮”组件，将“文本框”的名称设置为“商品代码”，如图 3.42 所示，保存窗体名为“入库查询”。

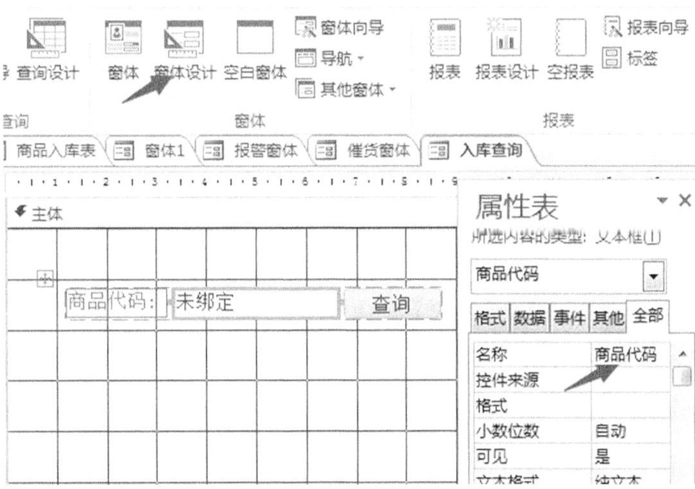

图 3.42　文本框名称设置

第二步：用“设计视图”打开“入库查询”，修改“商品代码”的条件为：Like [Forms]![入库查询]![商品代码] & "*"，如图 3.43 所示。

第三步：右击“入库查询”窗体，选择“设计视图”，在“设计视图”中，将查询对象中的“入库查询”拖曳到窗体中，此时自动生成一个新的“入库查询子窗体”窗体，调整窗体中组件的位置和大小，完成“入库查询”窗体的设计。

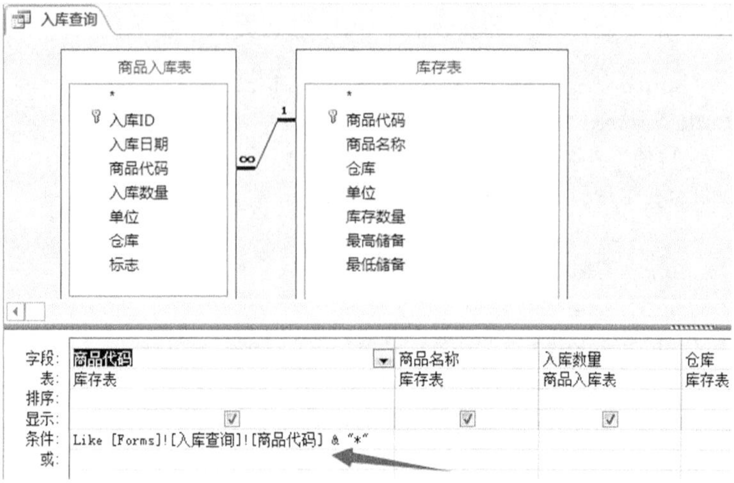

入库查询窗体创建

图 3.43 入库查询条件设置

第四步：右击“查询”按钮，选择“事件生成器”，在按钮的单击事件中输入代码：Me!入库查询子窗体.Requery。

“出库查询”窗体的设计类似“入库查询”窗体，先新建一个窗体，添加文本框（名称为：商品代码）和按钮，保持窗体为“出库查询”，用设计视图打开查询对象中的“出库查询”，将条件修改如图 3.44 所示。

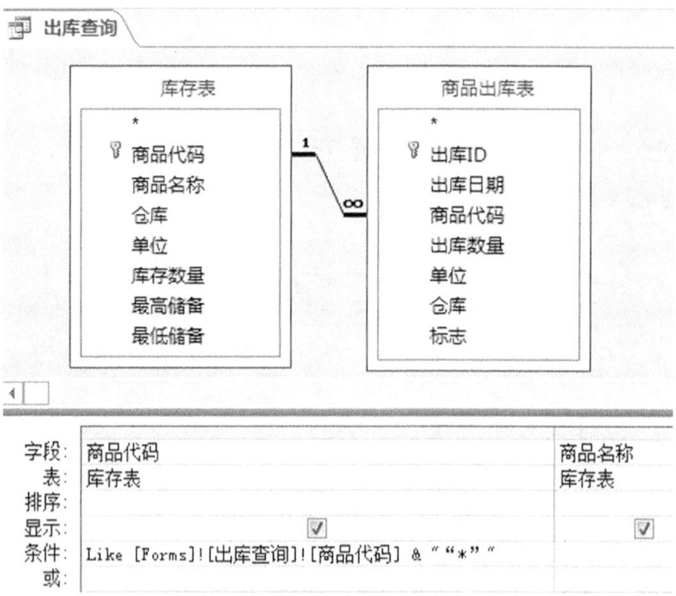

图 3.44 出库查询条件设置

将修改后的查询对象中的“出库查询”拖曳到“出库窗体”中，自动生成新的“出库查询子窗体”窗体，在窗体的按钮中添加单击事件：Me!出库查询子窗体.Requery。

4.“库存管理系统”主窗体

第一步：创建一个窗体，在窗体中添加一个“选项卡”组件，修改选项卡名称分别为“库存管理”“库存控制”“库存统计”。

第二步：在“库存管理”选项卡中，用按钮向导添加四个按钮，分别为“入库信息”“出库信息”“入库查询”“出库查询”窗体，如图 3.45 所示。

第三步：在“库存控制”选项卡中，用按钮向导添加两个按钮，分别为“库存报警”和“库存催货”，如图 3.46 所示。

第四步：在“库存统计”选项卡中，用按钮向导添加三个按钮，分别为“月入库统计”“月出库统计”“库存统计”，如图 3.47 所示。

系统主窗体的创建

图 3.45 “库存管理”选项卡

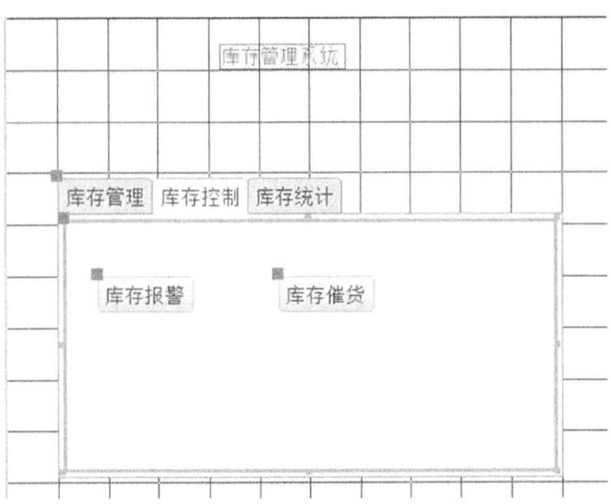

图 3.46 “库存控制”选项卡

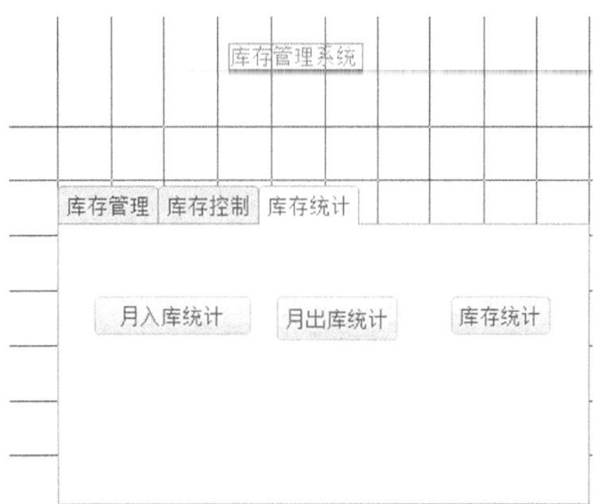

图 3.47 “库存统计”选项卡

第五步：如果想在启动 Access 后直接启动“库存管理系统”主窗体，可在文件选项中设置启动窗体，如图 3.48 所示。

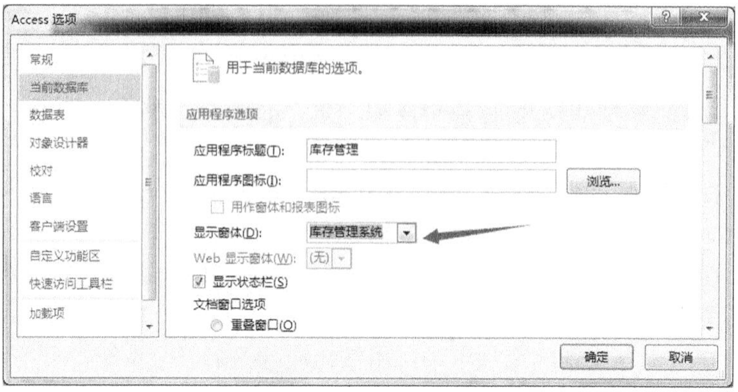

图 3.48 设置启动窗体

保存所有设计的窗体，至此，一个简单的库存关系系统就设计完了，可以重新打开“库存管理系统”数据库，查看设计功能。

知识链接

Access 数据类型详解

1. 文本型

文本（text）型用于文字及不需要计算的数字，如姓名、电话号码、供应商号等。

2. 数字型

数字（number）型用于需要数值计算的数据，如数学成绩、订单数量等。

3. 日期/时间型

日期/时间（data/time）型用于存放 100～9999 年的日期与时间的值，固定占 8B。

4. 货币型

货币（currency）型用于存放 1～4 位小数的数据，精确到小数点左边 15 位和小数点右边 4 位，固定占 8B。

5. 自动编号型

自动编号（auto-numbering）型自动为一条新记录指定唯一的顺序号，固定占 4B。

6. 是/否型

是/否（yes/no）型用于存放是/否、真/假、开/关值，占 1B。

7. 备注型

备注（memo）型用于长文本。

8. OLE 对象型

OLE 对象（OLE object）型用于存放数据表图形、图像、声音、表格或链接对象，最多可以存放 1GB。

9. 超链接型

超链接（hyperlink）型用于存放超链接地址。

10. 查阅向导型

查阅向导（lockup wizard）型是一个特殊字段，可以使用“列表框”或“组合框”从另一个表或数据列表中选择一个数据，固定为 4B。

小 结

在库存管理系统中，表是基础数据；查询是通过基础数据整理出新数据，以查询或新表的形式表现出来作为表的补充或完善；窗体是表或查询的外部形式，以防止原始数据被篡改；报表是建立数据库后客户端所需数据的最终体现。

本章小结

数据库是长期存储在计算机内的有组织的数据集合，它可以供多个用户共享，具有较小冗余和较高的数据独立性。本章主要介绍了数据库的基本概念，关系型数据库的基本理论知识，Access 数据库的建立以及在 Access 数据库中如何建立表、查询报表等内容。Access 数据库可以方便用户快速地建立、维护、查询、存取和处理数据库中的数据。

思考与练习

1．试述数据库、数据库管理系统、数据库系统的概念及其之间的关系。

2．举例说明关系模型的概念，并结合实例说明以下术语：

①关系　②属性　③元组　④主键　⑤分量

3．简述关系型数据库的特点。

4．建立“客户订单数据库”，利用表向导和表设计器分别建立“客户”和“订单表”

两个表。注：两个表的数据自己设定。

5．根据“客户信息表”和“订单表”中的数据，查询货物名称为“电视机”的订货情况。

6．将第5题所查询的内容打印输出。

小组模拟仿真

（要求小组讨论，并将活动成果以小组为单位提交电子作业）

利用 Access 软件实现——仓库管理系统

1．设计内容

将班级分成若干个小组，每组6～8人，每组准备一个仓库管理系统的案例，以PPT的方式在课堂展示，由小组代表阐述案例并进行评价，组外学生可提出与案例相关的问题，由小组代表或组员回答。最后，教师给予总评并依据每组的表现打分。

2．分析问题

1）手工操作管理仓库物资的缺点。

2）仓库管理系统的功能。

① 仓库管理各种信息的输入，包括入库、出库、人员信息的输入等。

② 仓库管理各种信息的查询、修改和维护。

③ 仓库管理报表生成，包括入库、出库、各类物资等的报表生成。

3）对仓库管理系统进行评价。

3．设计步骤

1）每小组利用相关的媒介（如网络、书籍、到企业现场调研等）来查找相关的内容。

2）小组代表阐述本小组案例并进行评价。

3）组外同学提出与小组案例相关的问题。

4）小组代表或组员回答上述问题。

5）小组代表总结。

6）教师评价打分。

4．设计要求

以PPT的形式展示案例。

5. 注意事项

1）PPT 资料要求图文并茂、内容准确、突出主题。
2）语言表达流畅、吐字清楚、声音洪亮、逻辑性强。
3）设计图尽量合理，符合现实生活的实际情况。

6. 作业展示及点评

考核评分参见下表。

考核评分表

考评小组		被考评小组	
考评地点		考评时间	
考评内容	利用 Access 软件实现——仓库管理系统		
考评标准	内容	分值	实际得分
	语言表达	20	
	案例分析能力	30	
	内容准确无误	20	
	对提问的回答水平	15	
	PPT 的制作效果	15	
合计		100	

注：满分为 100 分，60～74 分为及格；75～84 分为良好；85～100 分为优秀。

第4章 自动识别技术与条码技术

自动识别技术在社会生产和生活中得到了广泛的应用，在物流方面更是取得了巨大的进步，自动识别技术是以信息技术和自动化技术为基础，以数据采集、识别、分析、传输为主要内容的综合技术，是实现信息数据识别、输入的重要方法和手段。为了实现物流作业的自动化，除了必要的装卸搬运支持外，自动识别技术是衔接各个作业流程的线，保证物流作业有序、高效地运行。

4.1　物流自动识别技术概述

学习目标

1. 掌握自动识别技术的概念
2. 了解自动识别技术的类型
3. 了解自动识别技术的发展方向

学习导入

自动识别技术（automatic identification techniques）是指以标识技术为基础，通过获取标识载体承载的标识信息，实现标识对象信息获取的技术。它是信息数据自动识读、自动输入计算机的重要方法和手段，也是物流信息技术中的核心技术，它的技术有哪些呢？

4.1.1　物流自动识别技术

物流自动识别技术是以计算机、光、机、电、通信等技术的发展为基础的一种高度自动化的数据采集技术。它通过应用一定的识别装置，自动地获取被识别物体的相关信息，并提供给后台的处理系统来完成相关后续处理的一种技术。它能够帮助人们快速而又准确地进行海量数据的自动采集和输入，目前在运输、仓储、配送等方面已得到广泛的应用。

自动识别技术在 20 世纪 70 年代初步形成规模，经过几十年的发展，自动识别技术已经发展成为由条码识别技术、智能卡识别技术、光字符识别技术、生物识别技术、射频识别技术等组成的综合技术，并正在向集成应用的方向发展。

4.1.2　几种物流自动识别技术

1. 条码识别技术

条码识别技术是目前使用最广泛的自动识别技术，它是利用光电扫描设备识读条码符号，从而实现信息自动录入。

条码是由一组按特定规则排列的条、空及对应字符组成的表示一定信息的符号。不同的码制，条码符号的组成规则不同。

目前，较常使用的码制有欧洲商品编码（European article number，EAN）/通用产品代码（universal product code，UPC）码、128 码、ITF-14 条码、交叉 25 码、39 码、库德巴码等。

2. 生物识别技术

生物识别技术是利用人类自身生理或行为特征进行身份认定的一种技术。生物特征包括手形、指纹、脸形、虹膜、视网膜、脉搏、耳郭等，行为特征包括签字、声音等。由于人体特征具有不可复制的特性，这一技术的安全性较传统意义上的身份验证机制有很大的提高。

目前，人们已经发展了虹膜识别技术、视网膜识别技术、面部识别技术、签名识别技术、声音识别技术、指纹识别技术等六种生物识别技术。

3. 射频识别技术

射频识别（RFID）技术是近几年发展起来的现代自动识别技术，它是利用感应、无线电波或微波技术的读写器设备对射频标签进行非接触式识读，达到对数据自动采集的目的。它可以识别高速运动物体，也可以同时识读多个对象，具有抗恶劣环境、保密性强等特点。

知识链接

全方位解密耐克仓储物流系统

2011 年年初，耐克中国物流中心（CLC）在江苏太仓启用，这也是其全球第七个、第二大物流中心。当耐克在我国的年销售额达到 18.64 亿美元（财报披露 2009 年 12 月至 2010 年 11 月数字）时，什么是它最优先和最重要的应该做的事？不是品牌，不是营销，而是一个能够高效管理库存和快速补货的强大的物流支持系统。

耐克的智能仓库（图 4.1）就像是一个巨型的中央处理器。所有商品分拣和管理的基础都依赖于强大的数字化采集和处理能力。所有货品都嵌入了电子标签，并逐一扫描，工人们根据电子显示屏上的信息来分拣配送货品，其信息通过专门数据端口与耐克全球连接，每天都会有完整的共享数据反馈给相关部门。海量信息如此之多，以至于计算机所需要的编码数量几乎与全球最大的购物网站亚马逊一样多——这里是物流专家们把对数字和技术的热爱转化为成果的乐园。

图 4.1 智能仓库

总长达 9km 的传送带、顺序拣货机、无线射频扫描仪、自动化仓库管理系统等诸多物流技术与装备，让这座仓库在分配效率、吞吐力、弹性力三项指标上均达到了全球最高水准。

出人意料的是，拥有 4.5 万个独立编码的顶层货架区的编码其实并无规律可言，这主要是为了避免操作员因频繁操作会熟记下编码，从而产生误操作。操作员运用机器语音系统与计算机对话，核对存货信息——取货前自动控制系统会告知操作员取货区域，操作员到达后，通过麦克风和耳机先向计算机系统报告货架区编码及取货数量进行确认。这套语音识别系统由耐克独立研发完成，它可以识别各国语言，甚至包括方言，系统会事先采集记录每一个操作员的音频信息。为以防万一，耐克另配备了一套应急装置，一旦语音识别系统发生故障，操作员可以用手持扫描设备救急，这也是货架编码的另一用途。

小 结

自动识别技术就是应用一定的识别装置，通过被识别物品和识别装置之间的接近活动，自动地获取被识别物品的相关信息，并提供给后台的计算机处理系统来完成相关后续处理的一种技术。例如，商场的条码扫描系统就是一种典型的自动识别技术。售货员通过扫描仪扫描商品的条码，获取商品的名称、价格，输入数量，后台 POS 系统即可计算出该批商品的价格，从而完成顾客的结算。当然，顾客也可以采用银行卡支付的形式进行支付，银行卡支付过程本身也是自动识别技术的一种应用形式。

4.2 条码技术

学习目标

1. 了解条码的概念及构成
2. 了解条码技术的概念和应用
3. 掌握编码的基本方法

学习导入

目前超市内绝大多数商品都印刷有条码，不印刷条码的商品不能进入到超市已经成为共识。例如，大家都非常熟悉的沃尔玛、家乐福等大型超市，对条码的应用已经非常普遍。你观察过不同商品的条码吗？它们都代表什么含义？

条码技术作为一种物流信息技术的应用，在物流中起到举足轻重的作用。一维条码、二维条码和彩色条码的应用越来越普遍，物流条码的应用使得物流工作的效率得到极大的提高。条码技术不仅应用在物流活动中，还应用在日常的生活中。

认识条码技术

4.2.1 条码的概念及构成

1. 条码的基本概念

条码（全称条形码）是利用光电扫描阅读设备识读并实现数据输入计算机的一种特殊代码。它是由一组粗细不同、黑白或彩色相间的条、空及其相应的字符、数字、字母组成的标记，用以表示一定的信息，如图 4.2 所示。

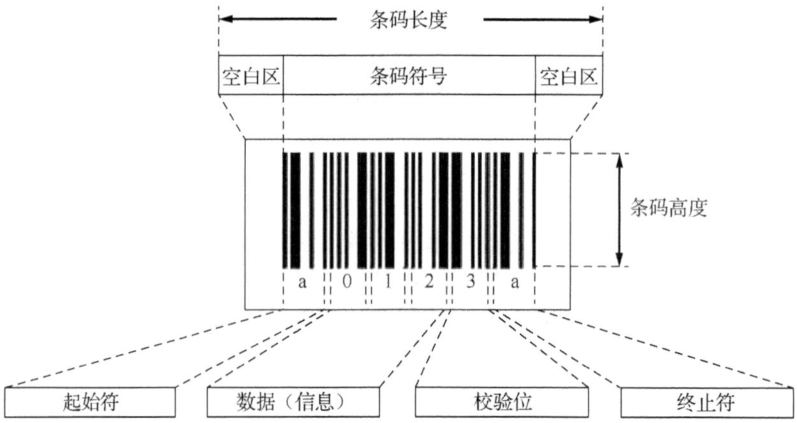

图 4.2 条码示意图

条码的基本术语有以下几个。

1）条码元素：用以表示条码的条和空，简称为元素。

2）条码字符：用以表示一个数字、字母及特殊符号的一组条码元素。

3）条：在条码符号中，反射率较低的元素。

4）空：在条码符号中，反射率较高的元素。

5）位空：在条码符号中，位于两个相邻的条码字符之间，且未代表任何信息的空。

6）条高：在条的二维尺寸中较长的那个尺寸。

7）条宽：在条码符号中，排除两侧静区的那部分长度。

8）单位元素宽度：在条码符号中，窄元素的标称宽度为单位元素宽度，用 X 表示。

9）两种元素宽条码：在条码字符中，如果元素的宽度只有两种，即宽元素和窄元素，则称此种码制为两种元素宽条码。

10）多种元素宽条码：在条码符中，如果元素的宽度有三种或三种以上，则称此种码制为多种元素宽条码。

11）条码逻辑值：对于两种元素宽条码，宽元素的逻辑值为 1、窄元素的逻辑值为 0，对于多种元素宽条码，若单位元素宽度上是条，则逻辑值为 1，若单位元素宽度上是空，则逻辑值为 0。

12）连续型条码、离散型条码：在条码符号中，如果两个相邻条码字符之间存在位空，则称此种码制为离散型条码，否则称为连续型条码。

13）条码一般分区：静区、起始字符、数据字符、校验字符、终止字符、静区。

14）长度固定、长度可变条码：在条码符号中，如果所包含字符的个数是固定的，则称此种码制是长度固定条码，否则称为长度可变条码。

15）自校验条码：如果一个印刷错误不引起一个字符被译成此码制中另一个字符，则称此种码制为自校验条码。

16）（n，k）码：具有多种元素宽度的连续型条码，又叫作（n，k）码。n 指条码符中所含单位元素宽度的个数，k 指一个字符中条或空的个数。

17）条码符号密度：是指单位长度中所能表示的条码字符的个数。

18）条码字符集：条码字符集是指条码码制中所给定的数据字符的范围。在各种条码码制中，字符集主要有两种，一种是数字式字符集，它包含数字 0～9 及一些特殊字符；另一种是字母、数字式字符集，它包含数字 0～9、字母 a～z 及一些特殊字符。

19）污点：空及静区中出现的与条反射率相近的点。

2. 条码的构成

一个完整的条码符号是由两侧静区、起始字符、数据字符、校验字符（可选）和终止字符组成，如图 4.3 所示。

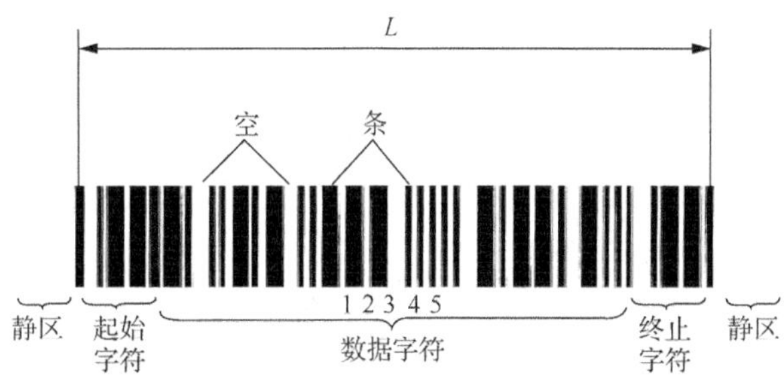

图 4.3　条码编码结构图

1）静区：没有任何印刷符或条码信息，它通常是白的，位于条码符号的两侧。静区的作用是提示阅读器即扫描器准备扫描条码符号。

2）起始字符：条码符号的第一位字符是起始字符，它的特殊条、空结构用于识别一个条码符号的开始。阅读器首先确认此字符的存在，然后处理由扫描器获得的一系列脉冲。

3）数据字符：由条码字符组成，用于代表一定的原始数据信息。

4）终止字符：条码符号的最后一位字符是终止字符，它的特殊条、空结构用于识别一个条码符号的结束。阅读器识别到终止字符，便可知道条码符号已扫描完毕，阅读器就向计算机传送数据，并向操作者提供“有效读入”的反馈。

终止字符的使用，避免了不完整信息的输入。当采用校验字符时，终止字符还指示阅读器对数据字符实施校验计算。起始字符、终止字符的条、空结构通常是不对称的二进制序列。这一非对称二进制序列允许扫描器进行双向扫描。当条码符号被反向扫描时，阅读器会在进行校验计算和传送信息前把条码各字符号重新排列成正确的顺序。

5）校验字符：在条码制中定义了校验字符。有些码制的校验字符是必需的，有些码制的校验字符则是可选的。校验字符是通过对数据字符进行一种算术运算而确定的。解码器符号中的各字符进行同一种算术运算，并将结果与校验字符比较，若一致，则说明读入的信息有效。

4.2.2 编码方法及编码容量

1. 编码方法

条码的编码方法是指条码中条、空的编码规则及二进制的逻辑表示的设置。一般的条码编码方法有两种：模块组合法和宽度调节法。

（1）模块组合法

模块组合法是指条码符号中条与空分别由若干个模块组合而成的编码方法。一个模块的条表示二进制的“1”，一个模块的空表示二进制的“0”。

EAN 码、UPS 码均属模块组合型条码。商品条码的标准模块宽度为 0.33mm，每个商品条码字符由两个条和两个空构成，每一个条或空由 1～4 个模块组成，每一个条码字符的总模块数为 7，如图 4.4 所示。

图 4.4　模块组合型条码

（2）宽度调节法

宽度调节法是指条码中条（空）的宽窄设置不同，用宽单元表示二进制的“1”，用窄单元表示二进制的“0”，宽窄单元比控制在 2∶3 的编码方法。

39 码、库德巴码及常用的 25 码、交叉 25 码均属宽度调节型条码，如图 4.5 所示。

2. 编码容量

每个码制都有一定的编码容量，这是由其编码方法决定的。编码容量限制了条码字符集中所能包含的字符个数的最大值。条码的分类方法有许多种，主要依据条码的编码结构和条码的性质来决定。例如，按条码的长度分，可分为定长条码和非定长条码；按排列方式分，可分为连续型条码和非连续型条码；从校验方式分，又可分为自校验条码和非自校验型条码等。

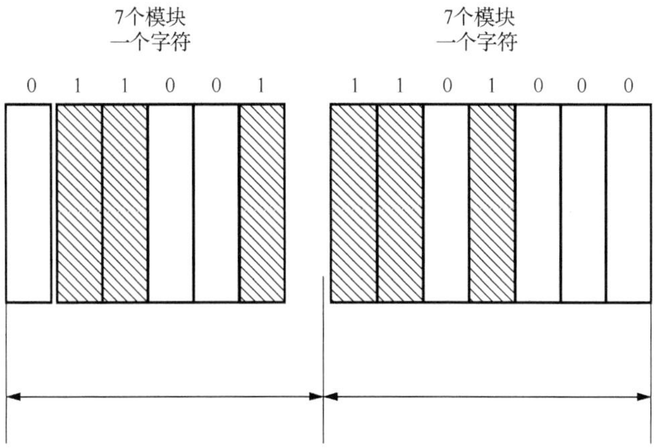

图 4.5　宽度调节型条码

为适应不同领域自动化管理的需要，世界上研制的条码多达几十种。这些条码各具特色、各有所长。目前这些条码基本上可以归纳为两类：一类是具有世界统一编码信息结构的全开放条码；另一类是局部开放性条码。前者是指世界范围内通用的 EAN 码、UPC 码、ITF 条码及其标准附加码 EAN128；后者则是在一定领域内所使用的 25 码、交叉 25 码、39 码、库德巴码等。

4.2.3　条码的种类

1. 条码按码制分类

（1）UPC 码

1973 年，美国率先在国内的商业系统中应用 UPC 码，之后加拿大也在商业系统中采用 UPC 码。UPC 码是一种长度固定的连续型数字式码制，其字符集为数字 0～9。它采用 4 种元素宽度，每个条或空是 1 倍、2 倍、3 倍或 4 倍单位元素宽度。UPC 码有两种类型，即 UPC-A 码和 UPC-E 码，如图 4.6 所示。

0 89600 12456 9　　0 896000 7

UPC-A码　　UPC-E码

图 4.6　UPC 条码

（2）EAN 码

1977 年，欧洲经济共同体各国按照 UPC 码的标准制定了欧洲物品编码 EAN 码，与 UPC 码兼容，而且两者具有相同的符号体系。EAN 码的字符编号结构与 UPC 码相同，也是长度固定的、连续型的数字式码制，其字符集是数字 0～9。它采用 4 种元素宽度，每个条或空是 1 倍、2 倍、3 倍或 4 倍单位元素宽度，如图 4.7 所示。EAN 码有两种类型，即 EAN-13 码和 EAN-8 码。

EAN-13码　　EAN-8码

图 4.7　EAN 码

（3）交叉 25 码

交叉 25 码是一种长度可变的连续型自校验数字式码制，其字符集为数字 0～9。采用两种元素宽度，每个条和空是宽或窄元素。编码字符个数为偶数，所有奇数位置上的数据以条编码，偶数位置上的数据以空编码。如果为奇数个数据编码，则在数据前补一位 0，以使数据为偶数个数位，如图 4.8 所示。

图 4.8　交叉 25 码

（4）39 码

39 码是第一个字母数字式码制，1974 年由 Intermec 公司推出。39 码是长度可变的离散型自校验字母数字式码制。其字符集为数字 0～9、26 个大写字母和 7 个特殊字符（-、。、空格、/、+、%、¥），共 43 个字符。每个字符由 9 个元素组成，其中有 5 个条（2 个宽条，3 个窄条）和 4 个空（1 个宽空，3 个窄空），如图 4.9 所示。

图 4.9　39 码

（5）库德巴码

库德巴码（code bar）出现于 1972 年，是一种长度可变的连续型自校验数字式码制。其字符集为数字 0～9 和 6 个特殊字符（-、:、/、。、+、¥），共 16 个字符，如图 4.10 所示。常用于仓库、血库和航空快递包裹的编码。

（6）128 码

128 码出现于 1981 年，是一种长度可变的连续型自校验数字式码制。它采用 4 种元素宽度，每个字符由 3 个条和 3 个空，共 11 个单元元素宽度，又称（11，3）码。它有 106 个不同条码字符，每个条码字符有 3 种含义不同的字符集，分别为 A、B、C。它使用这 3 个交替的字符集可将 128 个 ASCII 码编码，如图 4.11 所示。

a000800a

图 4.10　库德巴码

(02) 6 6901234 0004 9 (17) 050101 (37) 10 (10) ABC

应用标识行

图 4.11　128 码

（7）93 码

93 码是一种长度可变的连续型字母数字式码制，其字符集为数字 0～9、26 个大写字母和 7 个特殊字符（-、。、空格、/、+、%、¥）以及 4 个控制字符。每个字符有 3 个条和 3 个空，共 9 个元素宽度，如图 4.12 所示。

Enable Code 93

图 4.12　93 码

（8）49 码

49 码出现于 1987 年，是一种多行的连续型、长度可变的字母数字式码制，主要用于小物品标签上的符号。它采用多种元素宽度，其字符集为数字 0～9、26 个大写字母和 7 个特殊字符（-、。、空格、/、+、%、¥）、3 个功能键（F1、F2、F3）和 3 个变换字符，共 49 个字符。

（9）其他码制

除上述码外，还有其他的码制，例如，25 码出现于 1977 年，主要用于电子元器件标签；矩阵 25 码是 11 码的变形；Nixdorf 码已被 EAN 码所取代；Plessey 码出现于 1971 年 5 月，主要用于图书馆等。

2. 按维数分类

（1）一维条码

一维条码自问世以来，很快得到了普及并广泛应用。但是由于一维条码的信息容量很小，如商品上的条码仅能容 13 位的阿拉伯数字，更多的描述商品的信息只能依赖数据库的支持，离开了预先建立的数据库，这种一维条码就变成了无源之水、无本之木，因而一维条码的应用范围受到了一定的限制。

二维条码

（2）二维条码

二维条码又称二维码，常见的二维码为 QR Code，QR 全称为 quick response，是一种近几年来在移动设备上流行的编码方式，它比传统的 Bar Code 条码能存储更多的信息，也能表示更多的数据类型。二维条码/二维码（2-dimensional bar code）是用某种特定的几何图形按一定规律在平面（二维方向上）分布的黑白相间的图形上记录数据符号信息的。其在代码编制上巧妙地利用构成计算机内部逻辑基础的“0”和“1”比特流的概念，使用若干个与二进制相对应的几何形体来表示文字数值信息，通过图像输入设备或光电扫描设备自动识读以实现信息自动处理，它具有条码技术的一些共性：每种码制有其特定的字符集；每个字符占有一定的宽度；并具有一定的校验功能等。同时，二维条码还具有对不同行的信息自动识别及处理图形旋转变化点的功能。

一维条码和二维条码如图 4.13 所示。

图 4.13　一维条码和二维条码

（3）多维条码

进入 20 世纪 80 年代以来，人们围绕如何提高条码符号的信息密度进行了研究工作。多维条码和集装箱条码成为研究、发展与应用的方向。信息密度是描述条码符号的一个重要参数，即单位长度中可能编写的字母个数，通常记作字母个数/cm。影响信息密度的主要因素是条、空结构和窄元素的宽度。128 码和 93 码就是人们为提高密度而进行的成功的尝试。128 码于 1981 年被推荐应用；而 93 码于 1982 年投入使用。这两种码的符号密度均比 39 码高将近 30%。随着条码技术的发展和条码码制种类的不断增加，条码的标准化显得愈来愈重要，为此，曾先后制定了军用标准 1189、交叉 25 码、39 码和库德巴码、ANSI 标准 MH10.8M 等。同时，一些行业也开始建立行业标准，以适应发展的需要。此后，戴维·阿利尔（Davide Allair）又研制出 49 码。这是一种非传统的条码符号，它比以往的条码符号具有更高的密度。特德·威廉斯（Ted Williams）于 1988 年推出 16K 码，该码的结构类似于 49 码，是一种比较新型的码制，适用于激光系统。

知识链接

维码区别

1. 一维条码

一维条码只是在一个方向（一般是水平方向）表达信息，而在垂直方向则不表达任何信息，其一定的高度通常是为了便于阅读器对准。

一维条码的应用可以提高信息录入的速度，减少差错率，但是一维条码也存在一些不足之处：

1）数据容量较小：30 个字符左右。

2）只能包含字母和数字。

3）条码尺寸相对较大（空间利用率较低）。

4）条码遭到损坏后便不能阅读。

2. 二维条码

在水平和垂直方向的二维空间存储信息的条码，称为二维条码（2-dimensional bar code）。

与一维条码一样，二维条码也有许多不同的编码方法，或称码制。就这些码制的编码原理而言，二维条码通常可分为以下三种类型。

（1）线性堆叠式二维码

线性堆叠式二维码是在一维条码编码原理的基础上，将多个一维条码纵向堆叠而产生的。典型的码制有 Code 16K、Code 49、PDF417 等。

（2）矩阵式二维码

矩阵式二维码是在一个矩形空间通过黑、白像素在矩阵中的不同分布进行编码。典型的码制有 Aztec、Maxi Code、QR Code、Data Matrix 等。

1）Aztec 是由美国韦林（Welch Allyn）公司推出的，最多可容纳 3832 个数字或 3067 个字母字符或 1914B 的数据。

2）Maxi Code 是由美国联合包裹服务（UPS）公司研制的，用于包裹的分拣和跟踪。

3）Data Matrix 主要用于电子行业小零件的标识，如英特尔（Intel）的奔腾处理彩色条码比二维条码优胜的地方，是它可以利用较低的分辨率来提供较高的数据容量。一方面，颜色条码无须较高分辨率的镜头来解读，使沟通从单向变成双向，另一方面，较低的分辨率亦令使用条码的公司在条码上加上变化，以提高读者参与的兴趣。

（3）邮政码

邮政码通过不同长度的条进行编码，主要用于邮件编码，如 Postnet、BPO 4-State。

在许多种类的邮政码中，常用的码制有 Data Matrix、Maxi Code、Aztec、QR Code。

3. 彩色条码

彩色条码主要是结合带有视像镜头的手提电话或个人计算机，利用镜头来阅读杂志、报纸、电视机或计算机屏幕上的颜色条码并传送到数据中心，数据中心会根据收到的颜色条码来提供网站资料或消费优惠。

彩色条码常用的码制有 ericode、PDF417、Ultracode、Code 49、Code 16K 等，其中：彩色条码未来计划用于电影、电玩等商业性媒介上，以便提供更高的安全性。

小　结

随着计算机应用的不断普及，条码的应用得到了很大的发展。条码可以标出商品的生产国、制造厂家、商品名称、生产日期、图书分类号、邮件起止地点、类别、日期等信息，因而在商品流通、图书管理、邮电管理、银行系统等许多领域都得到了广泛的应用。

4.3　物流条码的标准体系

学习目标

1. 了解物流条码的概念
2. 熟悉各种 ENA 条码

学习导入

在一些商品包装上经常见到不同的条码，它在商品的运输以及存储和销售中经常用到，几乎包含了商品的所有信息，应用起来极为方便。你能指出该条码代表的含义吗？

4.3.1　物流条码的概念

物流条码是供应链中用以标识物流领域中具体实物的一种特殊代码，是整个供应链过程，包括生产厂家、配销业、运输业、消费者等环节的共享数据。它贯穿整个贸易过程，并通过物流条码数据的采集、反馈，提高整个物流系统的经济效益。

与商品条码相比较，物流条码有如下特点。

（1）储运单元的唯一标识

商品条码是最终消费品，通常是单个商品的唯一标识，用于零售业现代化的管理；物流条码是储运单元的唯一标识，通常标识多个或多种类商品的集合，用于物流的现代化管理。

（2）服务于供应链全过程

商品条码服务于消费环节，商品一经出售到最终用户手里，商品条码就完成了其存在的价值，商品条码在零售业的 POS 系统中起到了单个商品的自动识别、自动寻址、自动结账等作用，是零售业现代化、信息化管理的基础；物流条码服务于供应链全过程，生产厂家生产出产品，经过包装、运输、仓储、分拣、配送，直到零售商店，中间经过若干环节，物流条码是这些环节中的唯一标识，因此它涉及更广，是多种行业共享的通用数据。

（3）信息多

通常商品条码是一个无含义的 13 位数字条码，物流条码则是一个可变的，可表示多种含义、多种信息的条码。它是无含义的货运包装的唯一标识，可表示货物的体积、重量、生产日期、批号等信息，是贸易伙伴根据在贸易过程中共同的需求，经过协商统一制定的。

（4）可变性

商品条码是一个国际化、通用化、标准化的商品的唯一标识，是零售业的国际化语言。物流条码是随着国际贸易的不断发展，贸易伙伴对各种信息需求的不断增加应运而生的，其应用在不断扩大，内容也在不断丰富。

（5）维护性

物流条码的相关标准是一个需要经常维护的标准。及时沟通用户需求，传达标准化机构有关条码应用的变更内容，是确保国际贸易中物流现代化、信息化管理的重要保障之一。

4.3.2　EAN 商品条码

EAN 商品条码

商品条码是指由一组规则排列的条、空及其对应字符组成的标识，用以表示一定的商品信息的符号。其中条为深色，空为无色，用于条码识读设备的扫描识读。其对应字符由一组阿拉伯数字组成，供人们直接识读或通过键盘向计算机输入数据使用。这一组条、空和相应的字符所表示的信息是相同的。

条码技术是随着计算机与信息技术的发展和应用而诞生的，它是集编码、印刷、识别、数据采集和处理于一身的新型技术。

使用条码扫描是今后市场流通的大趋势。为了使商品能够在全世界自由、广泛地流通，企业无论是设计制作、申请注册还是使用商品条码，都必须遵循商品条码管理的有关规定。

目前世界上常用的码制有 EAN 码、UPC 码、25 码、交叉 25 码、库德巴码、39 码和 128 码等，而商品上最常使用的就是 EAN 码。

EAN 码亦称通用商品条码，由国际物品编码协会制定，通用于世界各地，是目前国际上使用最广泛的一种商品条码。我国目前在国内推行使用的也是这种商品条码。EAN 码分为 EAN-13（标准版）（图 4.14）和 EAN-8（缩短版）（图 4.15）两种。

图 4.14 物流 EAN-13 条码

图 4.15 物流 EAN-8 条码

EAN-13 条码一般由前缀部分、制造厂商代码、商品代码和校验码组成。商品条码中的前缀码是用来标识国家或地区的代码，赋码权属于国际物品编码协会，如 00～09 代表美国、加拿大；45～49 代表日本；690～699 代表中国；471 代表中国台湾地区；489 代表中国香港特别行政区。制造厂商代码的赋权在各个国家或地区的物品编码组织，我国由国家物品编码中心赋予制造厂商代码。商品代码是用来标识商品的代码，赋码权由产品生产企业自己行使，生产企业按照规定条件决定在何种商品上使用哪些阿拉伯数字为商品条码。商品条码最后用 1 位校验码来校验商品条码中左起第 1～12 个数字代码的正确性。

EAN-8 条码是指用于标识的数字代码为 8 位的商品条码，由 7 位数字表示的商品项目代码和 1 位数字表示的校验码组成。

商品条码的编码遵循唯一性原则，以保证商品条码在全世界范围内不重复，即一个商品项目只能有一个条码，或者说一个条码只能标识一种商品项目。不同规格、不同包装、不同品种、不同价格、不同颜色的商品只能使用不同的商品条码。

商品条码的标准尺寸是 37.29mm×26.26mm，放大倍率是 0.8～2.0。当印刷面积允许时，应选择 1.0 倍率以上的条码，以满足识读要求。放大倍数越小的条码，印刷精度要求越高，当印刷精度不能满足要求时，易造成条码识读困难。

由于条码的识读是通过条码的条和空的颜色对比度来实现的，一般情况下，只要能够满足对比度（PCS 值）的要求的颜色即可使用。通常采用浅色作为空的颜色，如白色、橙色、黄色等，采用深色作为条的颜色，如黑色、暗绿色、深棕色等。最好的颜色搭配是黑条白空。根据条码检测的实践经验，红色、金色、浅黄色不宜作为条的颜色，透明、金色不能作为空的颜色。

商品条码的诞生极大地方便了商品流通，现代社会已离不开商品条码。我国加入世贸组织后，国内企业在国际舞台上赢得了更多的活动空间。要与国际惯例接轨，适应国际经贸的需要，企业更不能忽视商品条码。部分国家和地区成员的条码前缀码，如表 4.1 所示。

表 4.1　部分国家和地区成员的条码前缀码

前缀码	编码组织所在国家（或地区）/应用领域	前缀码	编码组织所在国家（或地区）/应用领域	前缀码	编码组织所在国家（或地区）/应用领域
00001～00009	美国	529	塞浦路斯	759	委内瑞拉
0001～0009		530	阿尔巴尼亚	760～769	瑞士
001～019		531	马其顿	770～771	哥伦比亚
030～039		535	马耳他	773	乌拉圭
050～059		539	爱尔兰	775	秘鲁
060～139		540～549	比利时和卢森堡	777	玻利维亚
020～029	店内码	560	葡萄牙	778～779	阿根廷
040～049		569	冰岛	780	智利
200～299		570～579	丹麦	784	巴拉圭
300～379	法国	590	波兰	786	厄瓜多尔
380	保加利亚	594	罗马尼亚	789～790	巴西
383	斯洛文尼亚	599	匈牙利	800～839	意大利
385	克罗地亚	600～601	南非	840～849	西班牙
387	波黑	603	加纳	850	古巴
389	黑山共和国	604	塞内加尔	858	斯洛伐克
400～440	德国	608	巴林	859	捷克
450～459	日本	609	毛里求斯	860	南斯拉夫
490～499		611	摩洛哥	865	蒙古
460～469	俄罗斯	613	阿尔及利亚	867	朝鲜
470	吉尔吉斯斯坦	615	尼日利亚	868～869	土耳其
471	中国台湾	616	肯尼亚	870～879	荷兰
474	爱沙尼亚	617	喀麦隆	880	韩国
475	拉脱维亚	618	科特迪瓦	883	缅甸
476	阿塞拜疆	627	科威特	884	柬埔寨
477	立陶宛	628	沙特阿拉伯	885	泰国
478	乌兹别克斯坦	629	阿拉伯联合酋长国	888	新加坡
479	斯里兰卡	640～649	芬兰	890	印度
480	菲律宾	690～699	中国	893	越南
481	白俄罗斯	700～709	挪威	896	巴基斯坦
482	乌克兰	729	以色列	899	印度尼西亚
483	土库曼斯坦	730～739	瑞典	900～919	奥地利
484	摩尔多瓦	740	危地马拉	930～939	澳大利亚
485	亚美尼亚	741	萨尔瓦多	940～949	新西兰
486	格鲁吉亚	742	洪都拉斯	950	GS1 总部
487	哈萨克斯坦	743	尼加拉瓜	951	GS1 总部（产品电子代码）
488	塔吉克斯坦	744	哥斯达黎加	955	马来西亚
489	中国香港	745	巴拿马	958	中国澳门特别行政区
500～509	英国	746	多米尼加	960～969	GS1 总部（缩短码）
520～521	希腊	750	墨西哥		
528	黎巴嫩	754～755	加拿大		

小 结

条码技术的标准化是条码技术在社会实践中，对重复性事物和概念，通过制定、发布和实施标准达到统一，以建立最佳秩序，取得最佳效益。在国际贸易中，物流条码标准体系已基本成熟，并随着世界经济的发展而日趋完善。我国也已经制定出了许多相关标准，可以据此建立物流条码标准体系，但还有待进一步完善。

4.4 物流条码识别技术

学习目标

1. 熟悉各种不同的条码识别设备
2. 了解条码识别技术的原理

学习导入

在中演票务通网站订票成功后，在运送方式中选择“在线打印”选项，中演票务通会将二维码发送到“订单管理”中，就可以直接打印出带有二维码的电子票了。开演前，在演出场馆出示打印的电子票，在现场人员的协助下兑换实体票进场观演。那么门票丢失怎么办？电子票丢失后，时间充裕的情况下用户可登录中演票务通网站重新发送电子票，重新发送后，原电子票作废。若现场丢失电子票或手机出现故障，用户可与在场的票务通工作人员联系，向工作人员说明订单详情、手机号码，工作人员核实无误后，换取实体票，入场观看。那么门票转赠怎么办？用户将电子票转发给友人的同时，必须将购票手机号告知友人。受赠用户持短信及购票手机号在演出场馆换票、入场、观看演出。那么，所有的这一切是如何实现的呢？

4.4.1 条码识别设备

目前，条码识别设备虽然种类繁多，但大体上可分为两大类，即在线式阅读器和便携式阅读器。在线式阅读器按其功能和用途，又可分为多功能阅读器和各类在线阅读器，一般直接由交流电源供电。便携式阅读器则配有数据存储器，通常由电池供电。常用的条码打印设备如图 4.16 所示，常用的条码阅读设备如图 4.17 所示。

根据扫描方式不同，条码扫描器可分为 CCD（charge coupled device，电荷耦合器件）条码扫描器、激光手持式扫描器、全角度激光扫描器等。

（1）CCD 条码扫描器

CCD 条码扫描器是利用光电耦合原理，对条码印刷图案进行成像，然后再译码。

CCD 条码扫描器的优势是：无转轴马达，使用寿命长；价格便宜。

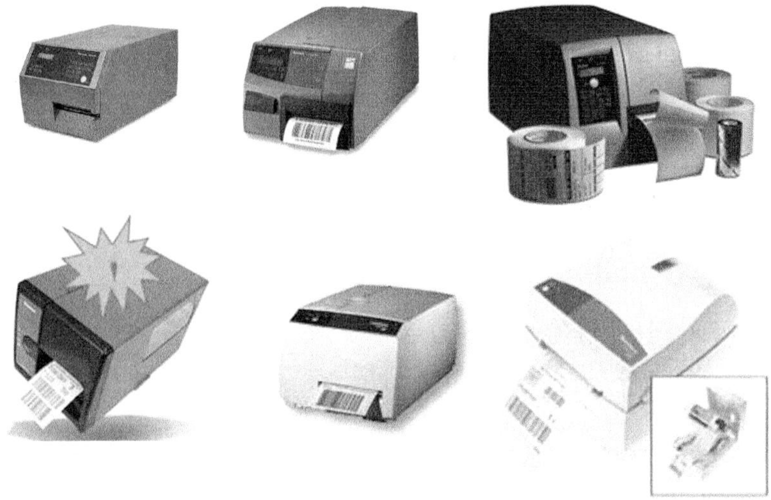

图 4.16 常用的条码打印设备

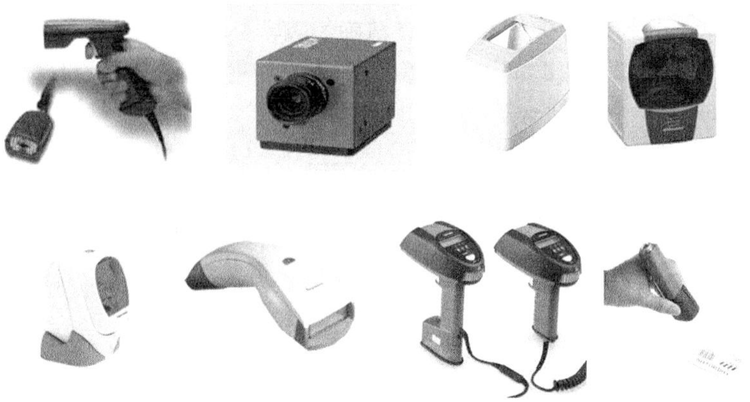

图 4.17 常用的条码阅读设备

选择 CCD 条码扫描器时应注意，首先由于 CCD 的成像原理类似于照相机，如果要加大景深，则相应地要加大透镜，从而使 CCD 体积过大，不便操作。优秀的 CCD 应无须紧贴条码即可识读，而且体积适中，操作舒适。其次要注意扫描器的分辨率，如果要提高 CCD 分辨率，必须增加成像处光敏元件的单位元素。低价 CCD 一般是 5 像素，对于识读 EAN、UPC 等商业码已经足够，而对于别的码制识读就会困难一些。中档 CCD 以 1024 像素为多，有些甚至达到 2048 像素，能分辨最窄单位元素为 0.1mm 的条码。

（2）激光手持式扫描器

激光手持式扫描器是利用激光二极管作为光源的单线式扫描器，它主要有转镜式和颤镜式两种。商业企业在选择激光手持式扫描器时，最重要的是注意扫描速度和分辨率，而景深并不是关键因素。因为当景深加大时，分辨率会大大降低。高品质的激光手持式扫描器应当是有高扫描速度，并且在固定景深范围内有很高的分辨率。

（3）全角度激光扫描器

全角度激光扫描器（条码扫描枪）是通过光学系统使激光二极管发出的激光折射成多条扫描线的条码扫描器，主要目的是减轻收款人员录入条码数据时对准条码的劳动，选择时应着重注意其扫描线花斑分布。

1）在一个方向上有多条平行线。

2）在某一点上有多条扫描线通过。

3）在一定的空间范围内各点的解读概率趋于一致。

4.4.2 条码技术在现代物流企业中的应用

1. 条码在流通企业中的应用

货物的条码是建立整个供应链的最基本条件，它是实现仓储自动化的第一步，也是为 POS 系统快速准确收集销售数据的手段。借助条码，POS 系统可以实现商品从订购、送货、内部配送、销售、盘货等零售业循环的一元化管理，使商业的管理模式实现以下两个转变。

1）从传统的依靠经验管理转变为依靠精确的数字分析管理。

2）从事后管理（隔一段时间进行结算、盘点）转变为“实时”管理（对每一商品项目，如品种、规格、包装样式等细账的管理）。

这样一来，销售商可随时掌握商品早晚销售情况，以调整进货计划，组织适销货源，从而减少脱销、滞销带来的损失，并可以加速资金周转，有利于货架安排的合理化，提高销售额。

2. 条码在加工制造业中的应用

加工制造业范围很广，在这里仅以汽车制造业为例来说明。汽车制造是通过流水作业线来完成的。一辆汽车要由成千上万个零件装配而成，根据汽车型号不同，所需要的零部件的品种和数量也不同。有的需要空调，有的需要后备厢，有的需要机械换挡变速箱，有的需要液压变速箱等。为了能按订单生产，在先进的工业化国家，不同型号的汽车是要在同一生产线上装配的，为了避免差错，在零部件进入装配线前，要用扫描器识别零部件的条码，确认它与所要装配的汽车匹配。在汽车装配完毕后还要识别整车上的条码，一方面，可以对生产完成情况做记录；另一方面，不同型号的车辆要通过不同的试验程序。试验机可以根据整车的条码信息来自动完成所需要的试验项目。

3. 条码在物流作业中的应用

条码技术在仓库库存中的应用

（1）仓库货物管理

条码技术的应用避免了手工书写票据和送到机房输入的步骤，大大提高了工作效率，同时解决了库房信息滞后的问题，提高了交货日期的准确性。另外，还解决了票据信息不准确的问题，提高了客户服务质量，消除了事务处理中的人工操作，减少了无效劳动。

（2）生产线人员管理

每个班次开工时，工作小组每个成员都要用条码数据采集器扫描他们员工卡上的条码，把考勤数据和小组成员记录传输到数据采集器，然后输入到计算机系统。管理人员根据记录的情况，决定小组成员相应的奖惩。

（3）流水线生产管理

在条码技术没有应用的时期，每个产品在生产线前，工人必须手工记录生成这个产品所需的工序和零件，领料并按记载分配好物料后，才能开始生产。在每条生产线上每个产品都有记录表单，每个工序完成后，需要填上元件号和工人的工号。这造成了手工记录工作量大，而且不能及时反映商品在生产线上的流动情况。采用条码技术后，订单号、零件种类、产品编号都可条码化，在产品零件和装配的生产线上及时打印并粘贴标签。产品下线时，由生产线质检人员检验合格后扫入产品的条码、生产线条码号并按工序扫入工人的条码，对于不合格的产品送维修处，由维修处确定故障的原因，整个过程不再需要手工记录。

（4）仓储管理

条码出现以前，仓库管理作业存在着很多问题，如物料出入库、物品存放地点等信息手工记录过程烦琐，信息传递滞后，导致库存量上升，发货日期无法保证，决策依据不准，降低了系统可靠性。为了避免失误，一些企业增设验单人员，但这降低了劳动生产率，影响指令处理速度。随着条码的出现，如果是已安装了计算机网络系统的工厂，只需在数据输入前加一些条码数据采集设备，就可以解决以上问题。

（5）进货管理

进货时需要核对产品品种和数量，这部分工作是由数据采集器完成的。首先将本次所有的进货单据、产品信息下载到数据采集器中，数据采集器将提示材料管理员输入收货单的号码，由数据采集器在应用系统中判断这个条码是否正确。如果不正确，系统会立刻向材料管理员做出警示；如果正确，材料管理员再扫描材料单上的项目号，系统随后检查购货单上的项目是否与实际相符。

（6）入库管理

搬运工（或叉车司机）只需扫描准备入库的物料箱上的标签即可。入库可分为间接入库和直接入库两种：间接入库指将物料堆放在任意空位上后，通过条码扫描记录其地址；直接入库指将某一类货物存放在指定货架上，并为其存放位置建立一个记录。

（7）库存货物的管理

对于标签破损的货物，参照同类物或依据其所在位置，在计算机上制作标签，进行补贴。在货物移位时，用识别器进行识读，自动收集数据，把采集数据自动传送至计算机货物管理系统中进行管理。按照规定的标准，通过条码识读器对仓库分类货物或零散货物进行定期盘存。在货物发放过程中，出现某些物品的货物零散领取的情况，可采用两种方式处理：一是重新打包，由系统生成新的二维码标签，作为一个包箱处理；另一种是系统设置零散物品库，专门存储零散货物信息，记录货物的品名、数量、位置等信息，统一管理。

（8）货物信息控制、跟踪

库存自动预警：对于各种货物在库存量高于或低于限量时进行自动预警。结合各种货物近期平均用量，自动生成在一定时间内需要采购或取消订货的清单，有效地控制库存量。

空间监控：监控货物的实际位置、存放时间、空间余地等参数，自动对不合理位置、超长存放时间、余地不足等规定的限量自动预警。

货物信息跟踪：对整个供应链进行跟踪。

报损处理：自动对将要报损的货物进行跟踪，管理人员可对报损货物进行登记，填写报损申请表，在报损申请批准后，系统对报损货物进行报损处理，建立报损明细。

（9）出库管理

使用条码识读器对出库货物包装上的条码标签进行识读，并将货物信息传送给计算机，计算机根据货物的编号、品名、规格等自动生成出库明细。当标签破损或丢失时，按照上述程序人工补贴。出库货物经过核对，确认无误后，再进行出库登账处理，并更新货物库存明细。

4.4.3 我国自动识别技术和条码技术现状

我国的自动识别产业最初主要应用于零售业和仓储物流。随着自动识别领域的载体技术、采集设备制造技术、软件服务系统技术、配套技术等技术的引进及快速发展，自动识别技术不断进步，产品市场也不断壮大起来。自动识别产业已成为推动国民经济信息化发展的重要技术手段之一，在经济和信息全球化的今天，其发展及技术应用的推广对我国信息化建设的发展具有举足轻重的作用。

2018 年，在实体经济企业和腾讯、阿里巴巴、百度等互联网企业的共同支持和推动下，条码技术已经全面渗透进了民众的日常生活，并带动了 O2O 市场的蓬勃发展。2018 年我国 O2O 市场规模达到 4117.20 亿元，用户规模达到 3.4 亿人，到 2019 年我国 O2O 市场规模达到 4545.10 亿元，用户规模达到 4.0 亿人。

目前，我国条码用户有十余万家，使用条码标识的产品超过 100 万种，大大提高了我国商品在国内外市场上的竞争力，促进了我国经济的发展。目前我国商品条码用户主要集中在食品、日化行业，商品条码在医疗保健、服装服饰、农副产品、化工、建材、家具、玩具、机械与电子、服务等行业的应用，仍有很大的发展空间。

我国已是全球条码技术装备市场增长最快的国家之一，这对国内的条码产业既是机遇又是挑战。在国务院“互联网+”战略的推动下，O2O、物联网等领域得到了极大的发展，这将进一步推动自动识别产业的发展。

知识链接

条码识别系统的组成——条码识别原理

为了阅读出条码所代表的信息，需要一套条码识别系统，它由条码扫描器、放大整形电路、译码接口电路和计算机系统等部分组成。

由于不同颜色的物体，其反射的可见光的波长不同，白色物体能反射各种波长的可见光，黑色物体则吸收各种波长的可见光，所以当条码扫描器光源发出的光经光阑及凸透镜后，照射到黑白相间的条码上时，反射光经凸透镜聚焦后，照射到光电转换器上，于是光电转换器接收到与白条和黑条相应的强弱不同的反射光信号，并转换成相应的电信号输出到放大整形电路。白条、黑条的宽度不同，相应的电信号持续时间长短也不同。但是，由于光电转换器输出的与条码的条和空相应的电信号一般仅10mV左右，不能直接使用，因而先要将光电转换器输出的电信号送经放大器放大。放大后的电信号仍然是一个模拟电信号，为了避免由条码中的疵点和污点导致错误信号，在放大电路后需加一条整形电路，把模拟信号转换成数字电信号，以便计算机系统能准确判读。整形电路的脉冲数字信号经译码器译成数字、字符信息。它通过识别起始字符、终止字符来判别出条码符号的码制及扫描方向，通过测量脉冲数字电信号0、1的数目来判别出条和空的数目，通过测量0、1信号持续的时间来判别条和空的宽度。这样便得到了被辨读的条码符号的条和空的数目及相应的宽度和所用码制，根据码制所对应的编码规则，便可将条码符号换成相应的数字、字符信息，通过接口电路传送给计算机系统进行数据处理与管理，完成条码辨读的全过程。

小　结

物流识别技术在不断更新，随着条码的应用日益广泛，条码识别技术的要求也越来越高。很多先进的技术应用其中，国内外很多公司也为此付出了努力，推动着信息技术和物流业的不断发展。

知识链接

条码技术在海尔配送中心的应用

海尔集团在全国各地建有42个配送中心，这42个配送中心构成了海尔集团服务市场和客户需求的重要物流网络。为确保配送中心实现高效运转，并为管理系统提供及时、准确的物流数据，配送中心的日常作业必须改变传统手工作业的方式，建设一套高效和准确的数据采集系统。经过多方面的对比和考核，海尔集团最终选定北京南开戈德自动识别技术有限公司作为战略合作伙伴。针对海尔配送中心的业务特点，并借鉴国外先进制造企业的应用经验，海尔集团决定在各地的配送中心应用便携式数据终端设备，在配送中心的入库、出库、盘点、移库等作业环节，实现了高效、准确、及时的数据采集和管理功能。

美国 Symbol 公司的 SPT1800 系列便携式数据终端作为集成条码扫描和移动计算功能的高科技产品，产品坚固耐用，便于携带，可摆脱线缆的束缚。它在物流作业和数据采集方面具有独特的优势，目前已在海尔各地的配送中心取得了良好的应用效果。

在配送中心的入库作业环节，数据终端从主机系统下载有关的入库数据后，操作人员通过在数据终端上输入相应的入库单据编号，便可获得详细的入库数据，具体包括入库产品条码、单位、数量等。操作人员通过对实际入库产品条码的扫描，并将实收数据与应收数据核对，实现了对入库数据的高效采集和流程控制功能。最后，数据终端上采集的数据被上传到主机系统中，供物流管理系统做进一步的处理和分析。

在配送中心的出库作业环节，在数据终端下载主机系统的出库数据之后，操作人员在数据终端上输入相应的出库单据号，便可获得当前批次出库的产品条码和数量。依据数据终端中的出库数据，操作人员可实现对出库产品的扫描、核对和确认，从而实现了对出库作业的严密管理。最后，数据终端的实际出库数据被上传到主机系统中。

在仓库盘点作业中，在数据终端下载由主机系统生成的盘点数据之后，操作人员便可在数据终端的操作提示下，对库存商品进行逐项扫描、清点和确认，待盘点数据上传到主机系统之后，便可获得库存的盘点差异数据。

在库位移动作业中，待数据终端从主机系统下载移库指令后，操作人员便可在数据终端的操作指示下，将某个库位的商品转移到目的库位，待所有移库操作完成后，再将数据终端上传至主机系统，实现移库作业的确认。

此外，在海尔集团的物流管理系统中，所有的物流资源包括作业人员、物流托盘、物流容器和作业表单等，都通过条码实现了数字化标识，并由数据终端扫描后实现数据采集，从而由物流信息系统实现了作业统计、流程控制、作业调度等功能，并实现了整个物流系统和资源的高效运作和管理。

本章小结

条码技术已经成为物流现代化的一个重要组成部分。同时，它还有力地促进了物流体系各环节作业的机械化、自动化，对物流各环节的计算机管理起着基础性作用。条码在现代化物流管理中起着直接、高效的信息媒体作用，它使现代化的管理和现代化的技术互相结合。以条码技术的应用为基础的信息流将是未来信息技术的重要特征，控制了信息流就控制了物流。信息技术的现代化必然促进物流技术和管理的现代化。我国物流业要在条码的开发应用上多下功夫，学习国外先进的经验，加快条码的普及应用，推动物流现代化的发展。

思考与练习

1．什么是条码与条码技术？
2．编码的方法有哪几种？
3．常用的物流码制有哪几种？
4．目前常用的条码扫描器有哪几种？
5．分析条码技术在物流领域的应用。

小组模拟仿真

（要求小组讨论，并将活动成果以小组为单位提交电子作业）

认识条码技术

1．分析问题

1）分析收集到的条码的种类。
2）观察扫码设备，并记录商品的具体扫码过程。
3）分析利用条码的方式。

2．活动要求

分组完成任务，以 PPT 形式展示。

3．制作步骤

1）每组将任务分工，分别查询相关的资料。
2）将所搜集的素材整合在一起。
3）设计完整美观的 PPT。
4）由小组代表阐述案例并进行评价。
5）组外同学提出与小组案例相关的问题。
6）小组代表或组员回答上述问题。
7）小组代表总结。
8）教师评价打分。

4．注意事项

1）PPT 资料要求图文并茂、清晰生动、突出主题。
2）语言表达流畅、吐字清楚、声音洪亮、逻辑性强。

3）有条件的小组可以利用数码相机将条码及设备的图片拍摄下来。

5. 作业展示及点评

考核评分参见下表。

考核评分表

考评小组		被考评小组	
考评地点		考评时间	
考评内容	认识条码技术		
考评标准	内容	分值	实际得分
	内容充实，条理分明	60	
	观点正确，素材运用得当	30	
	有创新点	10	
合计		100	

注：满分为 100 分，60～74 分为及格；75～84 分为良好；85～100 分为优秀。

第5章 物流射频识别技术

利用射频识别（radio frequency identification，RFID）技术无须直接接触、无须光学可视、无须人工干预即可完成信息的输入和处理，而且其操作方便快捷，被广泛应用于生产、物流、交通、运输、医疗、防伪、跟踪、设备和资产管理等需要收集和处理数据的场合。作为条码技术的无线版本，RFID技术具有条码技术所不具备的诸多优点，其应用将给零售、物流等产业带来革命性变化。

5.1 物流射频识别技术概述

学习目标

1. 了解条码的局限性
2. 掌握射频的概念
3. 了解射频系统的特点
4. 掌握射频识别系统的应用类型

学习导入

某物流公司管理员小张在检查货物时发现，有一批货物的条码由于种种原因被撕裂、污损或丢失，导致难以识别，从而无法反映产品属于哪一批货物以及在货架上的留存时间，也无法逐个识别产品。即便是条码完好，要让其显示出相关信息，也需要人工将读卡机对准产品，或者让产品从一个带有内置读卡机的机器上划过后才能获取，且反应比较迟钝。

能否用一种更有效的方法解决这些问题呢?

5.1.1 射频识别技术

射频识别是一种无线通信技术，可以通过无线电讯号识别特定目标并读写相关数据，而无须识别系统与特定目标之间建立机械或者光学接触。射频识别最重要的优点是非接触识别，它能穿透雪、雾、冰、涂料、尘垢，在条码无法使用的恶劣环境中阅读标签，并且阅读速度极快。

认识 RFID

射频（radio frequency，RF）技术的基本原理是电磁理论，利用电线电波对记录媒体进行读写。射频系统的优点是不局限于视线，识别距离比光学系统远，射频识别卡（射频标签）具有读写能力，可携带大量数据，具有难以伪造和有智能等特点。

射频识别技术适用的领域：物料跟踪、运载工具和货架识别等要求非接触数据采集和交换的场合，尤为适用于要求频繁改变数据内容的场合。

5.1.2 射频识别系统

1. 工作原理

在射频识别系统中，装载识别信息的载体是射频标签，获取信息的装置称为射频读写器。射频标签与射频读写器之间利用感应、无线电波或微波能量进行非接触双向通信，实现数据交换，从而达到识别的目的。

射频识别系统的工作过程：射频读写器发出微波查询信号时，安装在被识别物体上的电子标签（射频标签）将接收到微波信号，并反射回射频读写器，这些信号经射频读写器进行数据处理后，就得到电子标签内存储的识别代码信息，其工作原理如图 5.1 所示。

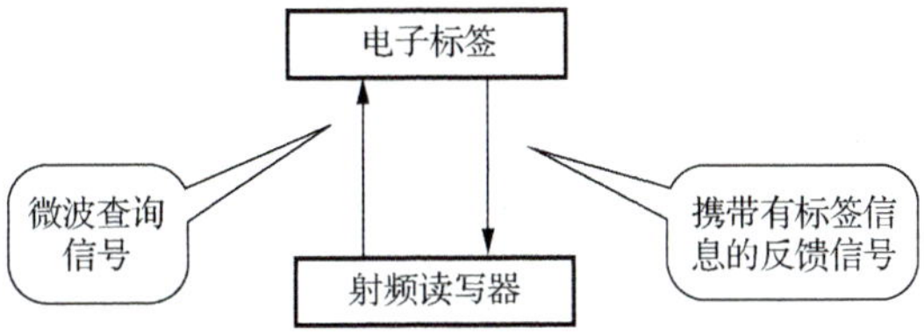

图 5.1　射频技术工作原理

射频识别系统的传送距离由许多因素决定，如传送频率、天线设计等。射频识别距离在几十厘米至几米之间，且根据读写的方式，可以输入数千字节的信息，同时还具有极高的保密性。

射频识别技术是以无线通信技术和存储技术为核心，伴随着半导体、大规模集成电路技术的发展而逐步形成的，其应用过程涉及无线通信协议、发射功率、占用频率等多个因素，目前尚未形成在开放系统中的统一标准，因此射频识别技术主要应用在一些闭环应用系统中。

RFID 的特点

2. 射频识别系统的特点

射频标签的几个主要模块集成到一块芯片上完成与射频读写器通信，芯片上有内存部分用来存储识别号码或其他数据，内存容量从几比特到几十千比特不等。芯片外围仅需连接天线（和电池）。标签封装可以有不同形式，如常见的信用卡的形式及小圆片的形式等，如图 5.2 所示。与条码、磁卡、IC 卡等同期或早期的载体相比，射频标签具有非接触、工作距离长、适于恶劣环境、可识别运动目标等优点。因此射频读写器在完成识别工作时无须人工干预、易于实现自动化且不易损坏，可识别高速运动物体并可同时识别多个射频标签，操作快捷方便。

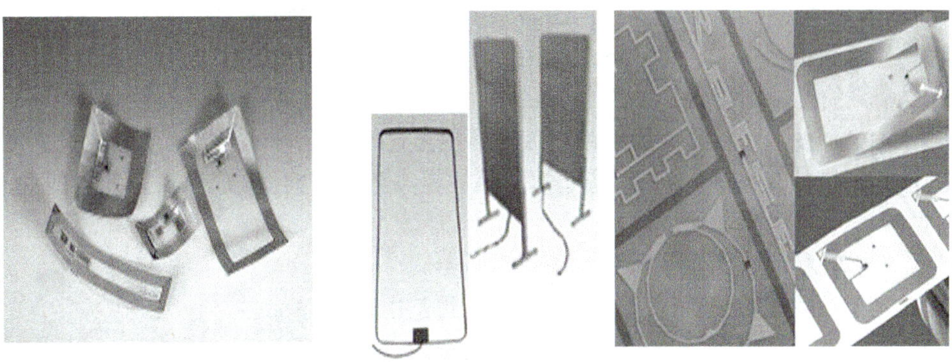

图 5.2　射频标签

射频标签不怕油渍、灰尘等恶劣的环境，短距离的射频标签可以在这样的环境中替代条码，长距离的产品多用于交通上，识别距离可达几十米。

射频识别系统完全不怕灰尘、潮湿、油污、冷却剂、粉屑、有害气体、高温及在生产环境中产生的类似影响。玻璃或塑料标签通常能够满足保护的要求，是完全防尘和防水的。即使在尘土特别多或者特别脏的环境条件下，扫描器光学镜头很快就会被污染而无法使用条码，射频识别系统也可以胜任。

RFID 技术具有如下特点。

1）系统安全：将产品数据从中央计算机中转存到工件上将大大提高系统的安全性。即使发生软件崩溃或中央计算机瘫痪，一个产品和它当前数据之间的关系也能随时建立起来。如果需要的话，还可以将工件从生产过程中取出，而不会丢失数据。日后如果要将此产品再次投入生产过程中，可以毫无问题地对它进行加工。

2）数据安全：通过校验或循环冗余校验的方法来保证射频标签中存储的数据的准确性，而错误的数据会在读取时被发现并且被忽略掉。

3）灵活性：可以更加灵活地控制产品的生产。例如，对于通用可编程的机器人和生产设备的设置数据，可以在预处理阶段写入到随各个工件运行的标签载体中，并且在需要用的地方马上应用这些设置数据。利用这种技术可以生产最小批量为 1 的产品，而不必通过中央计算机与每个产品进行复杂的通信来交换信息。

3. 射频识别系统的应用分类

根据射频系统完成的功能不同，可以粗略地把射频系统分成四种类型：电子物品防盗（electronic article surveillance，EAS）系统、便携式数据采集系统、物流控制系统、定位系统。

（1）EAS 系统

EAS 系统是一种设置在物品出入口的 RFID 技术。这种技术的典型应用场合是商店、图书馆、数据中心等，当未被授权的人从这些场合非法取走物品时，EAS 系统会发出警告。

在应用 EAS 系统时，首先在物品上粘贴 EAS 标签，当物品被正常购买或合法移出时，在结算处通过一定的装置使 EAS 标签失去活动性，物品就可以取走了。物品经过装有 EAS 系统的出入口时，EAS 装置能自动检测标签的活动性，发现具有活动性的标签后 EAS 系统会发出警告。EAS 技术的应用可以有效防止物品被盗。

应用 EAS 技术，物品不用再锁在玻璃橱柜里，可以让顾客自由地观看、检查商品，这在自选商品日益流行的今天有着非常重要的现实意义。典型的 EAS 系统一般由三部分组成。

1）附着在物品上的电子标签，电子传感器。

2）电子标签灭活装置，以便授权物品能正常出入。

3）监视器，在出口制造一定区域的监视空间。

EAS 系统是一种高科技的电子防盗系统，它以高科技的手段赋予物品一种自卫能力，能有效地保护物品，防止物品失窃。在国外，90%的零售业中采用 EAS 系统来降低失窃率，在国内，EAS 系统也逐渐被广大商家接受并采用。EAS 系统是降低失窃、减少损失最可靠、最经济的高科技管理手段。

（2）便携式数据采集系统

便携式数据采集系统是使用带有 RFID 阅读器的手持式数据采集器采集 RFID 标签上的数据。这种系统具有比较大的灵活性，适用于不宜安装固定式 RFID 系统的应用环境。手持式阅读器（数据输入终端）可以在读取数据的同时，通过无线电波数据传输方式实时地向主计算机系统传输数据，也可以暂时将数据存储在阅读器中，成批地向主计算机系统传输数据。

（3）物流控制系统

在物流控制系统中，RFID 阅读器分散布置在给定的区域，并且阅读器直接与数据管理信息系统相连，信号发射机是移动的，一般安装在移动的物体。当标签途经阅读器时，阅读器会自动扫描标签上的信息并把数据信息输入数据管理信息系统，进行存储、分析、处理，达到控制物流的目的。

（4）定位系统

定位系统用于自动化加工系统中的定位以及对车辆、轮船等进行运行定位支持。阅读器放置在移动的车辆、轮船上或自动化流水线中移动的物品、半成品、成品上，信号发射机嵌入到操作环境的地表下面。信号发射机上存储有位置识别信息，阅读器一般通过无线或有线的方式连接到主信息管理系统。

在我国，射频技术已被广泛地应用。一些高速公路的收费站口使用射频技术，可以实现不停车收费，我国铁路系统使用射频技术记录货车车厢编号，射频技术也广泛应用于物流企业的物流管理中。

知识链接

电磁理论和比特

电磁理论：变化的电场周围产生磁场，变化磁场周围产生电场，这种现象称为电磁感应现象，它的发现是电磁学领域中最伟大的成就之一。它不仅揭示了电与磁之间的内在联系，而且为电与磁之间的相互转化奠定了实验基础，为人类获取巨大而廉价的电能开辟了道路，有重大的实用意义。电磁感应现象的发现，标志着一场重大的工业和技术革命的到来。事实证明，电磁感应在电工、电子技术、电气化、自动化方面的广泛应用对推动社会生产力和科学技术的发展发挥了重要的作用。

比特（bit）：在计算机中，数据的表示、存储、处理、加工都是采用二进制形式，每个二进制数位称为一个比特，它是计算机中数据存储的最小单位。

小 结

无线射频识别（RFID）技术通过射频信号，采用非接触方式，可自动识别目标对象并获取相关数据，无须人工干预。作为条码的无线版本，RFID 技术具有条码所不具备的防水、防磁、耐高温、使用寿命长、读取距离大、标签上数据可加密、存储数据容量较大、存储信息更改自如等优点，其应用将给零售、物流等产业带来革命性变化。

5.2 物流射频识别系统的组成

学习目标

1. 了解射频系统的基本组成
2. 了解常用的射频标签和读写器的类型
3. 了解射频系统中影响数据传输的因素

学习导入

小张所在的这家公司在对射频技术有所了解之后，陆续引进了一些射频设备，果然工作效率有很大提高。他的一个朋友在南方某物流公司工作，听说此事之后也购进了一批射频识别系统，但在使用期间发现有时读写器无法采集到数据，这是为什么呢?

射频识别系统一般由信号发射机（标签）、信号接收机（阅读器）、天线和相应的软硬件系统几部分组成，如图 5.3 所示。

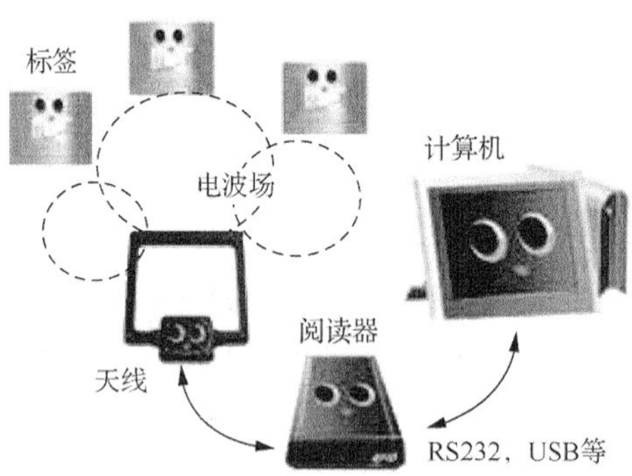

图 5.3 射频识别系统的组成

由于射频技术是以电磁理论为基础的一种设备应用技术，一般来说，电子产品的正常使用对温度、湿度都有一定的要求，周围环境及天线特性对电磁波的传递也会产生一定的影响，甚至影响它的数据采集效果。

5.2.1　射频识别系统组成

1. 信号发射机（标签）

在射频识别系统中，信号发射机根据不同的应用目的，会以不同的形式存在，其典型的形式是标签（tag）。标签相当于条码技术中的条码符号，用来存储需要识别传输的信息。另外，与条码不同的是，标签必须能够自动或在外力的作用下，把存储的信息主动发射出去。标签一般是带有线圈、天线、存储器与控制系统的低电集成电路，如图 5.4 所示。

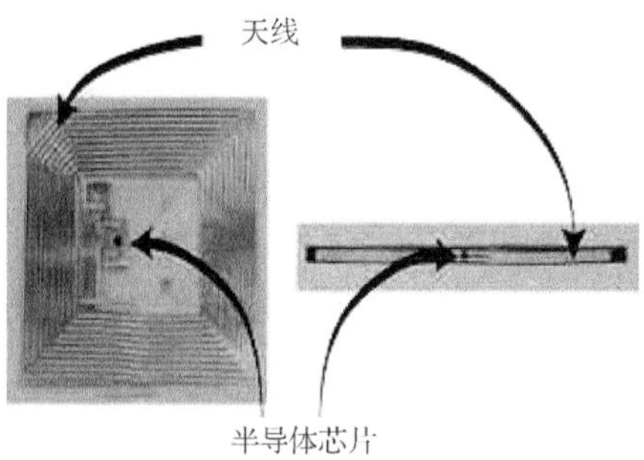

图 5.4　标签

按照不同的分类标准，标签有许多不同的分类。

（1）主动式标签与被动式标签

在实际应用中，必须给标签供电它才能工作，虽然它的电能消耗非常低（一般是百万分之一毫瓦级别）。按照标签获取电能的方式不同，可以把标签分成主动式标签与被动式标签。

主动式标签内部自带电池进行供电，它的电能充足，工作可靠性高，信号传送的距离远。另外，主动式标签可以通过设置电池的不同寿命对标签的使用时间或使用次数进行限制，它可以用在需要限制数据传输量或使用数据有限制的地方，比如一年内标签只允许读写有限次。主动式标签的缺点主要是标签的使用寿命受到限制，而且随着标签内电池电力的消耗，数据传输的距离会越来越小，进而影响系统的正常工作。

被动式标签内部不带电池，要靠外界提供能量才能正常工作。被动式标签典型的产生电能的装置是天线与线圈，当标签进入系统的工作区域，天线接收到特定的电磁波，线圈就会产生感应电流，再经过整流电路给标签供电。

被动式标签具有永久的使用期，常常用在标签信息需要每天读写或频繁读写多次的地方，而且被动式标签支持长时间的数据传输和永久性的数据存储。被动式标签的缺点主要是数据传输的距离比主动式标签小。因为被动式标签依靠外部的电磁感应供电，它的电能比较弱，数据传输的距离和信号强度会受到限制，需要敏感性比较高的信号接收机（阅读器）才能可靠识读。

（2）只读标签与可读可写标签

根据内部使用存储器类型的不同，标签可以分成只读标签与可读可写标签。

只读标签内部只有只读存储器（read only memory，ROM）。ROM 中存储有标签的标识信息，这些信息可以在标签制造过程中由制造商写入 ROM 中，也可以在标签开始使用时由使用者根据特定的应用目的写入特殊的编码信息。这种信息只能是一次写入，可以多次读出。

可读可写标签内部的存储器除了 ROM、缓冲存储器之外，还有非活动可编程记忆存储器。这种存储器一般是 EEPROM（electrically erasable programmable read only memory，带电可擦除可编程只读存储器），它除了具有存储数据的功能外，还具有在适当的条件下允许多次对原有数据的擦除及重新写入数据的功能。可读可写标签还可能有随机存取存储器（random access memory，RAM），用于存储标签反应和数据传输过程中临时产生的数据。

一般电子标签的 ROM 存放着生产商代码和无重复的序列码，每个生产商的代码是固定和不同的，每个生产商的每个产品的序列码也是不同的。所以每个电子标签都有唯一码，这个唯一码又是存放在 ROM 中，所以标签就没有可仿制性，这是防伪的基础。

（3）标识标签与便携式数据文件

根据标签中存储器数据存储能力的不同，可以把标签分为仅用于标识目的的标识标签与便携式数据文件两种。

对于标识标签来说，一个数字或多个数字字母字符串存储在标签中，以便于识别进入信息管理系统中数据库的钥匙（key）。条码技术中标准码制的号码，如 EAN/UPC 码，或者混合编码，或者标签使用者按照特别的方法编的号码，都可以存储在标识标签中。标识标签中存储的只是标识号码，用于对特定的标识项目，如人、物、地点进行标识，关于被标识项目的详细的特定信息，只能在与系统相连接的数据库中进行查找。

顾名思义，便携式数据文件就是说标签中存储的数据非常大，足可以看作是一个数据文件。这种标签一般都是用户可编程的，标签中除了存储标识码外，还存储有大量的与被标识项目相关的其他信息，如包装说明、工艺过程说明等。在实际应用中，读标签就可以得到关于被标识项目的所有信息，而不用再连接到数据库进行信息读取。另外，标签随着存储能力的提高，组织数据的能力也在提高，在读标签的过程中，可以根据特定的应用目的控制数据的读出，实现在不同的情况下读出的数据部分不同。

2. 信号接收机（阅读器）

在射频识别系统中，信号接收机一般叫作阅读器，如图 5.5 所示。根据支持的标签类型与完成功能的不同，阅读器的复杂程度也不同。阅读器的基本功能就是与标签进行数据传输。另外，阅读器还提供相当复杂的信号状态控制、奇偶错误校验与更正功能等。标签中除了存储需要传输的信息外，还必须含有一定的附加信息，如错误校验信息等。识别数据信息和附加信息按照一定的结构编制在一起，并按照特定的顺序向外发送。阅读器通过接收到的附加信息来控制数据流的发送。到达阅读器的信息被正确地接收和译解后，阅读器通过特定的算法决定是否需要标签对发送的信号重发一次，或者决定标签是否停止发射信号，这就是“命令响应协议”。使用这种协议，即便在很短的时间、很小的空间阅读多个标签，也可以有效地防止“欺骗问题”的产生。

图 5.5　阅读器

3. 天线

天线是标签与阅读器之间传输数据的发射、接收装置。在实际应用中，除了系统功率，天线的形状和相对位置也会影响数据的发射和接收，因此需要专业人员对系统的天线进行设计、安装。

5.2.2　射频系统的工作原理

1. 射频标签的构成及功能

射频标签一般由天线、调制器、编码发生器、时钟及存储器组成，如图 5.6 所示。把所有的电路功能时序化，以使存储器中的数据在精确的时间内传输至阅读器。存储器中的数据是应用系统规定的唯一性编码，在标签安装到识别对象（如集装箱、车辆、货物等）前就已写入。数据读出时，编码发生器把存储器的数据编码，调制器接收由编码发生器编码后的信息，并通过天线将此信息发射/反射到阅读器。数据写入时，由控制器控制，将天线接收到的信号解码后写入存储器。

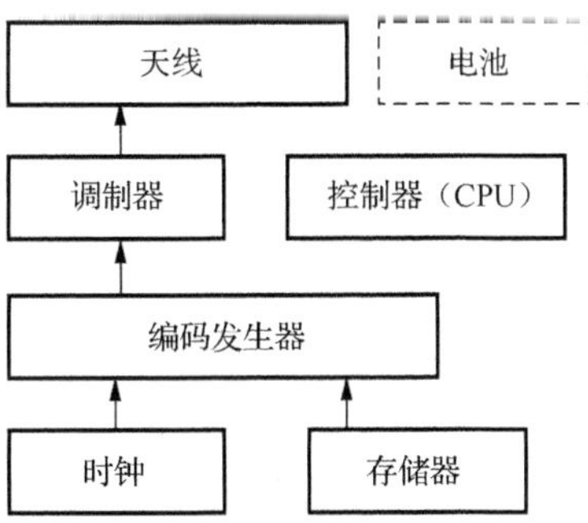

图 5.6　射频标签的构成

通常射频标签具有以下功能。

① 具有一定容量的存储器，用以存储被识别对象的信息。

② 在一定的工作环境及技术条件下，标签数据能被读出或写入。

③ 维持对识别对象的识别及相关信息的完整。

④ 数据信息编码后，工作时间可传输给阅读器。

⑤ 可编程，且一旦编程后，永久性数据不能再修改。

⑥ 具有确定的使用限期，使用期间内无须维修。

⑦ 对于有源标签，通过阅读器能显示出电池的工作状况。

2. 射频阅读器的构成及功能

射频阅读器一般由天线、射频模块、读写模块组成，如图 5.7 所示。其工作过程如下。

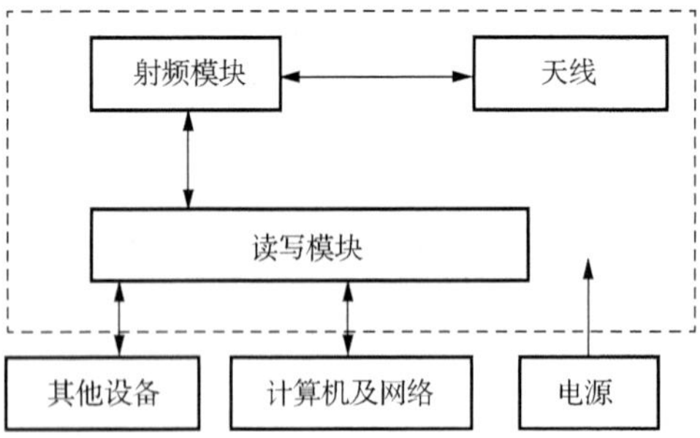

图 5.7 射频阅读器的构成

① 天线是发射和接收数据信号的设备。

② 射频模块将天线接收的从标签发射/反射回来的信号经解调后传给读写模块。

③ 读写模块可以接收射频模块传输的信号，译码后获得标签内的信息；或将要写入标签的信息译码后传给射频模块，完成写标签操作；还可以通过标准接口将标签内容和其他信息传给计算机。

5.2.3 影响射频系统使用的因素

1. 环境对 RFID 使用的影响

（1）温度的影响

由于 RFID 芯片使用的是硅材料与金属材料，因此其可在-20～70℃的环境中有效工作。

（2）空气湿度的影响

RFID 采用微波技术，对空气湿度有一定的要求，这主要是由于水能够吸收微波能量，造成能量衰竭，使读写距离下降，尤其是雾天与雨雪天的影响比较明显，读写距离可下降 50%以上。可将长距离阅读器输出功率从 1W 增加至 1.5W 以减小影响。

（3）金属附着的影响

金属对微波能量的吸收相当高，可造成读写距离下降甚至无法识别。目前主要通过芯片封装技术解决这一问题，虽然封装技术能解决金属吸收微波能量的问题，但每片芯片的成本将增加 80%以上。因此在实际使用中，需长距离读写的标签应尽量避免附着在金属表面。

2. 传输距离的影响因素

影响数据传输距离远近的首要因素是载波信号与标签中数据信号的强度，载波信号的强度受阅读器功率大小控制，标签中数据信号的强度由标签自带电池功率（主动式标签）或标签可以产生的电能（被动式标签）大小决定。一般来说，阅读器和标签的功率越大，载波信号和数据信号越强，数据能够传输的距离越远。无线电波在空气介质中传播时，随着传播的距离越来越远，信号的强度会越来越弱。从理论上说，无线电波的衰减程度与传输距离的平方成正比。在系统实际应用中应该注意的是，不能为了达到数据传输的距离而无限制地提高阅读器和标签的功率，因为与载波频率的选择一样，无线电波的功率是受到政府的管制的。

知识链接

数据通信

标签与阅读器之间的数据传输是通过空气介质以无线电波的形式进行的。一般地，我们可以用两个参数衡量数据在空气介质中的传播，即数据传输的速度和数据传输的距离。由于标签的体积、电能有限，从标签中发出的无线信号是非常弱的，信号传输的速度与传输的距离就很有限。

为了实现数据高速、远距离的传输，必须把数据信号叠加在一个规则变化的信号比较强的电波上，这个过程叫调制，规则变化的电波叫载波。在RFID系统中，载波电波一般由阅读器或编程器发出。有多种方法可以实现数据在载波上的调制，如用数据信息改变载波的波幅叫调幅；改变载波的频率叫调频；改变载波的相位叫调相等。

小　结

射频技术是指利用无线电波对记录媒体进行读写。射频识别的距离为几十厘米至几米，且根据读写的方式，可以输入数千字节的信息，同时，还具有极高的保密性。射频识别技术适用的领域有物料跟踪、运载工具和货架识别等要求非接触数据采集和交换的场合，要求频繁改变数据内容的场合尤为适用。

5.3　物流射频识别技术的应用

学习目标

1. 了解射频识别技术在日常生活中的作用
2. 理解无线作业管理系统
3. 能够利用射频识别技术设计物流管理系统

学习导入

RFID 自从被誉为 21 世纪 10 大关键技术之后，这项新应用早已吸引全世界人们的目光。它不但将取代条码，在物流领域掀起飓风，在供应链货物追踪、医疗与药品保护、智能型购物、机场随身行李检查等各个领域，都将会看见 RFID 大规模革命性的运用。RFID 为产业提供了独特的方式来追踪有价值的数据，结合了检测与网络技术后，将真正实现 Ubiquitous Networks（网络世界无所不在），甚至有外国学者提出“在柏油路面中埋入大量的 RFID”的主意呢！RFID 的未来真是充满了想象。

5.3.1 射频识别技术在生活中的应用

RFID 的应用

RFID 在商业企业中的应用十分普遍，智能标签就像商品的档案，它可以伴随商品的整个生命周期，记录商品在生命周期中的变化。另外，由于具有唯一性和不可仿造等特性，智能标签可以在对商品的防伪上发挥重要作用。

RFID 在物流业的应用前景广阔，将射频技术引入物流，舍弃了原来的先手工记录再计算机输入的工作方法，提高了工作效率和工作准确性。

RFID 的应用领域在不断扩大，其应用已由单一的防伪功能向物流管理、零售业商品供应管理、航空行李管理、高速公路（不停车）自动收费、商品防伪、电子票证、自动化生产线部件管理等方向发展，如图 5.8 所示。

婴儿识别与防盗

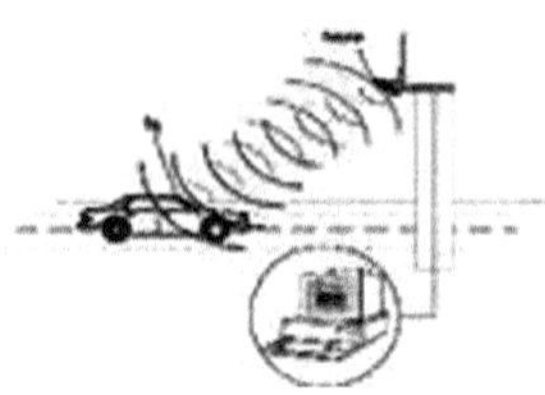

停车管理

生产制造

航空包装

文档管理

图 5.8 RFID 的应用

5.3.2 射频识别技术在物流中的应用

物流中 RFID 的应用

1. 无线作业管理系统介绍

（1）传送带货物分拣

对传送带上的货物进行分拣，需要用多天线构成 RFID 扫描隧道，以提高识读率。同时 RFID 阅读器需要接入传送带或其他控制主机。采用可重复使用的 RFID 标签和固定式阅读器，可构成经济高效的 RFID 系统，如图 5.9 所示。

（2）仓库收发货

托盘在装卸时会进出货车车厢和集装箱，其金属箱体对无线电波有着较强反射，会严重影响到 RFID 识读的效果和正确性。若采用一台智能化的 RFID 阅读器，并提供多个天线接口，便可组成灵活的扫描隧道，有效地提高识读效果和准确性，如图 5.10 所示。

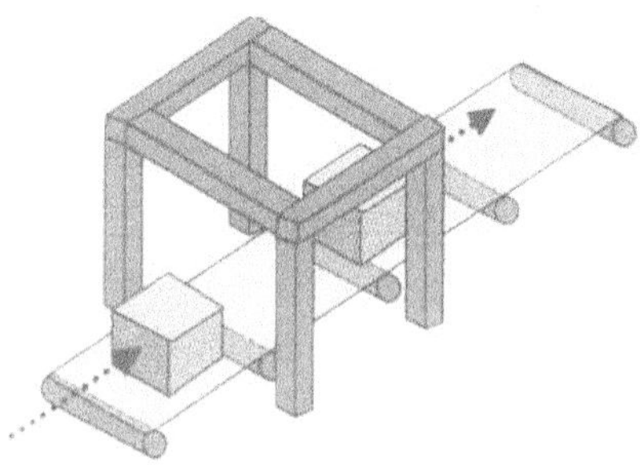

图 5.9 传送带装置示意

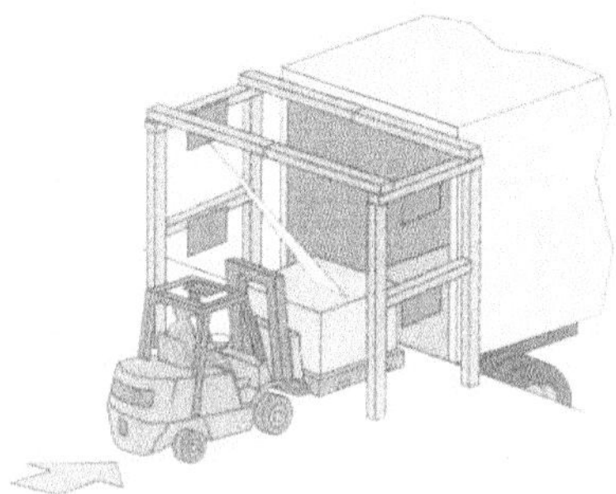

图 5.10 托盘装卸示意

（3）托盘包装工作站

托盘包装工作站上安装的 RFID 阅读器，需要及时地识别和分类托盘上的货物，并将其与 RFID 标识的托盘联系起来，如图 5.11 所示。

（4）过顶识读

通过固定式 RFID 阅读器和一组由天线组成的向下覆盖的扫描网，可实现对贴有朝上的 RFID 标签的大件物品和托盘进行高效的数据读写。尤其是对于叉车作业来说，这种方式更为便利和有效，如图 5.12 所示。

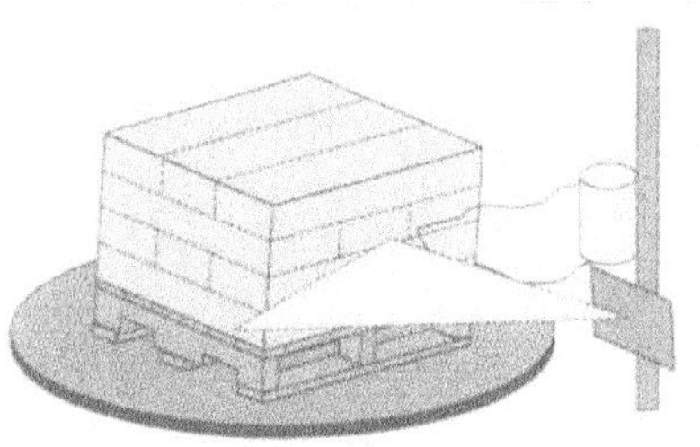

图 5.11 托盘包装示意

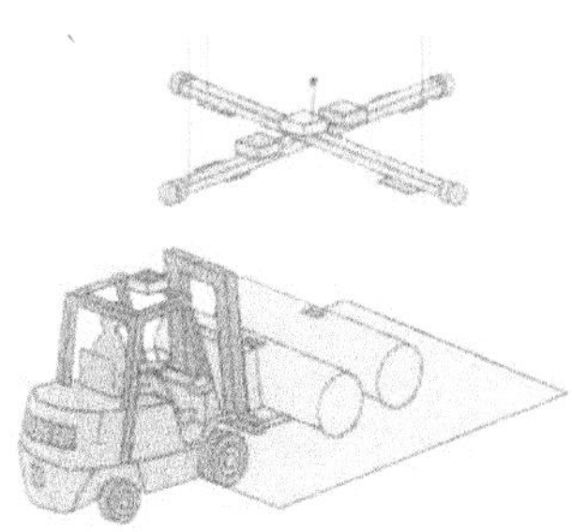

图 5.12 过顶装置示意

（5）人工移动作业

人工移动作业需要指定物品并完成一系列作业。利用移动 RFID 阅读器和移动计算机配合组成一套移动作业平台，可同时对 RFID 标签进行读写和对条码进行扫描，并进行相应的处理、存储和通信。利用系统的强大功能，可与外设和系统构建成面向不同应用的网络环境，如图 5.13 所示。

（6）叉车移动作业

叉车移动作业是仓库和物流中心最主要的作业模式。固定式 RFID 阅读器和车载电脑构成的移动作业平台，特别适合托盘货物的作业和 RFID 标签的读写，如图 5.14 所示。

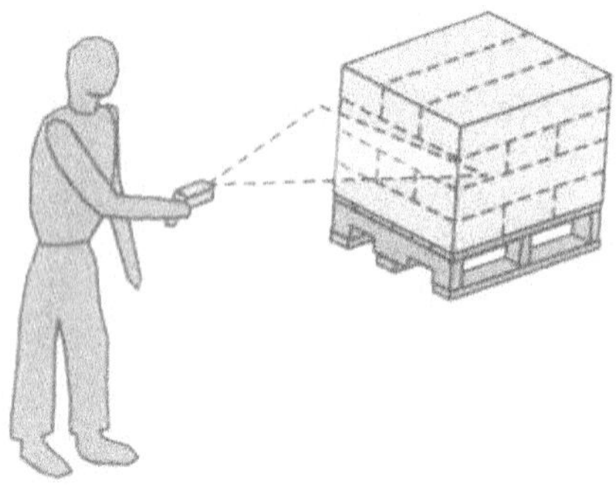

图 5.13　人工移动操作示意

图 5.14　叉车操作示意

2. 射频识别技术的应用案例

下面以射频识别技术在铁路矿车（货车）车厢自动抄号、称重管理系统中的应用为例。

（1）基本情况

某矿区要求铁路矿车上的每节车厢必须称重准确并和车厢号一一对应，不能混淆。在采用车厢自动抄号系统之前，矿区多年来用手工抄号，不但工人操作环境恶劣（不管酷暑、寒冬、雨雪、大风天气都要在铁路边露天作业，尤其是装红热焦炭的矿车根本无法靠近），而且有的车厢号也因泥土覆盖或油漆脱落模糊不清，所以抄的号码很难做到准确，并且人工抄的车厢号不能保证与轨道衡自动称重的数量准确对应，易造成管理混乱。为了加强管理，矿区曾选择几种技术进行自动抄号试验，但都未能解决此问题。现在采用的远距离射频识别技术设备实现了车厢自动抄号，并且将自动抄号系统与动态轨道衡自动称重系统兼容，实现了每节车厢的称重、抄号、记录一次性自动完成，使管理上了一个新的台阶。

（2）设备安装

每个动态轨道衡安装一套 CTST 2000 型远距离射频自动识别设备，每节车厢安装一个 CT 标识卡（射频标签）。其工作流程如下。

1）当一列矿车经过动态轨道衡时，每节车厢进入衡称重的同时即进入远距离射频自动识别系统的工作区，此时车厢的 CT 标识卡被激活，发射出自身的信息码。

2）CT 标识卡发射出的信息码被系统接收，经系统的阅读器解调解码后将该车的号码送给计算机，与轨道衡称的重量一同记入数据库，完成车厢的自动称重与自动抄号全过程，保证两个参数的一一对应，如图 5.15 所示。

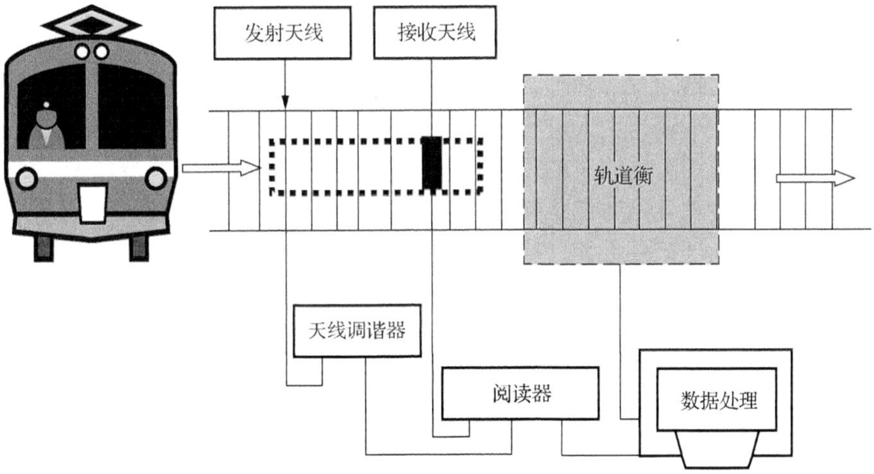

图 5.15　铁路矿车自动抄号称重系统

3. 射频识别技术其他方面的应用

射频识别技术大大增加了物流过程的自动化、现代化，是物流过程中重要的支持技术之一。我国射频识别产品的市场是巨大的，国内已有几家公司在引进国外的先进技术，开发自己的射频识别系统。可以毫不夸张地预测，任何一种应用如果成为现实，都将会孕育一个庞大的市场，RFID 将是未来一个新的经济增长点。在信息社会，对于各种信息的获取及处理要求快速、准确，在不久的将来，RFID 技术就将同其他识别技术一样深入我们的生活，改善我们的生活。

（1）高速公路收费及智能交通系统

高速公路自动收费系统是射频识别技术最成功的应用之一。

目前我国的高速公路发展非常快，地区经济发展的先决条件就是有便利的交通条件，而高速公路收费却存在一些问题：一是造成交通堵塞，在收费站口许多车辆要停车排队交费；二是少数收费员非法使用收取的过路费，使国家蒙受了财政损失。

RFID 技术应用在高速公路自动收费上能够充分体现该技术的优势。在车辆高速通过收费站的同时完成自动缴费，解决了交通的瓶颈问题，提高了车行速度，避免了拥堵，提高了收费计算效率，同时可以解决收费员非法使用收取的过路费的问题。

（2）生产的自动化及过程控制

RFID 技术因其具有抗恶劣环境能力强、非接触识别等特点，在生产过程控制中有很多应用。通过在大型工厂的自动化流水作业线上使用 RFID 技术，实现了物料跟踪和生产过程自动控制、监视，提高了生产效率，改进了生产方式，降低了成本。

在生产线的自动化及过程控制方面，德国宝马公司为保证汽车在流水线各位置准确地完成装配任务，将 RFID 系统应用在汽车装配线上。摩托罗拉公司则采用了 RFID 技术的自动识别工序控制系统，满足了半导体生产对环境的特殊要求，同时提高了生产效率。

（3）车辆的自动识别及防盗

通过建立采用射频识别技术的自动车号识别系统，能够随时了解车辆的运行情况，这不仅实现了车辆的自动跟踪管理，还可以大大减少车辆发生事故的可能性，并且可以通过射频识别技术对车辆的主人进行有效验证，防止偷盗车辆事件发生，或者在车辆丢失以后可以有效地寻找丢失的车辆。

采用射频识别技术可以对道路交通流量进行实时监控、统计、调度，射频识别技术还可以用在车辆闯红灯记录报警、被盗（可疑）车辆报警与跟踪、特殊车辆跟踪、肇事逃逸车辆排查上。

（4）电子票证

使用电子标签来代替各种“卡”，实现非现金结算，解决了现金交易不方便也不安全及以往的各种磁卡、IC 卡容易损坏等问题。同时电子标签用起来方便、快捷，还可以同时识别几张电子标签，并行收费。

射频识别系统，特别是非接触 IC 卡（电子标签）应用潜力的最大领域之一就是公共交通领域。用电子标签作为电子车票，具有使用方便、可以缩短交易时间、降低运营成本等优势。

（5）货物跟踪管理及监控

射频识别技术为货物的跟踪管理及监控提供了方便、快捷、准确的自动化技术手段。

以射频识别技术为核心的集装箱自动识别是全球范围内最大的货物跟踪管理应用。将记录有集装箱位置、物品类别、数量等数据的电子标签安装在集装箱上，借助射频识别技术，就可以确定集装箱在货场内的确切位置。系统还可以识别未被允许的集装箱移动，有利于管理和安全。

在货物的跟踪、管理及监控方面，在机场将射频识别技术应用于旅客行李管理中，大大提高了分拣效率，降低了出错率。目前我国铁路部门也计划推广行包自动追踪管理系统，但真正应用还要假以时日。

（6）仓储、配送等物流环节

将射频识别技术用于智能仓库货物管理，可以有效地解决仓库里与货物流动相关的信息的管理，监控货物信息，实时了解库存情况，自动识别货物，确定货物的位置。

（7）邮件、邮包的自动分拣系统

射频识别技术已经被成功应用到邮政领域的邮包自动分拣系统中，该系统具有非接触、非视线数据传输的特点，所以包裹传送中可以不考虑包裹的方向性问题。另外，当多个目标同时进入识别区域时，可以同时识别，大大提高了货物分拣能力和处理速度。另外，由于电子标签可以记录包裹的所有特征数据，更有利于提高邮包分拣的准确性。

（8）动物跟踪及管理

射频识别技术可以用于动物跟踪与管理。将用小玻璃封装的电子标签植于动物皮下，可以标识牲畜，监测动物健康状况等重要信息，为牧场的管理现代化提供了可靠的技术手段。在大型养殖场，可以通过采用射频识别技术建立饲养档案、预防接种档案等，达到高效、自动化管理牲畜的目的，同时为食品安全提供保障。

在动物的跟踪及管理方面，许多发达国家采用射频识别技术，通过对牲畜个体识别，保证在大规模疾病暴发期间，可以对感染者进行有效跟踪并对未感染者进行隔离控制。

（9）门禁保安

未来的门禁保安系统都可以应用电子标签，并可以一卡多用，比如做工作证、出入证、停车证、饭店住宿证甚至旅游护照等。使用电子标签可以有效地识别人员身份，进行安全管理及高效收费，简化了出入手续，提高了工作效率，并且有效地进行安全保护。该系统会自动识别出入人员的身份，有非法闯入时会报警。安全级别要求高的地方，还可以结合其他的识别方式，将指纹、掌纹或面部特征存入电子标签。

（10）防伪

伪造问题在世界各地都是令人头疼的问题，现在应用的防伪技术（如全息防伪等）同样会被不法分子伪造。射频识别技术在防伪领域有它自身的技术优势，它具有成本低而又很难伪造的优点。电子标签的成本相对较低，且芯片的制造需要有昂贵的设备，使伪造者望而却步。电子标签本身具有内存，可以存储、修改与产品有关的数据，利于进行真伪的鉴别。利用这种技术不用改变现行的数据管理体制，唯一的产品标识号完全可以做到与已用数据库体系兼容。

知识链接

超市的购物车

超市采用自选的售货方式，加之价廉物美，每日客流不止。为了增加客源，一些超市经常利用周年店庆等机会搞商品促销活动，但随之而来的商品管理问题日显突出，在收款台等候时间长是一个头痛的问题。在新型的商店中，购物车中的RFID标签会告诉商店管理层有多少购物车出入商店，若商店内使用的购物车数量增加，那么就开放更多的收款台来帮助顾客结账，从而解决上述问题。

阅读资料

巴塞罗那服装店的试衣“魔镜”

西班牙巴塞罗那Roberto Verino服装店安装了一面奇特的名为AdvanMirror的“魔镜”，顾客不需要亲自试衣便可以看到着装效果。

服装店采用的RFID解决方案不仅为顾客提供了“耳目一新”的奇特体验，而且提高了服装的销量。该方案融合RFID技术和多媒体技术两种高科技，使用iPad作为店内销售员的信息接收终端。销售人员通过 iPad 查看顾客的喜好，当顾客在“魔镜”前试衣时为其提供合适的样式。

AdvanMirror 包括四层货架，每层都内嵌有 Keonn 公司提供的名为“AdvanReader”的 RFID 阅读器和天线。该解决方案包括一个摄像头、一块超大的视频触摸屏（呈现顾客的穿衣效果）和一台安装有 Keonn 软件的计算机。

店内每件衣服上都有一张符合 EPC Gen 2 标准的超高频 RFID 标签，标签唯一的编码和对应的三维图存储在 AdvanMirror 软件数据库中。顾客将选中的衣服放到“魔镜”的隔板上，RFID 阅读器获取标签的编码，将编码返回到软件数据库中查询相应的三维图，并将三维图显示在屏幕上。

同时，镜子内嵌摄像头来抓取顾客的影像，然后通过 AITech 软件分析顾客所在位置和动作，将其显示在屏幕上。例如，顾客通常会抬胳膊查看试穿的衬衫袖子是否合适，屏幕中的衣服也会做出相同的动作；顾客转身看背后的效果，屏幕中会根据衣服的 3D 模式显示出衣服的背后样式。此外，该系统还可展示成套服装，例如衬衣配夹克。

此外，顾客不将衣服放到镜子的隔板上，只从屏幕上选择希望试穿的衣服，也可看到同样的效果。在 RFID 阅读器的读取范围内，阅读器可自动读取。

店内售货员通过手持 iPad 与后台基于云的服务器通信，实时查看顾客挑选的服装种类，也可做出合适的推荐。

目前该解决方案只是作为一种先进的辅助工具，并不能取代试衣间。系统为顾客提供有效的信息，帮助顾客判定是否有必要试穿该衣服。系统起到一种过滤的作用，缩小顾客的挑选范围，同时大大减少了销售人员的工作量。

Roberto Verino 服装店在已有 Keonn RFID 系统的基础上，安装 AdvanMirror 系统，并在试衣间的天花板上安装读写天线，获取进入试衣间的服装标签的编码。此外，该服装店在销售点终端（POS）上使用 RFID 阅读器读取每个标签编码，并与 POS 软件连接，同时还有一台阅读器安装在门口的垫子下，起防盗的作用。

小　结

在信息社会，对于各种信息的获取及处理要求快速、准确，在不久的将来，RFID 技术就将同其他识别技术一样进入人们的生活、影响人们的生活。对于这样一个新技术，我们应当加强宣传力度，希望能够尽早普及它、利用它，提高我们的工作效率和经济效益。

本章小结

智能标签技术被称为影响未来的十大 IT 技术之一，它以无线射频方式进行非接触的自动识别和数据传送，将是未来应用前景最广阔的射频识别产品。它改变了企业传统的信息管理方式，其独到之处在于改变企业内部的信息交流方式，把信息服务渗透到了决策和管理的全过程，从而提高了企业对外部市场的竞争能力，发掘了企业内部的业务发展潜力。随着相关制造技术的日益成熟，将进一步减少智能标签技术的应用成本，相关应用软件的不断开发也必将更加有效地提高企业的竞争优势和效益，增强企业的核心竞争能力，并在企业信息化中发挥更大的作用，进一步推动企业经营战略发生质的跃变。

思考与练习

1. 通过本章的学习，你认为射频识别技术在物流管理中与其他技术，如条码技术，相比有哪些优势？

2. 射频识别技术正在走进我们的生活，举例说明它在人们工作生活中的应用，并说明它的优点。

小组模拟仿真

（要求小组讨论，并将活动成果以小组为单位提交电子作业）

利用PPT设计不停车收费管理系统安装示意图

1. 分析问题

1）结合实际，分析在收费路桥口处常出现交通堵塞的原因。
2）规划不停车收费管理系统实现的功能。
3）安装设备。

2. 活动要求

分组讨论，并以PPT的形式设计出示意图。

3. 制作步骤

1）每组将任务分工，分别查询相关的资料。
2）制作不同的图形代表不同的设备。
3）将所搜集的素材整合在一起。

4. 注意事项

示意图尽量合理，符合现实生活的实际情况。

5. 作业展示及点评

考核评分参见下表。

考核评分表

考评小组		被考评小组	
考评地点		考评时间	
考评内容	利用 PPT 设计不停车收费管理系统安装示意图		
考评标准	内容	分值	实际得分
	功能齐全，设计合理	60	
	标志形象，美观大方	30	
	整体内容连贯，素材运用得当	10	
合计		100	

注：满分为 100 分，60～74 分为及格；75～84 分为良好；85～100 分为优秀。

第6章 物流 EDI 技术

在供应链运转过程中，每个供应链成员都要与其贸易伙伴进行通信，交换数据，每天都会产生大量的纸张文件。处理纸张文件的低速度、低效率、差错多、非自动化等问题，严重影响供应链各环节的效率，于是人们设法用一种电子自动化的文件来代替纸张，即按照贸易伙伴间规定的格式，将纸张文件的内容变成电子文件，然后在贸易伙伴的计算机系统之间进行数据交换并自动处理，这就是电子数据交换（electronic data interchange，EDI）的雏形。本章介绍物流 EDI 技术，包括物流 EDI 概述、EDI 系统结构、EDI 与 Internet 及 EDI 在物流行业中的应用。

6.1 物流 EDI 概述

学习目标

1. 了解物流 EDI 的定义
2. 了解 EDI 的构成要素和特点
3. 了解实现 EDI 的环境和条件

学习导入

宝洁，全球最大的日用品制造企业之一；沃尔玛，全球最大的商业零售企业之一。为了深度合作，两者开启了“宝洁-沃尔玛模式”，被业界誉为协同商业流程革命的开端。

这种模式的具体做法是：双方通过 EDI 和卫星通信实现联网，借助于信息系统，宝洁公司能迅速知晓沃尔玛物流中心内的纸尿裤的销售量、库存量、价格等数据，及时制订出符合市场需求的生产和研发计划，并对沃尔玛的库存进行单品管理，做到连续补货，防止滞销商品库存过多或畅销商品断货；而沃尔玛则从原来繁重的物流作业中解放出来，在通过 EDI 从宝洁公司获得信息的基础上，及时决策商品的货架和进货数量，并由 MMI（manufacture managed inventory，制造商管理库存）系统实行自动进货。沃尔玛将物流中心或仓库的管理权交给宝洁公司代为实施，这样沃尔玛不仅不用从事具体的物流活动，而且由于双方不用就每笔交易的条件（如配送、价格问题）等进行谈判，大大缩短了商品从订货、进货、保管、分拣到补货销售的整个业务流程的时间。宝洁与沃尔玛的合作，改变了两家企业的营运模式，有效实现了双赢。

EDI 技术是什么？它由哪些要素构成？

6.1.1 EDI 的概念

EDI 的中文意思是“电子数据交换”，是 20 世纪 80 年代发展起来的、融现代计算机技术和远程通信技术为一体的产物。国际标准化组织（ISO）于 1994 年确认了 EDI 的技术定义：根据商定的交易或电子数据的结构标准实施商业或行政交易，从计算机到计算机的电子数据传输。

认识 EDI

所谓物流 EDI 是指货主、承运业主及其他相关的单位之间，通过 EDI 系统进行物流数据交换，并以此为基础实施物流作业活动的方法。物流 EDI 参与单位有货主（如生产厂家、贸易商、批发商、零售商等）、承运业主（如独立的物流承运企业等）、实际运送货物的交通运输企业（铁路企业、水运企业、航空企业、公路企业等）、协助单位（政府有关部门、金融企业等）和其他的物流相关单位（如仓库业者、专业报送业者等）。

从以上的概念可知，EDI 是一套报文通信工具，它利用计算机的数据处理和通信功能，将交易双方彼此往来的文档（如询价单或订货单等）转成标准格式，并通过网络传输给对方。

6.1.2　EDI 的特点与实现条件

EDI 用于电子计算机之间商业信息的传递，包括日常咨询、计划、采购、到货通知、询价、付款、财务报告等，还用于安全、行政、贸易伙伴、规格、合同、生产分销等信息交换。近年来，EDI 在物流中被广泛应用，被称为物流 EDI。

1. EDI 的特点

1）EDI 的使用对象是具有固定格式的业务信息和具有经常性业务联系的单位。

2）EDI 所传送的资料是一般业务资料，如发票、订单等，而不是指一般性的通知。

3）采用共同标准化的格式。

4）尽量避免人工的介入操作，由收送双方的计算机系统直接传送、交换资料。

2. 物流 EDI 的优势

物流信息由有关公司作业的实时数据组成，包括进口物料流程、生产状态、产品库存、顾客装运及新来的订货等。

图 6.1 为手工条件下贸易单证的传递方式。操作人员首先使用打印机将企业 MIS 的数据库中存放的数据打印出来，形成贸易单证。然后通过邮件或传真的方式发给贸易伙伴。贸易伙伴收到单证后，再由录入人员手工录入到数据库中，以便各个部门共享。

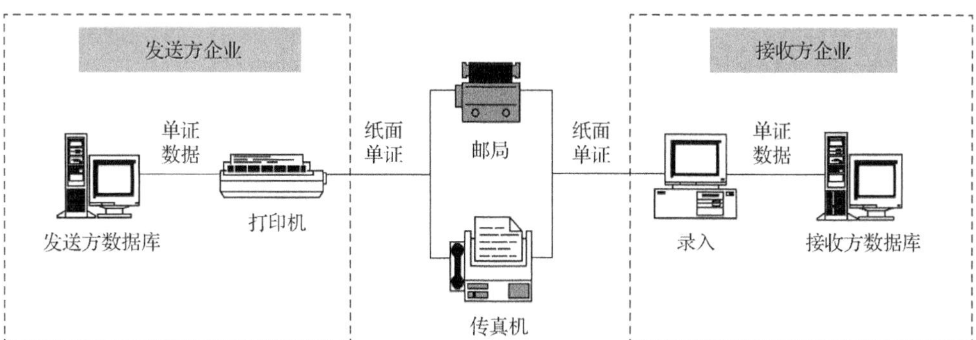

图 6.1　手工条件下贸易单证的传递方式

图 6.2 为 EDI 条件下贸易单证的传递方式，反映的是使用 EDI 的情况。数据库中的数据通过一个翻译器转换成字符型的标准贸易单证，然后通过网络传递到贸易伙伴的计算机中。该计算机再通过翻译器将标准贸易单证转换成本企业内部的数据格式，存入数据库。

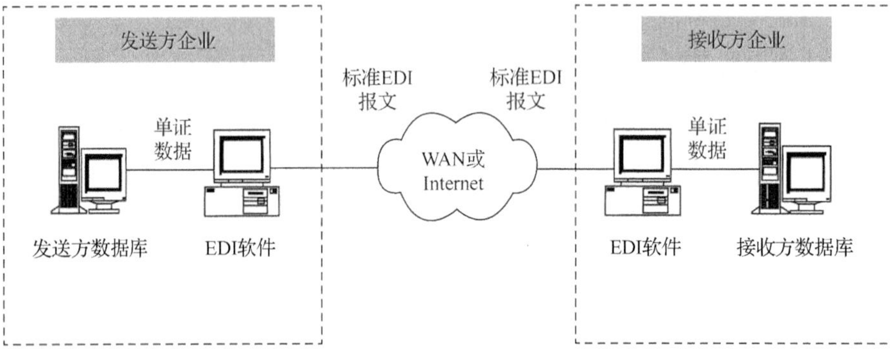

图 6.2　EDI 条件下贸易单证的传递方式

由此不难看出使用 EDI 的好处。总的来说，EDI 效益包括提高客户满意度，提高产品市场竞争力，降低停工待料风险等效益，具体如下。

（1）降低纸张使用成本

使用 EDI 后，直接由计算机与计算机来传送资料，可以大幅度节省文件的纸张、印刷复印、存储及邮寄等费用。据估计，仅此便可以节省成本的 1/4。

（2）提高工作效率

使用 EDI 后，资料传输及处理时间均能大幅度减少，订购及库存成本也可因 EDI 的实效性而降低。

（3）节约库存费用

由于缩短了订货时间，可以提早确定订货量，产品的库存量也可以大大降低。据统计，使用 EDI 后，库存量可以节省 23%。

（4）减少对错误资料的处理工作

未使用 EDI 之前，相同的文件在买卖双方及各部门之间，经常有重复输入工作，而且易发生人为输入错误。为键入文件和修改错误，需耗费相当多的人力与时间。据统计，使用 EDI 后，对资料错误处理的成本可以减少 30%。

（5）节省人力费用

使用 EDI 后，重复输入文件、装订邮寄单据、填写单据内容及文件检查等人力及人事费用可以减少。另外，公司内部的相关工作流程也可以借此进行业务流程重组。

（6）其他效益

可改善与客户之间的关系，改善买卖双方的关系，提高企业竞争力，可迅速获得正确的资料，这些都可为企业带来效益。

3. 实现 EDI 的环境和条件

（1）数据通信网是实现 EDI 的技术基础

为了传递文件，必须有一个覆盖面广、高效安全的数据通信网作为其技术支撑环境。由于 EDI 传输的是具有标准格式的商业或行政有价文件，因此除了要求通信网具有一般的数据传输和交换功能之外，还必须具有格式校验、确认、跟踪、防篡改、防被窃、电子签名、文件归档等一系列安全保密功能，并且当用户间出现法律纠纷时，能够提供法律证据。

（2）计算机应用是实现 EDI 的内部条件

EDI 不是简单地通过计算机网络传送标准数据文件，它还要求对接收和发送的文件进行自动识别和处理。因此，EDI 的用户必须具有完善的计算机处理系统。

从 EDI 的角度看，一个用户的计算机系统可以划分为两大部分：一部分是与 EDI 密切相关的 EDI 子系统，具有报文处理、通信接口等功能；另一部分则是企业内部的计算机信息处理系统，一般称之为电子数据处理（electronic data processing，EDP）。

（3）标准化是实现 EDI 的关键

EDI 是为了实现商业文件、单证的互通和自动处理，这不同于人—机对话方式的交互式处理，是计算机之间的自动应答和自动处理。因此文件结构、格式、语法规则等方面的标准化是实现 EDI 的关键。

（4）EDI 立法是保障 EDI 顺利进行的社会环境

EDI 的使用必将引起贸易方式和行政方式的变革，也必将产生一系列的法律问题。例如，电子单证和电子签名的法律效力问题，发生纠纷时的法律证据和仲裁问题等。因此，为了全面推行 EDI，必须制定相关的法律法规，只有如此，才能为 EDI 的全面使用创造良好的社会环境和法律保障。

然而，制定法律常常是一个漫长的过程，在 EDI 法律正式颁布之前如何处理法律纠纷？国外发达国家的一般做法是，在使用 EDI 之前，EDI 贸易伙伴各方共同签订一个协议，以保证 EDI 的使用。

知识链接

EDI 的安全问题

EDI 与其他通信手段的区别

EDI 与其他通信手段（传真、电报、电子邮件等）的区别如下。

1）EDI 传输的是格式化的标准文件，并具有格式校验功能，而传真、电报、电子邮件等传送的是自由格式的文件。

2）EDI 是实现计算机到计算机的自动传输和自动处理，其对象是计算机系统，而传真、电报和电子邮件等的用户都是人，接收到的报文必须人为干预或人工处理。

3）EDI 对传送的文件具有跟踪、确认、防篡改、防冒领、电子签名等一系列安全保密功能，而传真、电报没有这些功能，电子邮件的安全保密功能比 EDI 的层次低。

4）EDI 文本具有法律效力，而传真和电子邮件则没有。

5）传真目前大多为实时通信，EDI 和电子邮件都是非实时的，具有存储转发功能。

小　结

EDI（电子数据交换）技术是计算机、通信和管理相结合的产物，由于使用 EDI 可以减少甚至消除贸易过程中的纸面文件，因此 EDI 又被人们通俗地称为“无纸贸易”。

6.2　EDI 系统结构

学习目标

1. 掌握 EDI 系统的构成
2. 理解目前 EDI 通信网络的几种方式及各种方式的适用范围
3. 了解 EDI 系统的工作流程
4. 了解物流 EDI 的工作流程

学习导入

2018 年 10 月 15 日起，商务部、海关总署决定对货物进口许可证件申领和通关实行无纸化作业。通关作业无纸化是指海关以企业分类管理和风险分析为基础，按照风险等级对进出口货物实施分类，运用信息化技术改变海关验放凭进出口企业递交书面报关单及随附单证办理通关手续的做法，直接对企业联网申报的报关单及随附单证的电子数据进行无纸审核、验放处理的通关管理模式，其中信息化技术主要指的就是 EDI 系统。通关作业无纸化为企业与海关带来很多好处。通常情况下，使用通关无纸化方式的报关单，企业不必再打印纸质随附单证，减少纸张使用量，推动低碳环保。企业可以直接凭海关放行信息提取或发运货物，海关不再加盖放行章，节省企业来往于海关业务现场和监管场所的人力与时间成本。低风险报关单由海关计算机自动完成所有操作，减少多个作业环节，进一步压缩低风险货物的通关环节和贸易成本、提高通关效率。

你知道 EDI 系统是如何运作的吗？

6.2.1　EDI 系统的构成

EDI 的组成

EDI 系统由 EDI 硬件和软件、EDI 标准化和通信网络构成。EDI 硬件和软件是实现 EDI 的前提条件，EDI 标准化是实现 EDI 的关键，通信网络是 EDI 实现的基础。这 3 个方面相互衔接、相互依存，构成

EDI 的基础框架。

1. EDI 硬件和软件

构成 EDI 系统所需的硬件设备有计算机应用系统、调制解调器及电话线。

(1) 计算机应用系统

PC 机、工作站、小型机、主机都可以作为实施 EDI 的计算机平台。可以选择以下四种不同方式实施 EDI。

1) 只使用一台 PC 机，在 PC 机上运行所有的 EDI 软件，使其实现 EDI 的全部功能。

2) 只使用一台主机或小型机，在主机或小型机上运行所有的 EDI 软件，使其实现 EDI 的全部功能。

3) 将 PC 机作为主机的前端处理器。发送 EDI 报文时，先从主机中取出所需的数据，将这些数据传向 PC 机，再在 PC 机上将这些数据转化成符合 EDI 标准的格式并发送出去。

4) 使用一台中型机平台及专门化的 EDI 软件建立专用的 EDI 系统。专用的 EDI 软件把 EDI 活动和用户自己的计算机应用系统一体化。

(2) 调制解调器

由于使用 EDI 来进行电子数据交换需通过通信网络，目前采用电话网络进行通信是很普遍的方法，因此调制解调器是必备的硬件设备。调制解调器的功能与传输速度，应根据实际需求而选择决定。

(3) 电话线

电话线是最常见的通信线路，如果对传输时效及资料传输量有较高要求，可以考虑租用专线（leased line）。

EDI 软件是在用户计算机系统上实现 EDI 功能的计算机应用程序，这些程序具有模块化和层次化的特点，并提供与用户应用程序的接口，方便用户自己开发与 EDI 相关的嵌入和集成应用程序，同时也可以实现与计算机系统中其他业务功能的应用程序集成。

EDI 软件的主要作用是将用户数据库系统中的信息，翻译成 EDI 的标准格式以供传输交换。由于不同行业的企业根据自身业务特点来规定数据库的信息格式，因此当需要发送 EDI 报文时，需要将从企业专业数据库中提取的信息，翻译成 EDI 的标准格式才能进行传输。

EDI 软件主要包括转换软件（mapper）、翻译软件（translator）和通信软件。

① EDI 转换软件的作用是帮助用户将原有的计算机系统的文件信息，转换成翻译软件能够理解的平面文件，或是将从翻译软件接收到的平面文件，转换成用户计算机系统中的文件。

② 翻译软件将平面文件翻译成 EDI 的标准格式，或将接收到的 EDI 标准格式翻译成平面文件。翻译软件可以说是 EDI 软件的核心。

③ 通信软件是将通过翻译软件翻译的标准格式的 EDI 文件外层加上通信信封（envelope），再传送到 EDI 系统交换中心的邮箱（mailbox）中，或由 EDI 交换中心将接

收到的 EDI 格式文件从信箱中取出。

2. EDI 标准化

在整个 EDI 发展的进程中，“标准”扮演了非常重要的角色。可以这样说，如果没有 EDI 标准，也就没有 EDI 蓬勃发展的今天。EDI 标准的不断发展，又带动着 EDI 进入更高的应用阶段。

用 EDI 方式交换数据时，是利用现有的计算机及通信网络，按照统一规定的一套通用标准格式，将数据格式化后，以报文为载体，再在报文上加通信信封，通过通信网络在参与方的计算机系统之间传输。

在 EDI 交换中，报文相当于文章，段如同文章的章节，复合数据元是词组，数据元和代码则如单字，它们通过语法规则、报文设计指南与规则组合在一起，叙述不同目的的业务内容。

EDI 标准体系包括 EDI 综合标准、EDI 管理和规则类标准、EDI 单证标准、EDI 报文标准、EDI 代码标准、EDI 相关标准和其他标准等。

3. 通信网络

EDI 传输的是电子数据，替代纸面单证的邮政投递过程的是电子通信网络。如果是通过电话线路传输信息，需要使用调制解调器。对传输时效及资料传输量有较高要求时，可以组建自己的网络并租用电信专线，也可采用互联网的方式。

目前 EDI 的通信方式主要有以下几种（图 6.3）。

（1）点对点方式

点对点方式适用于贸易量较少、贸易方不多的情况。双方都通过安装在各自计算机系统上的 EDI 软件进行 EDI 文件处理，并以点对点的方式向对方计算机系统传输 EDI 文件。这种方式具有较强的地理位置灵活性，但不提供信息的缓冲处理，要求双方在通信往来时进行即时数据交换。

（2）一点对多点方式

一点对多点方式适用于较大企业的分支机构与总部联系的结构，在小范围内总部通过计算机系统与各分支机构的计算机系统进行 EDI 文件处理和传输。数据传输将以总部为中心，进行各分支机构的数据集中处理，从而便于了解各分支机构的状况，使企业即时做出反应。

（3）多点对多点方式

多点对多点方式适用于企业与贸易伙伴间的通信，常与一点对多点方式结合使用。双向的信息传递增加了信息的反馈。

（4）增值网络方式

随着贸易伙伴的增多，当多家企业直接利用计算机通信时，会出现由于通信协议不同或工作时间不易配合等问题，造成极大的不协调。为此许多 EDI 用户逐渐采用第三方网络与贸易伙伴通信，借助于第三方的设备进行不间断的信息传输，这种第三方网络就称为增值网络（value added network，VAN）。

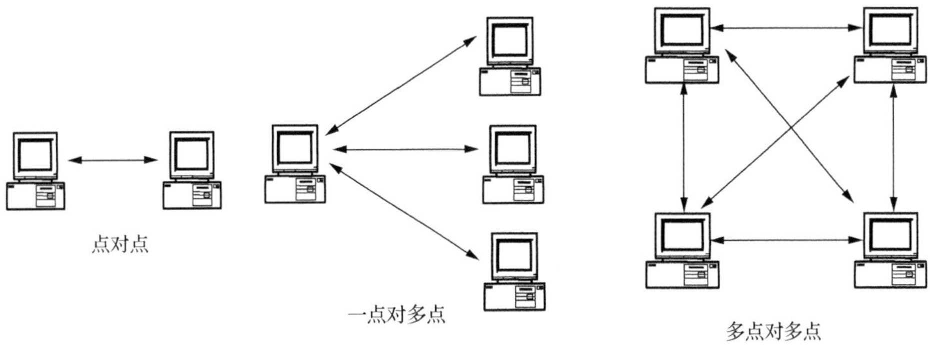

（a）方式一：直接连接

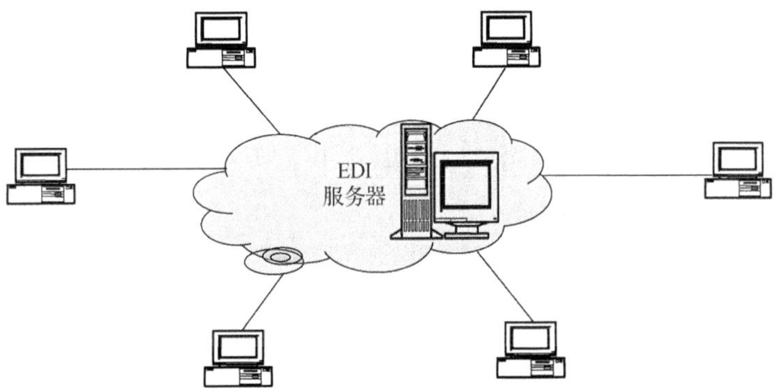

（b）方式二：增值网络

图 6.3　通信网络

EDI 的通信机制是信箱间信息的存储和转发，通信双方申请各自的信箱，双方的通信过程就是把文件发送到对方的信箱中，或者从自己的信箱中取出对方投递过来的文件。增值网络在 EDI 中，就好像通信双方的一个邮局。增值网络为通信双方提供单独的 EDI 信箱，维护发送和安全管制等服务，并为用户提供极大的信息缓冲能力。用户通过增值网络传送 EDI 文件时，可以大幅度降低企业双方相互传送资料的复杂程度和困难，保证信息的有效存储和可靠传递，大大地提高了 EDI 的效率。

知识链接

VAN 简介

VAN 不是一种新型的通信网络，而是在现有通信网络的基础上，增加 EDI 服务功能的计算机网络。VAN 适用的通信网络包括：分组交换数据网、电话交换网、数字数据网、综合业务数字网、卫星数据网和移动数据通信网等。

VAN是目前普遍采用的EDI应用模式，它可以使不同的计算机之间实现数据传输、数据文件转移及远程数据库的访问等，克服了“点对点”应用方式的弊端。

6.2.2 EDI的工作流程

EDI的工作流程如图6.4所示。

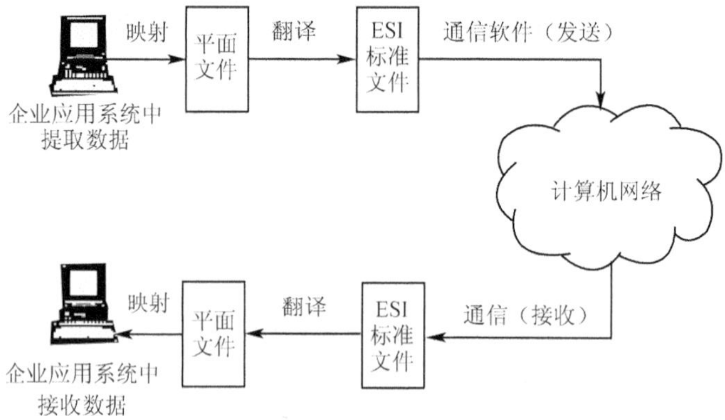

图6.4 EDI的工作流程

具体步骤如下：

1）发送方将要发送的数据从信息系统数据库中提取出来，转换成平面文件（亦称中间文件）。

2）将平面文件翻译成标准的EDI报文，并组成EDI信件。

3）将EDI信件通过通信网络传送。

4）接收方的EDI信箱收取信件。

5）将EDI信件拆开并翻译成为平面文件。

6）将平面文件转换并送到接收方信息系统中进行处理。

说明：由于EDI服务方式不同，平面转换和EDI翻译可在不同位置（用户端、EDI增值中心或其他网络服务点）进行，但基本步骤相同。

物流EDI广泛应用于物流行业，其具体工作流程如下：

1）发送货物业主在接到订货后制订货物运送计划，并把运送货物的清单、运送时间安排等信息通过EDI发送给物流运输业主和接收货物业主，以便物流运输业主预先制订车辆调配计划，接收货物业主制订货物接收计划。

2）发送货物业主根据客户的订货要求和货物运送计划下达发货指令、分拣配货，打印出物流条码的货物标签并贴在货物包装箱上，同时把运送货物的品种、数量、包装等信息通过EDI发送给物流运输业主和接收货物业主，以便他们以此为依据请示下达车辆调配指令。

3）物流运输业主从发送货物业主处取运货物时，利用车载扫描读数仪读取货物标签上的物流条码，并与先前收到的货物运输数据进行核对，确认运送货物。

4）物流运输业主在物流中心对货物进行整理、集装、列出送货清单并通过 EDI 向接收货物业主发送发货信息。在货物运送的同时进行货物跟踪管理，并在货物交给接收货物业主后，通过 EDI 向发送货物业主发送完成运送业务信息和运费请示信息。

5）接收货物业主在收货时，利用扫描读数仪读取货物标签上的物流条码，并与先前收到的货物运输数据进行核对，确认后开出收货发票，货物入库。同时，接收货物业主通过 EDI 向物流运输业主和发送货物业主发送收货确认信息。

小　结

EDI 是现代计算机技术与网络通信技术相结合的产物。它的主要目标是要以最少的人力介入，实现贸易循环，尤其是重复交换中的文件的自动处理，从而减少事务处理，提高管理效率和昂贵的管理费用。

6.3　EDI 与 Internet

学习目标

1. 了解 Internet 对 EDI 的影响
2. 了解基于 Internet 的 EDI 的几种方式及其工作流程

学习导入

物流公司小李了解了 EDI 系统的工作流程，但是，无论是建立专有线路，还是租用增值网络，对于小李公司这样的中小型物流公司来说，成本是很大的一个问题，而且，在传输数据方面，这两种通信方式似乎也有诸多的限制，那么，是不是有更好的选择呢？

6.3.1　VAN 及 Internet 的基本概述

VAN 是目前普遍采用的 EDI 应用模式，但这种传统的 VAN 本身存在很大缺陷。如贸易伙伴可能选择了不同的 VAN，但 VAN 之间可能会因为竞争等原因而不愿意互联。同时传统的 VAN 本身有一个致命的问题，即它只实现计算机网络的下层，相当于 OSI 参考模型的下三层，而 EDI 往往发生在不同计算机的应用软件之间，EDI 软件与 VAN 的联系相比之下比较松散，效率低。

VAN 的中心业务只不过是把信息从一个地方传送到另一个地方，仅能进行数据交换，所以，单纯的 EDI 是远远不够的，必须制作带有多媒体信息的电子样本，只有这样才能使贸易伙伴获得生动的商品信息。对于 VAN 来说，进行多媒体信息的传输和处理，无论是从技术方面，还是从成本方面都几乎是不可能的。

Internet 的应用模式正好满足了 EDI 的这种发展趋势，并大有取代 VAN 之趋势。Internet 是世界上最大的计算机网络，它对 EDI 的影响可概括为如下几点。

1）Internet 是全球网络结构，可以大大扩大参与交易的范围。

2）一般地讲，通过私有网络和传统的增值网络（VAN）建立全球的 EDI 系统，只有那些列入“Fortune1000”的大型企业才具备条件。但通过 Internet，中小企业也能方便地建立自己的全球 EDI 系统，而费用却很少。

3）Internet 为数据交换提供了许多简单而且易于实现的方法，用户可以使用 Web 页面完成交易。

4）互联网服务提供商提供了多种服务方式，这些服务方式过去都必须从传统的 VAN 那里购买，费用很高。

6.3.2 基于 Internet 的 EDI 实施框架

基于 Internet 的 EDI（Internet EDI）主要有三种基本形式，即使用 E-mail 进行的 EDI、使用 Web 进行的 EDI、使用 FTP 进行的 EDI，其实现框架如图 6.5 所示。

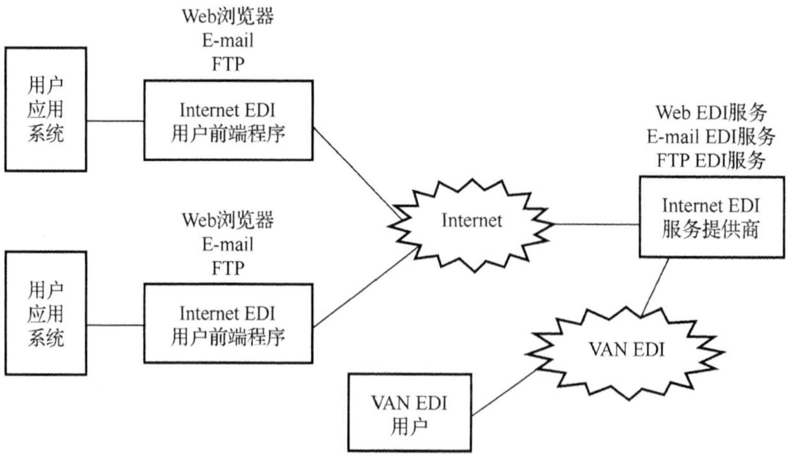

图 6.5 基于 Internet 的 EDI 实施框架

1. 使用 E-mail 进行的 EDI

Internet Mail 最早把 EDI 带入 Internet，用 ISP 代替了传统 EDI 以来的 VAN，解决了信道的廉价问题。通过使用 Internet 上的 E-mail 功能来实现报文数据交换的最大好处就是不需要与广域网直接挂钩，用户只需要通过电话拨号就可以在网上收发电子邮件。但是这种方式也有其局限性，这是由于简单邮件传输协议（simple mail transfer protocol，SMTP）有如下缺点。

1）保密性：E-mail 在 Internet 上传送明文。

2）不可抵赖性：E-mail 很容易被伪造，并且发送者可以否认自己是 E-mail 的作者。

3）确认交付：SMTP 不能保证正确交付了 E-mail，无法知道是否丢失了。

2. 使用 Web 进行的 EDI

Web EDI 方式被认为是目前 Internet EDI 中最好的方式。Web EDI 的目标是允许中小企业只需通过浏览器和 Internet 连接去执行 EDI 交换。Web 是 EDI 消息的接口，一般情况下，其中一个参与者一般是较大的公司，针对每个 EDI 信息开发或购买相应的 Web 表单，改造成适合自己的数据格式要求，然后把它们放在 Web 站点上，此时，表单就成为 EDI 系统的接口。另一个参与者一般为较小的公司，登录到 Web 站点上，选择他们所感兴趣的表单，然后填写它，将结果提交给 Web 服务器后，通过服务器端程序进行合法性检查，把它变成通常的 EDI 消息，此后消息处理就与传统的 EDI 消息处理一样了。很明显，这种解决方案对中小企业来说是负担得起的，只需一个浏览器和 Internet 连接就可完成，EDI 软件和映射的费用则花在服务器端。Web EDI 方式对现有企业应用系统只需做很小改动，就可以方便快速地扩展成为 EDI 系统应用。

3. 使用 FTP 进行的 EDI

使用 FTP 进行 EDI 与使用 E-mail 进行 EDI 的过程相似，只是报文传输采用 FTP 方式进行。

6.3.3 Internet EDI 系统的工作步骤和说明

1. 使用 E-mail 进行 EDI 的过程

在使用 E-mail 进行 EDI 时，用户通过应用程序接口从其电子数据处理系统（electronic data processing systems，EDPS）或管理信息系统（MIS）中获取所要的数据，并经 Internet EDI 用户前端程序处理后形成标准 EDI 格式的报文后，再经过加密处理后交由 E-mail 客户端程序发往提供 Internet E-mail EDI 服务的 EDI 服务商，Internet EDI 服务提供商接收到用户发送的报文后，将它转发给接收方的 E-mail 邮箱。

接收报文时，用户从自己的 E-mail 邮箱中收取报文，经解密后还原成标准的 EDI 报文，再通过翻译程序将标准 EDI 报文翻译成用户平面文件，并根据用户需求与用户数据库相连接。

2. 使用 Web 进行 EDI 的过程

当用户希望发送报文时，利用浏览器直接浏览 Web EDI 服务提供商的 Web 页面，根据 Web 页面的指示选择需要的电子表格，填写表格后提交。Web 提供商的服务器收到提交的内容后，对提交的内容进行检查，看是否符合 EDI 报文的各项规定，若符合则将提交内容转换为标准 EDI 格式的文本，作为电子邮件发送给指定的接收方，同时给提交方反馈正常的提交信息；若不符合规定，则将不符合规定的地方指出，并反馈给提交方修改。

接收时，用户使用浏览器进入 Web EDI 提供商的页面，并提供用户标识和密码，Web EDI 提供商的服务器接收到用户信息后，对用户身份进行检查，看其是否为授权的用户，检查通过后，Web 服务器检查该用户的电子邮箱，若有信件，则经翻译后，以 Web 页面的形式返回给用户浏览，并记录用户的使用情况。

6.3.4 Internet EDI 系统的注意事项

应用 Internet EDI 系统应注意以下事项。

1）Internet EDI 系统所要求的安全性问题。

2）Internet EDI 系统所要求的标准化问题。

3）Internet EDI 系统所涉及的法律问题。

小 结

Internet 和 EDI 的联系，为 EDI 的发展带来了生机，基于 Internet 的 EDI(Internet EDI) 成为新一代的 EDI，前景诱人。虽然有些用户对 Internet 上的安全性有一些疑虑，但目前已经可以通过加密技术使用户更安全地在公用网络上传输自己的私有数据。因此，将来 Internet EDI 会被广泛使用。

6.4 EDI 在物流行业中的应用

学习目标

1. 了解企业应用 EDI 的不同目的
2. 了解不同类型企业应用 EDI 的工作流程

学习导入

京东是我国领先的综合型电商企业，也是全球前 10 大互联网公司之一。早在 2012 年 9 月，京东商城在手机采购签约仪式上便向外界透露了两大数据掘金“神器”：基于供应商开放平台的 EDI 系统，以及数据营销平台系统。京东商城在扩充平台功能的同时，也向合作伙伴发出打造 EDI 系统的呼吁，并表示 EDI 系统可以给合作伙伴带来更大的价值。2015 年，京东已与美的在供应链方面实现电子数据交换的深度协同。基于 EDI 技术，双方实现数据有效及时共享，构建了从计划到预测、补货等多个流程的全面协同。美的能够实时了解在京东平台的销售和库存数据，从而提高商品预测能力和计划准确性，降低库存率和缺货风险。目前，京东已与达能、联合利华、李宁、良品铺子、网易严选等几百个品牌企业进行供应链协同。EDI 技术在物流行业的应用还有哪些呢？

6.4.1 工作环节的定义和地位

中国加入了世贸组织，国内物资流通企业既面临前所未有的机遇，也面临残酷的市场竞争和挑战。在这样的大环境下，要想更好地与国际市场接轨，增强企业的国内、国际竞争力，实现企业的信息化管理是企业走向大市场、大流通的必由之路。

国内的许多物资流通企业也认识到了这个问题，部分企业已组建或正筹建企业内部的信息系统。除此之外，还应该考虑的另一个问题是企业的信息系统如何与合作伙伴的信息系统，或者与国内、国际的其他相关企业的信息系统很好地连接，最大限度地增强企业的生存能力。按照国际物流企业发展的规律，应该采用 EDI 技术。

6.4.2　知识储备

企业应用 EDI 有三种不同的目的。目的不同，EDI 的功能、所需的人力、时间与成本也不一样，如表 6.1 所示。

表 6.1　EDI 的应用方式

目的	数据传输	改善作业	企业再造
功能	维持订单 减少人工输入 减少错误	与业务系统集成 缩短作业时间 及早发现错误 提高传输可靠性	提高竞争力
参与人员	作业人员	业务主管	决策主管
初期成本	小	较小	
引入时间	1 个月	2～4 个月	1 年
条件	计算机	管理信息系统	管理信息系统

6.4.3　工作流程图

物流公司交易流程，如图 6.6 所示。

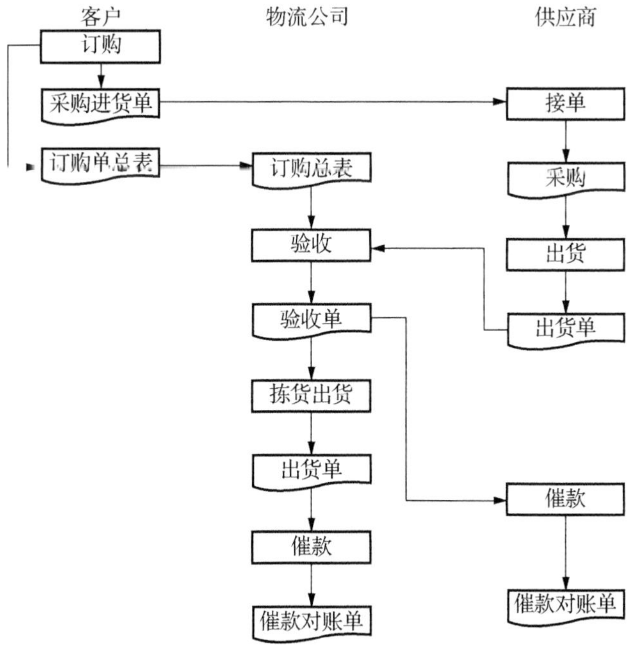

图 6.6　物流公司交易流程

6.4.4 工作步骤和说明

1. 物流公司的 EDI 应用

1）如果配送中心引入 EDI 是为了传输数据，则可以以低成本完成出货单的接收。

2）如果希望引入 EDI 改善作业流程，可依次引入各单证，并与企业内部信息系统集成，逐步改善接单、配送、催款的作业流程。

① 引入出货单。对物流公司来说，出货单是客户发出的出货指示。物流公司引入 EDI 出货单后，出货单可与自己的拣货系统集成，生成拣货单，这样就可以加快内部作业速度，缩短配货时间。在出货完成后，可将出货结果用 EDI 通知客户，使客户及时了解出货情况，也可尽快处理缺货情况。

② 引入催款对账单。对于每月的出货配送业务，物流公司可引入 EDI 催款对账单，同时开发对账系统，并与 EDI 出货配送系统集成来生产对账单，从而减轻财务部门每月的对账工作量，降低对账的错误率，以及业务部门的催款人力。

3）除数据传输及改善作业流程外，企业可以以 EDI 为工具进行企业再造。

2. 运输商的 EDI 应用

1）企业若为数据传输而引入 EDI，可选择低成本方式。可先引入托运单，接收托运人传来的 EDI 托运单报文，将其转换成企业内部的托运单格式。

2）若引入 EDI 是为改善作业流程，可逐步引入各项单证，且与企业内部信息系统集成，逐步改善托运、收货、送货、回报、对账、收款等作业流程。

运输商的交易流程，如图 6.7 所示。

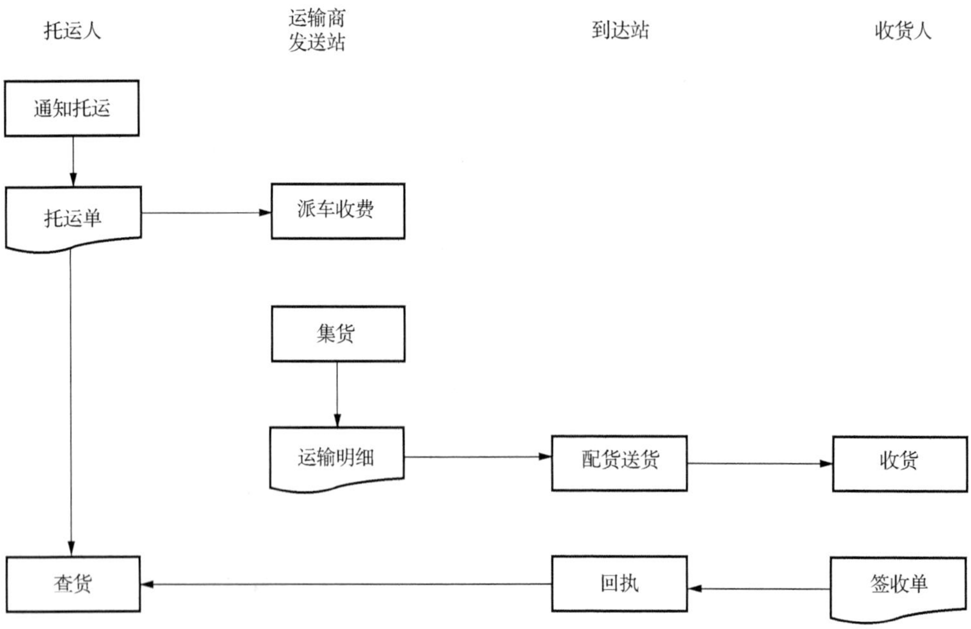

图 6.7 运输商的交易流程

运输商应用 EDI 的优点有以下几个方面。

① 托运收货作业事先获知托运货物的详情，可调配车辆前往收货。托运人传来的 EDI 托运数据可与发送系统集成，自动生产发送明细表。

② 送货回报作业托运数据可与送货的回报作业集成，将送货结果及早回报给托运人，提高客户服务质量。此外对已完成送货的交易，也可回报运费，供客户提前核对。

③ 对账作业可用回报作业通知每笔托运交易的运费，同时运用 EDI 催款对账单向客户催款。

④ 收款作业对托运量大且频繁的托运客户，可与其建立 EDI 转账作业，通过银行进行 EDI 转账。

6.4.5 注意事项

物流企业在建立 EDI 技术系统时，应根据自己企业的规模和特点及内外部环境来决定采用哪种 EDI 技术通信方式和如何得到 EDI 技术软、硬件。

EDI 的应用

阅读资料

EDI 在物流行业中的应用

EDI 最初是美国企业应用在企业间订货业务活动上的电子数据交换系统，其后 EDI 的应用范围从订货业务向其他业务扩展，如 POS 销售信息传送业务、库存管理业务、发货送货信息和支付信息的传递业务等。

所谓物流 EDI 是指供货方、物流公司及需求方通过 EDI 系统进行物流数据交换，并以此为基础实施物流作业活动的办法。

由于使用 EDI 可减少甚至消除贸易过程中的纸面文件，因此 EDI 又被人们称为“无纸交易”。总之，EDI 是商业伙伴之间将按照标准、协议规范和格式化的经济信息通过电子数据网络，在商业贸易伙伴的计算机系统之间进行自动交换和处理的全过程。

物流供应链解决方案分为运输管理和仓储管理两部分。

1. 运输管理

物流运输 EDI 的运作过程如下。

1）供货方在接收到订货后，制订货物配送计划，并把货物清单及运输时间等信息通过 EDI 系统发送给物流公司和需求方，以便物流公司预先制订车辆调配计划，需求方制订货物接收计划。

2）供货方根据需求方订货要求和货物运送计划下达发货指令，分拣配货，将物流条码标签贴在货物包装箱上，同时把运送货物品种、数量、包装等信息通过 EDI 系统发送给物流公司和需求方。

3）物流公司从供货方处取运货物时，利用车载扫描读数仪读取货物标签的物流条码，核实与先前送到的货物运输数据是否一致，以确认运送货物。

4）物流公司对货物进行整理、集装、制作送货清单并通过 EDI 系统向需求方发送发货信息，在货物运抵接收方后，物流公司通过 EDI 系统向供货方发送运送业务信息和运费请示信息。

5）需求方在货物到达时，利用扫描读数仪读取货物标签的物流条码，并与先前收到的货物运输数据进行核对确认，开出收货发票，货物入库，同时通过 EDI 系统向物流公司和供货方发送收货确认信息。

图 6.8 展示了物流公司通过 EDI 系统向供货方实时反馈货物运输过程中的信息流。

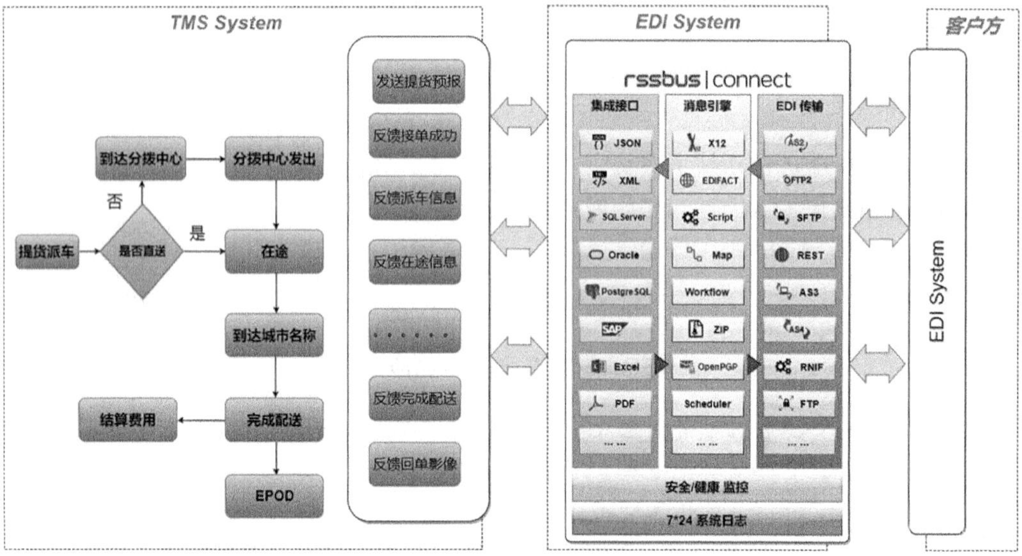

图 6.8　物流系统中的 EDI

2. 仓储管理

供应商管理库存（vender managed inventory，VMI）仓库业务流程如下。

1）需求方发送长期需求给供货方生产排程（每月）。

2）供货方按需生产，完成交货。

3）需求方发送短期订单给 VMI 仓库（每日）。

4）VMI 仓库根据订单及时发货。

VMI 仓库、需求方、供货方的关系如图 6.9 所示。

EDI 数据中心共享信息给三方：需求方、供货方、VMI 仓库的 WMS，做到数据实时共享，最大限度地提高数据传输速率，从而达到减少库存的目的。WMS、需求方、供货方的关系如图 6.10 所示。

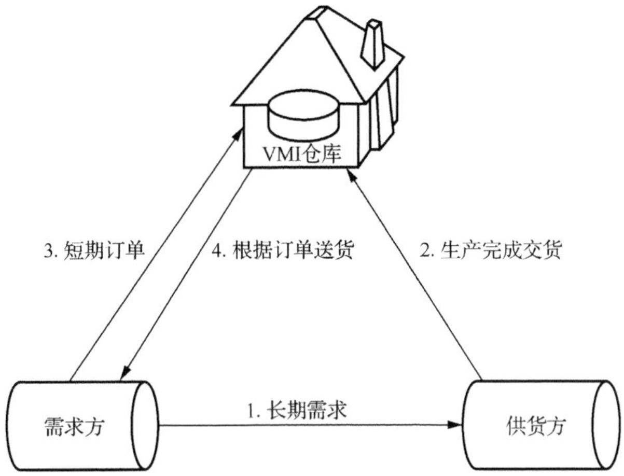

图 6.9　VMI 仓库、需求方、供货方的关系

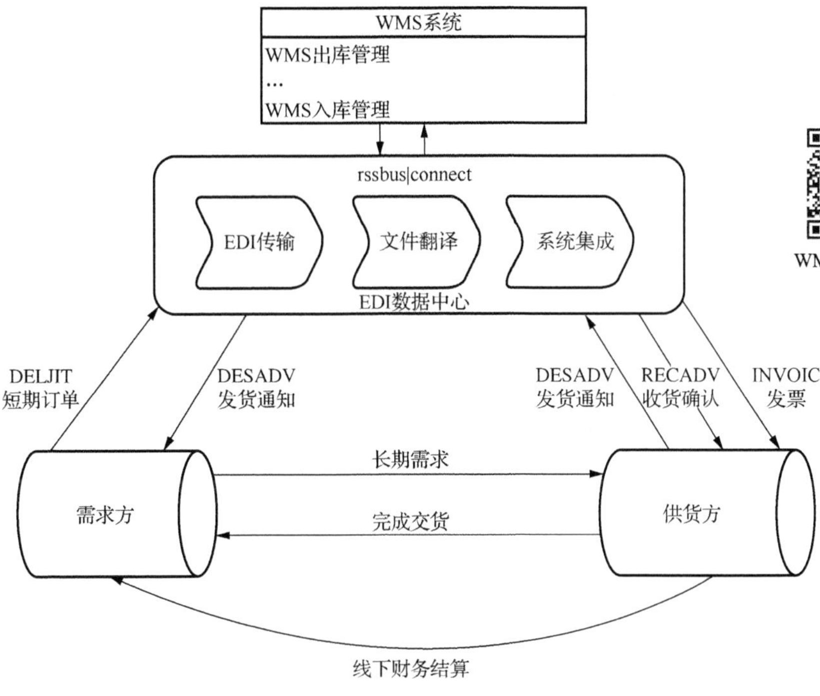

WMS 收货流程

图 6.10　WMS、需求方、供货方的关系

仓库管理系统

（1）需求方与供货方

1）需求方发送长期需求给供货方。

2）供货方按需生产，安排交货到 VMI 仓库。

3）产品运达后，上传交货信息。

（2）需求方与物流 EDI

1）需求方发送 DELJIT（delivery just in time，短期订单）到物流 EDI 数据中心。

2）物流 EDI 数据中心将 DELJIT（短期订单）业务数据同步到 WMS。

3）WMS 分析需求方订单，生成出库计划；仓库人员根据出库计划，安排发货。

4）EDI 数据中心将 DESADV（despatch advice，发货通知）提供给需求方。

（3）供货方与物流 EDI

1）供货方按订单完成生产后，发送 DESADV（发货通知）到物流 EDI 数据中心。

2）物流 EDI 数据中心将数据同步到 WMS。

3）VMI 仓库人员结合 WMS 提供的数据，进行收货确认。

4）物流 EDI 数据中心返回 RECADV（receiving advice，收货确认）给供货方。

5）物流 EDI 数据中心提供 INVOIC（invoice，发票）给供货方，进行费用结算。

综上，建立物流 EDI 数据中心，对运输管理和仓储管理可带来以下好处。

1）实现了物流作业的集约化。需求方为了降低成本和减少库存，只在必要的时间、按必要的数量、采购必要的商品，这就使物流运输出现多频率、小批量配送的趋势。物流 EDI 系统掌握了更多及时的信息，从而可以在配送中更加集约化。

2）为仓储部减少库存，甚至为实现“零库存”创造了条件。仓储部最大的负担就是库存较多，建立 EDI 系统后，各供应商按照采购要求通过运输工具送到物流仓储部，为实现“零库存”创造条件。

（资料来源：https://blog.csdn.net/weixin_44067596/article/details/86134027）

小　结

物流 EDI 的推广应用是一项极为复杂的系统工程，其中涉及的影响因素非常多，因此，EDI 的推广应用应该立足于系统的、社会的观点，不应仅仅局限于某一影响因素的解决。

本章小结

电子数据交换是指按照统一规定的一套通用标准格式，将标准的经济信息通过通信网络传输，在贸易伙伴的计算机系统之间进行数据交换和自动处理。由于使用 EDI 能有效地减少直到最终消除贸易过程中的纸面单证，因而 EDI 也被俗称为“无纸交易”。它是一种利用计算机进行商务处理的新方法。EDI 是将贸易、运输、保险、银行和海关等行业的信息，用一种国际公认的标准格式，通过计算机通信网络，使各有关部门、公司与企业之间进行数据交换与处理，并完成以贸易为中心的全部业务过程。

思考与练习

1．如果你是 6.3 节学习导入中的小李，你将如何解决企业当前所面临的问题？

2．如果你是一家增值网络（VAN）服务提供商，你是否有信心说服小李采用增值网络（VAN）方式的 EDI 系统？为什么？

3．如果你是小李，在组建 EDI 网络时，会采用哪种通信网络？为什么？

4．假设小李的公司是一家运输企业，请你画出该企业的 EDI 工作流程图。

小组模拟仿真

（要求小组讨论，并将活动成果以小组为单位提交电子作业）

EDI 系统引入流程图

1．分析问题

1）根据公司实际情况，分析公司物流系统存在的问题，即采用新系统要解决的问题。

2）根据公司实际情况，分析引入 EDI 系统的可行性和具体的实施细则。

3）如何解决由于引入 EDI 系统所产生的新问题，如 EDI 系统的维护、工作人员的培训等。

2．活动要求

分组讨论，并以 PPT 的形式设计系统引入流程图。

3．操作步骤

1）以小组为单位选择任务分工，分头查找所需资料。

2）合作讨论，用较为统一的形式设计流程图。

3）将各环节整合，形成设计流程图。

4．注意事项

1）流程图简单易懂。

2）结合公司实际，注重性能价格比。

5．作业展示及点评

考核评分参见下表。

考核评分表

考评小组		被考评小组	
考评地点		考评时间	
考评内容	EDI 系统引入流程图		
考评标准	内容	分值	实际得分
	分析问题合理	30	
	流程设计合理	60	
	整体内容连贯，素材运用得当	10	
合计		100	

注：满分为 100 分，60～74 分为及格；75～84 分为良好；85～100 分为优秀。

第7章 定位与导航技术

在物流成本管理中，物流运输成本占整个物流成本相当大的比重，如何有效降低物流运输成本对物流管理具有十分重要的经济意义。GPS 与北斗导航技术在物流行业的普及和应用，明显地提高了物流运输的效率和质量，降低了运输成本，大大提高了行业的竞争力，对现代物流产生积极的影响。为了更好地应用定位与导航技术，非常有必要对 GPS 与北斗导航技术的原理、组成、应用等进行全面和系统的了解。

7.1 GPS 简介

学习目标

1. 了解 GPS 的基本组成
2. 了解 GPS 的基本功能
3. 了解 GPS 的基本应用

学习导入

“掌上公交”是我们常用的一款手机软件，它为我们乘坐公交车提供了很多便利。当我们到某个陌生的地方不知道该怎么坐公交车时，就可以通过定位自己的位置，获得经过这些站牌的所有公交车信息；当我们等某个线路的公交车时，可以查询这个线路上所有公交车的具体位置，甚至可以设置公交车快到站前的手机提醒，从而实时掌握公交车的动态。这些便捷服务，都依赖于强大的 GPS 系统的定位功能。

GPS 及其工作原理到底是怎么回事呢？

7.1.1 什么是 GPS

认识 GPS

GPS 是 global positioning system 的英文缩写，中文名是“全球定位系统”。GPS 是全方位的卫星导航与定位系统。GPS 卫星的发射画面如图 7.1 所示。

图 7.1 GPS 卫星的发射画面

GPS 最初是美国为满足军方对海、陆、空设施进行高精度导航和定位需要而建立的，可满足位于全球任何地方或近地空间的军事用户连续精确地确定三维位置、运动及时间的需要，是一个中距离圆形轨道卫星导航系统，可以为地球表面 98%的地区提供准确的定位、测速和高精度的时间标准，图 7.2 所示为 GPS 的军事应用。

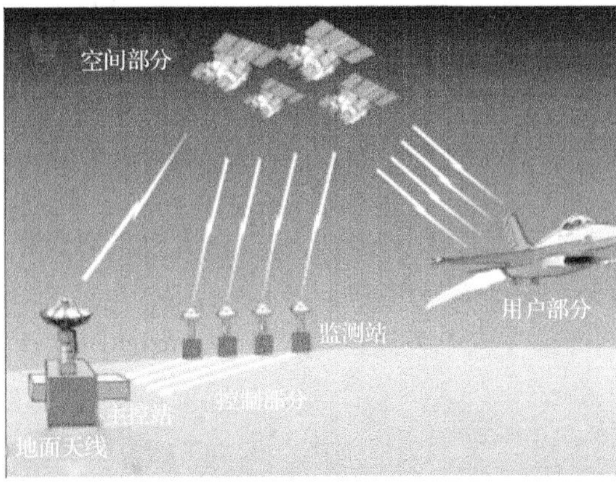

图 7.2 GPS 的军事应用

GPS 从根本上解决了人类导航和定位问题，在军事和工农业等领域得到了广泛的应用，给导航和定位技术带来了巨大的变化。

7.1.2 GPS 的基本组成

GPS 包括三大部分：空间星座部分——GPS 卫星星座；地面控制部分——地面监控系统；用户设备部分——GPS 信号接收机。

1. GPS 卫星星座

GPS 卫星星座是由分布在两万多公里高空的 21 颗工作卫星和 3 颗在轨备用卫星组成，记作（21+3）GPS 星座，GPS 卫星如图 7.3 所示。

24 颗卫星均匀分布在六个轨道平面内，轨道倾角为 55°，各个轨道平面的夹角为 60°，如图 7.4 所示。

GPS 的组成

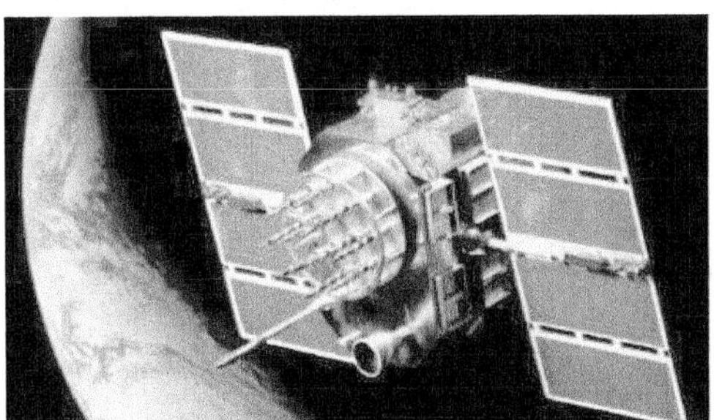

图 7.3 位于轨道中的 GPS 卫星

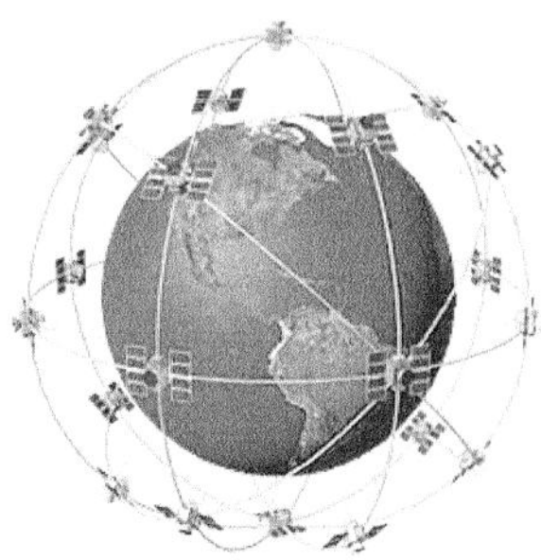

图 7.4 GPS 卫星分布

每颗 GPS 工作卫星都会发出用于导航定位的信号，GPS 用户正是利用这些信号来进行工作的。卫星发射两种波段的信号：L1 和 L2。L1 的频率是 1575.42MHz，L2 的频率是 1227.60MHz。

在用 GPS 信号导航定位时，为了计算三维坐标，必须观测最少 4 颗卫星，才能迅速确定用户在地球上所处的位置及海拔高度，这 4 颗卫星组成定位星座。这 4 颗卫星在观测过程中的几何位置分布对定位精度有一定的影响。收到的卫星信号越多，位置就越精确。

GPS 卫星的作用主要有以下几点。

1）不断发送导航定位信号（GPS 信号），并用导航电文报告自己的位置和其他卫星的位置。

2）当 GPS 卫星飞越注入站上空时，接收地面注入站的导航电文和其他相关信号，并通过 GPS 信号，实时地发送给广大用户。

3）接收地面主控站通过注入站发送的调度命令，如实时地改正运行偏差，或者启用备用时钟等。

2. 地面监控系统

GPS 卫星的地面监控系统包括一个主控站、三个注入站和五个监测站。

主控站位于美国科罗拉多（Colorado）的福尔肯（Falcon）空军基地。主控站的作用是根据各监控站的 GPS 观测数据，计算出卫星的星历和改正卫星时钟的参数等，并将这些数据通过注入站注入卫星中。同时它还对卫星进行控制，向卫星发布指令，当工作卫星出现故障时调度备用卫星替代失效的工作卫星工作。主控站也具有监测站的功能。

注入站有三个，分别位于阿森松岛（Ascension）、迪戈加西亚（Diego Garcia）、夸贾林（Kwajalein）。注入站的作用是将卫星星历和卫星钟的改正数等注入卫星中。

监测站有五个，除主控站外，其他四个分别位于夏威夷（Hawaii）、阿森松岛、迪戈加西亚、夸贾林。监测站的作用是接收卫星信号、监测卫星的工作状态。

对于导航定位来说，GPS 卫星是一个动态已知点，卫星的位置是依据卫星发射的星历算得。每颗 GPS 卫星所播发的星历，是由地面监控系统提供的。卫星上的各种设备是否正常工作，以及卫星是否一直沿着预定轨道运行，都要由地面设备进行监测和控制。地面监控系统另一个重要作用是保持每颗卫星处于同一时间标准——GPS 时间系统。这就需要监测站监测每颗卫星的时间，求出时钟差，然后由注入站发给卫星，卫星再由导航电文发给用户设备。

知识链接

星历是 GPS 卫星发射的电磁波中描述卫星运动和轨道的参数。

3. GPS 信号接收机

GPS 的用户部分由 GPS 信号接收机、数据处理软件及相应的用户设备（如计算机）

等组成。GPS 信号接收机的作用是接收 GPS 卫星所发出的信号，利用这些信号进行导航定位等工作。用户使用 GPS 信号接收机接收 GPS 卫星信号不需要支付任何费用，GPS 信号接收机的价格比较低。

GPS 卫星发送两种编码：粗捕获码（C/A 码）和精码（P 码）。前者是民用的，后者只限于美军使用。C/A 码的误差是 29.3m 到 2.93m，一般的 GPS 接收机利用 C/A 码计算定位。P 码的误差为 2.93m 到 0.293m，是 C/A 码的 1/10。P 码上进行了防电子欺骗技术信号处理。

这些码在两种不同的频率上发射：L1 波段以 1575.42MHz 发射 C/A 和 P 码；而 L2 波段只以 1227.60MHz 发射 P 码。

GPS 信号接收机无论何时何地都可以同时接收到最少四颗 GPS 卫星发送的空间轨道信息。接收机通过计算接收到的每颗卫星的定位信息，就可以确定该接收机的位置，从而提供高精度的三维定位导航。

GPS 信号接收机的种类很多，按照信号的用途可分为导航型、测地型和守时型 3 种；按照应用场合可分为袖珍型、背负型、车载型、船用型、机载型、弹载型和星载型 7 种。

GPS 信号接收机的结构分为天线单元和接收单元两大部分。对于测地型接收机来说，两个单元一般分成两个独立的部件，观测时将天线单元安置在测站上，接收单元置于测站附近的适当地方，用电缆线或无线电将两者连接成一个整机。也有的将天线单元和接收单元制作成一个整体，观测时将其安置在测站点上，如图 7.5 所示。

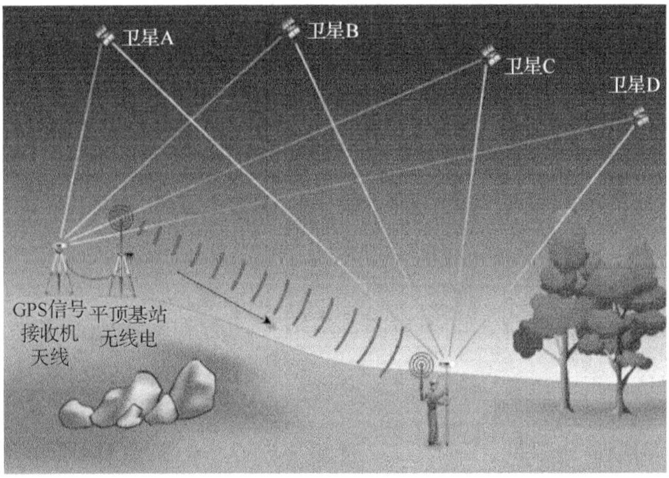

图 7.5 测地型接收机工作示意

GPS 信号接收机一般用蓄电池做电源，同时采用内外两种直流电源。设置机内电池的目的在于更换外电池时不中断连续观测。在用机外电池的过程中，机内电池自动充电。关机后，机内电池为 RAM 存储器供电，以防止丢失数据。近几年，国内引进了多种类型的 GPS 测地型接收机。GPS 信号接收机现在体积越来越小，重量越来越轻，便于野外观测。

常见 GPS 信号接收机如图 7.6 所示。

图 7.6 常见 GPS 信号接收机

7.1.3 GPS 的基本原理

GPS 导航系统的基本原理是测量出已知位置的卫星到用户接收机之间的距离，然后综合多颗卫星的数据就可知道接收机的具体位置。因此 GPS 定位需要具备两个重要条件：确知卫星的准确位置和准确测定卫星至地球上所在地点的距离。

卫星的位置可以根据星载时钟所记录的时间在卫星星历中查出。GPS 卫星作用之一就是不断地发射导航电文。

知道卫星发射的信号到地面的距离，就能准确知道卫星的距离：距离=速度×时间。GPS 信号接收机计算出卫星信号的间隔，乘上电磁波的速度就是准确的距离。但是其中涉及重要问题：卫星时间和 GPS 时间要同步，GPS 系统在每颗卫星上装有十分精密的原子钟，并由监测站经常进行校准。卫星发送导航信息，同时也发送精确的时间信息。星载时钟的精确度越高，定位精度也越高。卫星上的时钟采用铯原子钟或铷原子钟，计划未来用氢原子钟，精度将更高。所以，GPS 信号接收机除了能准确定位之外，还可产生精确的时间信息。

当用户接收到导航电文时，取出卫星时间与自己的时钟对比后，可知道卫星与用户的距离，再利用导航电文中的卫星星历算出卫星发射电文时所处位置，便可知道用户在 WGS-84 大地坐标系中的位置、速度等信息。

知识链接

GPS 工作原理

世界大地坐标系 WGS-84 是目前 GPS 所采用的坐标系统，GPS 所发布的星历参数和历书参数等都是基于此坐标系统的。WGS-84 坐标系统的全称是 World Geodical System-84（世界大地坐标系-84），它是一个地心地固坐标系统。WGS-84 坐标系统由美国国防部制图局建立。

WGS-84 坐标系的坐标原点位于地球的质心，Z 轴指向 BIH 1984.0 定义的协议地球极方向，X 轴指向 BIH 1984.0 的起始子午面和赤道的交点，Y 轴与 X 轴和 Z 轴构成右手系。

7.1.4 GPS 的定位方式

GPS 定位采用空间被动式测量，在监测站上安置 GPS 用户接收系统，以多种方式接收 GPS 卫星发送的各类信号，由计算机求解站星关系和监测站的三维坐标。

GPS 技术按照待测点的状态分为静态定位和动态定位两大类。

静态定位时，GPS 信号接收机位置固定不变，接收机高精度地测量 GPS 信号的传播时间，利用 GPS 卫星在轨位置，解算出接收机天线所在位置的三维坐标。GPS 在大地测量、精密工程测量、地球动力学及地震监测等领域中应用广泛，如图 7.7 所示。

图 7.7 GPS 的应用

动态定位则是用 GPS 信号接收机测定一个运动物体的运行轨迹。GPS 信号接收机所在的运动物体称为载体（如航行中的船舰，空中的飞机，行走的车辆等）。载体上的 GPS 信号接收机天线在跟踪 GPS 卫星的过程中相对地球运动，接收机用 GPS 信号实时测得运动载体的状态参数（瞬间三维位置和三维速度）。

动态定位多采用差分 GPS 定位。差分技术是为了提高民用 GPS 的精度而发展的一种技术，称为差分全球定位系统（differential GPS，DGPS），即利用附近的已知参考坐标点来修正 GPS 的误差。再把这个即时误差值加入本身坐标运算的考虑，便可获得更精确的值。

差分 GPS 定位时，在两个测站对一个目标的观测量或一个测站对一个目标的两次观测量之间进行求差。其目的在于消除公共项，包括公共误差和公共参数。

随着 GPS 技术的发展和完善，以及应用领域的进一步开拓，人们越来越重视差分 GPS 技术。使用一台 GPS 基准接收机和一台用户接收机，利用实时处理技术，就可以使用户测量时消去公共的误差源——电离层和对流层效应，并能将卫星钟误差和星历误差消除，因此发展差分 GPS 技术就显得越来越重要。

差分 GPS 定位原理，如图 7.8 所示。

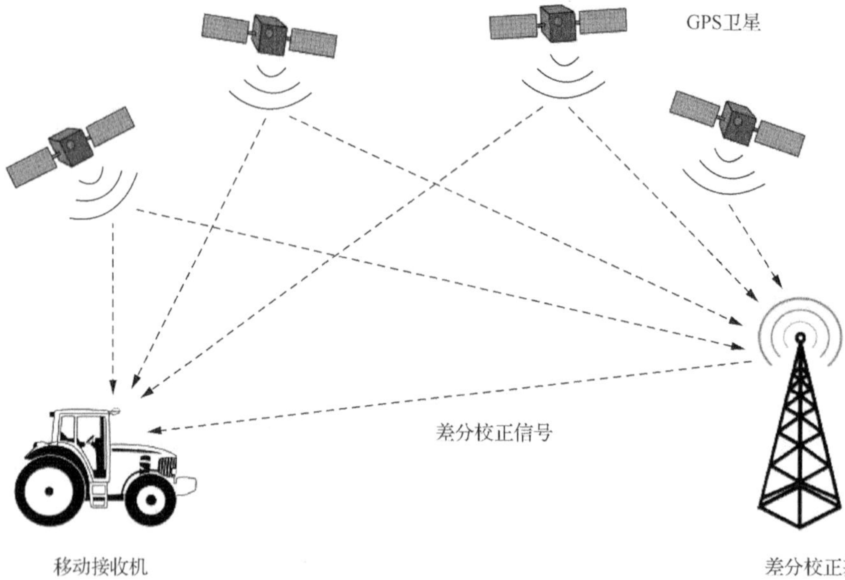

图 7.8　差分 GPS 定位原理

静态定位的精度一般在几厘米范围内，动态定位的精度一般在几米范围内。对 GPS 信号的处理从时间上划分为实时处理和后处理。实时处理就是一边接收卫星信号一边进行计算，来获得目前所处的位置、速度及时间等信息；后处理是指把卫星信号记录在存储介质上，以后再进行集中数据处理。

静态定位多采用后处理，动态定位则采用实时处理。

7.1.5　GPS 的特点

GPS 具有以下六大特点：

1）全天候，不受任何天气的影响。

2）全球覆盖（高达 98%）。

3）定位精度高，单机定位精度优于 10m，差分定位精度可达厘米级和毫米级。

4）快速、省时、高效率。

5）应用广泛、多功能。

6）可移动定位。

小　结

GPS 是美国研制开发的全球定位系统，GPS 系统包括三大部分：空间部分（GPS 卫星星座）、地面控制部分（地面监控系统）、用户设备部分（GPS 信号接收机）。

GPS 最初为军用设计，后来开发了民用信号，现已经在非军事领域得到广泛应用，用户使用 GPS 是免费的。

7.2 GPS 应用

学习目标

1. 了解 GPS 和 GIS 的关系
2. 了解车载 GPS 的基本组成和功能
3. 了解网络 GPS 监控系统的基本组成

学习导入

在陌生的城市，我们经常使用手机导航，通过 GPS 定位自己所处位置，并且按照导航指示，选择所在位置和目的地之间的最佳路线。

有趣的是，欧洲的航空公司易捷航空，设计了一款名为 Sneakairs 的智能鞋子原型，这款鞋子通过振动让穿戴者感知方向，穿戴者通过 App 来设定位置，从而计算路线，App 则通过 GPS 来追踪穿戴者的位置。App 在后台运行，一旦目的地设定好，穿戴者可以将手机放在口袋中，然后系统自动检测穿戴者何时靠近十字路口，并将振动发到适当的脚上，以纠正方向。

这种通过振动来导航的鞋子，未来可能在帮助残障人士或小朋友们进行位置导航时应用，同时对于在陌生城市中方向感差的人也会有很大帮助。

你知道 GPS 还有哪些应用吗？

7.2.1 GPS 应用概述

GPS 广泛应用于交通运输、水利、农业、铁路、地震监测、通信产业、民用航空、测绘和制图、大气科研、城市规划等许多领域，交通运输是当前 GPS 的最大应用领域。

GPS 导航定位具有精度高、全天候、高效率、多功能、操作简便、使用广泛等显著特点，因而在海、陆、空移动物体的导航、导弹制导、大地测量和工程测量的精密定位、时间传递和运动体的速度测量方面都得到了广泛的应用。GPS 的应用已日益普及，有人预言 GPS 将改变人们的生活方式，GPS 的应用已经形成了一个产业。

在实际应用中，GPS 和 GIS（地理信息系统）是紧紧结合在一起、密不可分的。GIS 和 GPS 关系是：通过 GPS 可以获得任意接收点的坐标数据，同时还可以测时、测速。对于 GIS 来说，GPS 提供了一种重要的获取空间数据的方法，这些数据是 GIS 的重要数据源，GPS 大大地拓展了 GIS 的应用领域和应用方式。对 GPS 来说，GIS 是一种重要的空间数据处理、集成和应用系统。GIS 和 GPS 密不可分，常写成 GIS/GPS，二者共同开创和深化更多的应用。

7.2.2 车载 GPS

随着中国汽车工业的发展，汽车电子市场正逐渐发展成熟，GPS 车辆跟踪系统和导航系统的应用也迅速普及，国内的一些汽车厂家都有在豪华轿车或普通轿车上将 GPS 导航系统作为标准配置的打算或实践，如图 7.9 所示。

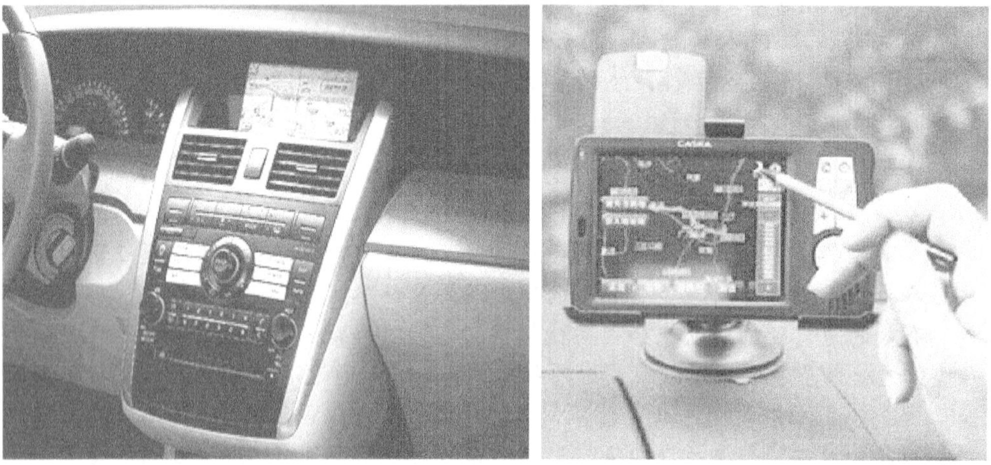

图 7.9 轿车中的 GPS

1. 车载 GPS 系统终端的构成

目前的车载 GPS 系统终端通常由 GPS 模块、无线通信模块、报警控制模块、语音控制模块、显示模块和车载 PC 等几个部分组成，如图 7.10 所示。

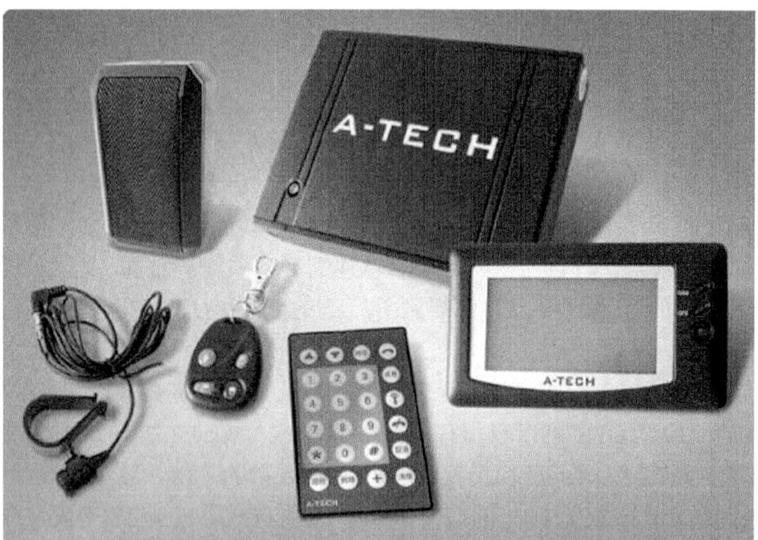

图 7.10 车载 GPS 系统终端

（1）GPS 模块

安装到车辆上的小型装置，是 GPS 车载单元的一部分，用来接收卫星所传递的信息。

（2）无线通信模块

通常采用车载无线电话、电台或移动数据终端（mobile data terminal，MDT）来完成信息交互功能。

（3）报警控制模块

向监控中心网络发出报警讯号，通报车辆异常信息。

（4）语音控制模块

完成声音控制及服务等功能。

（5）显示模块

用来显示位置路况等视频图像信息，可选用液晶显示器（liquid crystal display，LCD）或阴极射线显像管（cathode ray tube，CRT）显示器。

（6）车载 PC

整合处理各功能模块，配合相应的软件完成指定功能，如进行数据处理，计算出所在位置的经度、纬度、海拔、速度和时间等。由于使用环境的特殊性，作为系统核心的车载 PC 必须体积小、集成度高、功耗低、处理能力强、操作简单便捷。目前车载 PC 较多地使用嵌入式操作系统，如 Windows CE 和嵌入式 Linux 等。

车载 GPS 应用系统一般分为两大类：车辆跟踪系统和车辆导航系统。它们在功能上截然不同，车辆跟踪系统是用于车辆的防盗，车辆导航系统则是用于车辆的自主导航。

由于“只接收信号，不发射信号”是 GPS 是接收系统的一大特点，所以用于防盗的 GPS 跟踪系统就要借助通信网络及配套的 GPS 车载防盗仪，提供收取使用费用的解决方案。车载导航仪是通过接收卫星信号，配合电子地图数据，适时掌握自己的方位与目的地，不收取任何使用费用，用户可以根据自己的需要有选择地使用电子地图。

2. GPS 导航系统的功能

（1）导航功能

使用者在车载 GPS 导航系统上任意标注两点后，导航系统便会自动根据当前的位置，为车主规划最佳路线。另外，它还有修改功能，假如用户因为不小心错过路口，没有走 GPS 导航系统推荐的最佳线路，车辆位置偏离最佳线路轨迹 200m 以上，车载 GPS 导航系统会根据车辆所处的新位置，重新为用户设计一条路线。

（2）转向语音提示功能

车辆只要遇到前方路口或转弯，车载 GPS 语音系统就会提示用户转向，这样可以避免车主走弯路。它能够提供全程语音提示，驾车者无须观察显示界面就能实现导航的全过程，使得行车更加安全舒适。

（3）增加兴趣点功能

遇到一些电子地图上没有的目标点时，任何人只要感兴趣或认为有必要，都可将该点或新路线增加到地图上。这些新增的兴趣点，与地图上原有的任何点一样，均可用电子地图查阅。

（4）定位

GPS 通过接收卫星信号，可以准确地定位出其所在的位置，位置误差小于 10m。如果 GPS 自带地图，就可以在地图上标记出来所在位置。同时，GPS 还可以取代传统的指南针显示方向，取代传统的高度计显示海拔等信息。

（5）测速

通过 GPS 对卫星信号的接收计算，可以测算出行驶的具体速度，比一般的里程表准确很多。

（6）显示航迹

如果去一个陌生的地方，去的时候有人带路，返程时没人带怎么办？不用担心，GPS 带有航迹记录功能，可以记录用户车辆行驶经过的路线，甚至能显示两个车道的区别。用户返程时可以启动它的返程功能，就可以顺着来时的路线顺利回家。

7.2.3 GPS 在物流中的应用

在物流运输业，作为提供物流运输服务手段的运输工具——卡车、火车、船舶、飞机等在处于移动分散状态时，在管理方面会遇到许多困难。我国车辆运营的空载率仍然很高，重要原因之一就是物流企业无法准确知道运行车辆的具体位置，而且无法与司机随时随地保持联系，不能为其组织货源和灵活配货。同时，司机只能凭个人经验确定路线，有时不能找到最佳路径，不仅延误时机而且增加运行成本，司机的一些个人行为也无法监控。另外，实际客户也不能及时了解货物配送过程的情况，不能和物流企业协调配合。网络 GPS 监控系统的应用可以改变这些状况。

GPS 在物流领域的典型应用

物流企业的网络 GPS 监控系统是将地理信息系统（GIS）、全球定位系统（GPS）、无线通信（WAP）与互联网技术（Web）集成应用一体。

物流企业通过无线通信、GIS/GPS 能够精确实时监控运输车辆的位置，根据道路交通状况向移动目标发出实时调度指令，再辅以车辆路线模型、最短路径模型、网络物流模型、分配集合模型和设施定位模型等，使物流变得实时并且成本最低。再通过 Internet 让企业内部人员和客户访问，从而把整个企业的操作业务变得透明，为业务协同打下基础。

1. 网络 GPS 监控系统结构原理

GPS 车辆监控系统由三部分组成，即定位部分、无线通信部分和监控中心（可包括几个监控分中心）。

定位部分主要用来确定移动目标的位置，无线通信部分实现通信，传送信息。监控中心则为用户提供各种监控服务。整个系统的结构如图 7.11 所示。

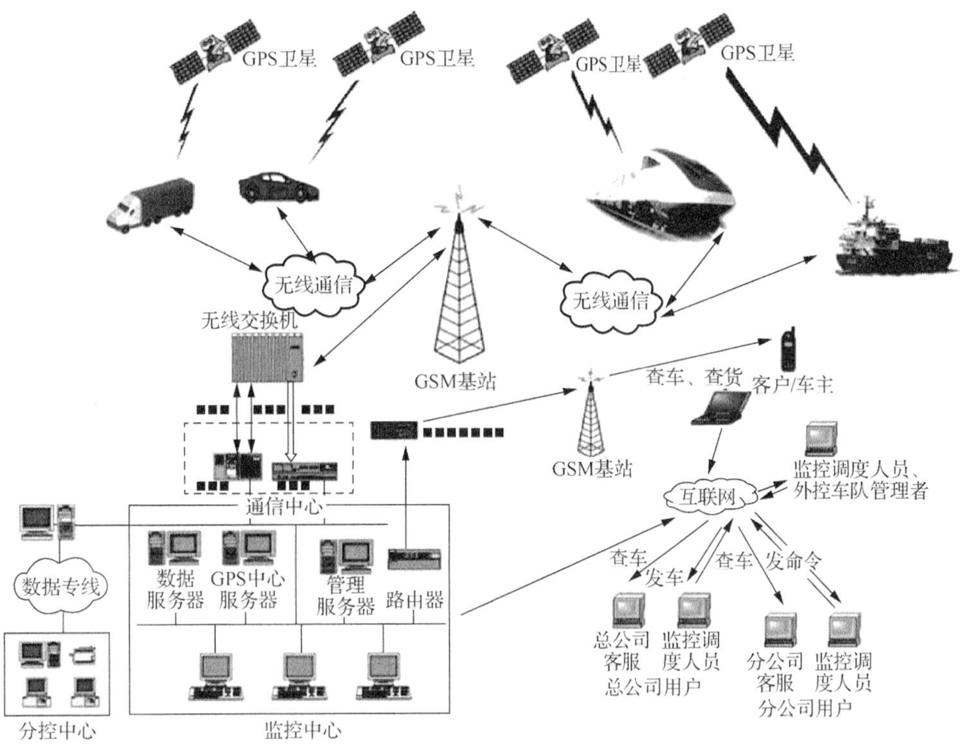

图 7.11 GPS 车辆监控系统拓扑结构

（1）定位部分

车载中 GPS 信号接收机接收 GPS 卫星信号，实行自主定位，如果系统有差分功能，也进行差分修正，再经过无线通信网将信息发往监控中心，同时接收由监控中心发出的各种监控信息。

（2）无线通信部分

无线通信部分是由中国移动、中国联通、中国电信等公众无线网络，实现移动目标（车、船等）与监控中心间的信息传输、客户和车主与监控中心间的手机短信联系等。

（3）监控中心

监控中心包括各类功能服务器、应用终端和软件、监控设备、报警装置、数据库等。监控中心接收各个移动目标（车、船等）发出的全部信息，同时将收到的各个移动目标发来的信息送往电子地图或数据库存储。监控中心有地理信息系统（GIS）服务器，电子地图可以准确地显示车辆的实时位置。地图本身可以任意放大、缩小、还原、切换、打开多个窗口分别跟踪不同的车辆。对车辆的位置、速度、方位、状态进行监控，为用户提供位置查询、电子地图服务、车辆管理、信息提供等多种服务。

监控中心可下设分控中心，分控中心是为了实行分级管理而建立的，同样可以根据总监控中心的授权对不同类型的车辆实行管理和数据处理。

在整个系统中，监控部分是最主要的。网络 GPS 监控中心是基于 Internet 的、B/S

结构的、开放的 GPS 监控平台，由专业信息公司负责建设和拥有，物流企业不必独自建设自己的 GPS 监控中心，这样可以大大降低成本。物流企业交纳一定的费用后得到一个用户 ID，成为监控中心的用户。在物流企业的网页上，输入用户 ID 和密码，登录到监控中心的服务器上，就可以实现对本企业车辆的监控和管理。客户和车主可以通过 Internet 上网查货、查车，也可以通过无线通信网的手机短信服务在手机上获得货物和车辆情况。

2. 网络 GPS 监控系统功能

（1）实时查询车辆的位置和行驶数据

对于所查询车辆的选择可以按单车、部分（分组）或全部车辆进行，选中车辆的实时位置和行驶数据将向管理中心报告。位置信息包含经纬度值，行驶状态包括时间、速度、方向、设备故障信息等。这样，货物的销售单位随时掌握货物的运程状况，从而保障货物能够及时、安全地到达购货单位的手中。有了网络 GPS 监控系统，购货单位也能够及时准确地掌握货物到达的时间，从而保证了货物的进一步销售或使用，避免了由于货物到达时间的延误而造成不必要的经济损失。

（2）定时方式监控车辆位置

管理中心可按单车、部分（分组）或全部车辆选择，要求车载终端按照定时方式连续上报车辆的实时位置，实现在途车辆连续实时监控功能。

利用网络 GPS 监控系统不仅可以传输车辆的位置，同时还可以传输其他指令和消息，这样可以降低货物销售单位的管理费用（无须再打长途电话），也可以降低货物承运单位的管理费用。

（3）轨迹上传及回放

车载终端存储的轨迹记录可以由管理中心通过无线方式按照时间段提取后存储于监控中心，轨迹点可以在监控中心电子地图上回放，以重现车辆的行驶过程。

（4）紧急报警功能

车载终端设备可配置紧急报警开关（手动或脚踏），在紧急情况下，如遇劫、求助时使用，当驾驶员按下按钮后，车载终端会马上执行向监控中心报警的动作。监控中心接到报警后，立即以声音和文字的形式通知值班人员，并配合电子地图上的位置为值班人员提供及时完整的报警处理流程。这样，运输公司管理层能够及时帮助司机处理意外情况，从而保障人和货物的安全。

（5）语音监听

在一些特殊情况，如劫警发生后，可由车载终端主动向指定号码的固定或移动电话上拨号，使得监控中心可以监听车内情况。

（6）遥控断油/断电

车载终端配备断油/断电装置，管理中心在确认警情发生或其他特殊情况下，可以向车载终端发送断油/断电指令，车载终端在接收到指令后，将执行断油/断电的动作。

（7）配合信息显示的文字信息交换

车载终端外接的中文液晶显示屏可与监控中心之间实现车辆电招、调度、文字信息收发等功能。

（8）越界/超速报警

由监控中心发送速度的上限值到车载终端，并由车载终端保存该设置，在行驶过程中若车辆实际行驶速度超出速度上限值，立即向监控中心上报超速报警。监控中心亦可发送活动区域的属性数据到车载终端，并由车载终端保存该设置，在行驶过程中若车辆不在活动区域内，则立即向监控中心上报越界报警。

（9）车载电话

车载终端配备有通话手柄和免提通话装置，使用者可以通过手动拨号和接听方式使用电话功能，亦可通过免提方式自动接听来电，免提通话方式为驾驶员在驾驶过程中通话提供便利。

（10）车载黑匣子

车载终端设备可按要求的间隔存储车辆的位置及状态信息，存储的间隔可以由监控中心通过无线方式动态设定。所存储的信息可通过无线方式传输到监控中心。

（11）营运数据实时回传

车载单元可以与计价器连接，在针对出租或长途车的应用中实时采集营运数据，营运数据可以通过无线方式传输至监控中心，监控中心存储营运数据。

（12）出租车电招

车载终端根据车辆的营运信息及时报告车辆的载客或空运情况，当有电招需求时，监控中心根据电招发生的区域，结合电子地图查找区域内的空车，并向所有空车发送电招需求信息，车载中文显示屏将显示电招需求信息，由驾驶员通过中文显示屏上的特定按钮以抢答方式发送电招确认信息。监控中心将对接收到的抢答信息按照时间先后顺序排序，指定最早发送电招确认的车辆到招车地点。

（13）监控中心提供对车辆、驾驶员等信息的录入、查询、编辑功能

用户可按单车或分类查询方式进行查询，也可以组合查询条件进行查询。

（14）监控中心提供对营运数据的查询功能

用户可按单车或分类查询方式，结合时间段、车队、车型等查询条件进行查询。

（15）统计报表功能

用户可按照实际业务需求，将驾驶员、车队或所有车辆按天、周、月、年生成营运统计报表、营运分析报表和营运状况分析图表。该功能可提高货物承运单位的管理水平，从而提高承运商的市场竞争能力。

随着人们的重视和技术的进步，地理信息系统、全球定位系统、无线通信与互联网技术在物流信息技术上的应用，在国内正逐渐走向成熟。这将有助于创建透明的物流企业，减少物流黑洞，提高国内物流企业的竞争力。

知识链接

全球四大卫星定位系统

1. 中国北斗卫星导航系统（BeiDou navigation satellite system，BDS）

全球四大卫星定位系统

北斗卫星导航系统是中国自主建设、独立运行，并与世界其他卫星导航系统兼容共用的全球卫星导航系统。北斗卫星导航系统可在全球范围内全天候、全天时为各类用户提供高精度、高可靠性的定位、导航、授时服务，并兼短报文通信能力。

2. 美国全球定位系统（GPS）

GPS 是美国为军事应用而建立的。GPS 利用导航卫星进行测时和测距，具有在海、陆、空全方位实时三维导航与定位能力。它是继阿波罗登月计划、航天飞机后的美国第三大航天工程。如今，GPS 已经成为当今世界上最实用，也是应用最广泛的全球精密导航、指挥和调度系统。

3. 俄罗斯格洛纳斯卫星导航系统（global navigation satellite system，GNSS）

格洛纳斯卫星导航系统是苏联从 20 世纪 80 年代初开始建设的，与美国 GPS 相类似的卫星定位系统，覆盖全部地球表面和近地空间，由卫星星座、地面监测控制站和用户设备三部分组成。俄罗斯自称，多功能的 GNSS 定位精度可达 1m，速度误差仅为 15cm/s。

4. 欧盟伽利略卫星导航系统（galileo satellite navigation system，GSNS）

总投资达 35 亿欧元的伽利略卫星导航系统是欧洲自主的、独立的民用全球卫星导航系统，提供高精度、高可靠性的定位服务，实现完全非军方控制、可以进行覆盖全球的导航和定位功能。作为全球卫星导航定位系统，GSNS 的应用范围非常广泛，涉及大地测量和地球动力学服务，以及公路、铁路、航空、农业、海事、工程建设、能源等领域。

小　结

GPS 具有精度高、全天候、高效率、多功能、操作简便、使用广泛等显著特点，因此广泛应用于交通运输、水利、农业、地震监测、通信产业、测绘和制图、大气科研、城市规划等许多领域。物流企业有效运用网络 GPS 监控系统，可以实现实时物流，并能降低成本，大大增强企业竞争力。

7.3　北斗系统简介

学习目标

1. 了解北斗系统的基本组成
2. 了解北斗系统的基本功能
3. 了解北斗系统的基本应用

学习导入

物流公司的李师傅是位老司机了，驾龄已有 20 多年，最后却发现开车越来越离不开导航了：道路车辆越来越多，路况越来越复杂，道路拥堵情况随时变化……现在，有了导航辅助，有了液晶显示器的影像指示，还有悦耳动听的语音提示，开车省心多了，也不容易发生交通事故。

7.3.1　北斗系统的概念

中国北斗卫星导航系统（BDS）（以下简称北斗系统）是中国自主研制的全球卫星导航系统，也是继 GPS、GNSS 之后的第三个成熟的卫星导航系统。北斗卫星导航系统（BDS）和美国 GPS、俄罗斯格洛纳斯卫星导航系统、欧盟伽利略卫星导航系统，是联合国卫星导航委员会已认定的供应商。北斗卫星导航系统图标如图 7.12 所示。

图 7.12　北斗卫星导航系统图标

中国高度重视北斗系统建设发展，自 20 世纪 80 年代开始探索适合国情的卫星导航系统发展道路以来，形成了“三步走”发展战略：2000 年年底，建成北斗一号系统，向中国提供服务；2012 年年底，建成北斗二号系统，向亚太地区提供服务；计划 2020 年前后，建成北斗三号系统，向全球提供服务。2035 年前，将以北斗系统为核心，建设完善更加泛在、更加融合、更加智能的国家综合定位导航授时（positioning、navigation、timing——PNT）体系。

2018 年年底，北斗三号系统基本建成并提供全球服务，包括“一带一路”国家和地区在内的世界各地均可享受到北斗系统服务。2020 年 6 月，中国成功发射北斗三号最后一颗组网卫星，至此，北斗三号系统全面建成。

北斗卫星导航系统是中国着眼于国家安全和经济社会发展需要，自主建设、独立运行的卫星导航系统，是为全球用户提供全天候、全天时、高精度的定位、导航和授时服务的国家重要空间基础设施。北斗系统示意图如图 7.13 所示。

图 7.13 北斗系统示意

7.3.2 北斗系统的基本组成

北斗系统由空间段、地面段和用户段三部分组成（图 7.14）。空间段由若干地球静止轨道卫星、倾斜地球同步轨道卫星和中圆地球轨道卫星组成。地面段包括主控站、时间同步/注入站和监测站等若干地面站，以及星间链路运行管理设施。用户段包括北斗及兼容其他卫星导航系统的芯片、模块、天线等基础产品，以及终端设备、应用系统与应用服务等。

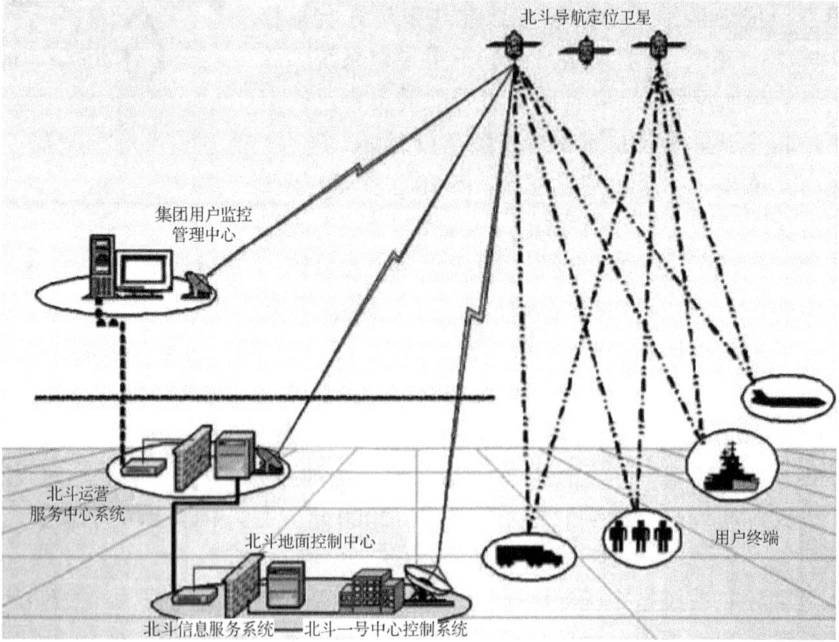

图 7.14 北斗卫星导航系统组成

7.3.3 北斗系统的特点

北斗系统具有以下特点：一是空间段采用三种轨道卫星组成的混合星座，与其他卫星导航系统相比高轨卫星更多，抗遮挡能力强，尤其在低纬度地区性能优势更为明显。二是提供多个频点的导航信号，能够通过多频信号组合使用等方式提高服务精度。三是创新融合了导航与通信能力，具备基本导航、短报文通信、星基增强、国际搜救、精密单点定位等多种服务能力。

小 结

北斗卫星导航系统是我国自主建设、独立运行的卫星导航系统。北斗三号系统建成后，一举打破了美国 GPS 系统垄断的局面，增强了我国在国际卫星导航领域的话语权和主动权。北斗系统主要包括空间段、地面段及用户段三部分。北斗卫星导航系统建成后，我国军用北斗系统将达到世界先进水平，兼具独立性、全球性及攻击性。北斗卫星导航系统在民用方面应用市场广阔，前景难以估量。

7.4 北斗系统应用

学习目标

1. 了解北斗系统的应用
2. 了解北斗系统在物流中的应用

学习导入

物流公司运输部门的孙经理近来很苦恼，公司总经理要求他限期将运输成本降下来，而现在运输存在的问题很多，主要是车辆空载率高，维修率高，个别司机不自觉，为了多跑公里数，故意绕远道等。如果公司自己建一个监控中心，投资太高，又没有这方面的技术实力，这可怎么办？一天，孙经理和同事们聊天，热情正直的司机王师傅说，别的物流公司已采用北斗卫星导航系统，可以有效地解决这些问题，而且成本低，容易实现。王师傅的这一建议，孙经理听后觉得可行：总算是找到解决问题的办法了！

7.4.1 北斗系统应用概述

北斗系统提供服务以来，已在交通运输、农林渔业、水文监测、气象测报、通信授时、电力调度、救灾减灾、公共安全等领域得到广泛应用，融入了国家核心基础设施，产生了显著的经济效益和社会效益。北斗系统大众服务发展前景广阔，基于北斗系统的导航服务已被电子商务、移动智能终端制造、位置服务等厂商采用，广泛进入中国大众消费、共享经济和民生领域，深刻改变着人们的生产生活方式。

7.4.2 北斗系统在物流中的应用

公路货物运输的效率与安全是现代物流业面临的重要课题。利用卫星导航技术能比较容易地实现对物流配送、长途运输、危险品运输车辆的跟踪与调度管理，规划最佳路线，提高道路和车辆资源的运行效率。

北斗卫星导航系统同时具有定位与双向通信能力，可以独立完成车辆的定位、调度和管理功能。由北斗卫星导航系统组成的现代物流车辆调度管理系统主要包括车载兼容型北斗卫星导航终端、指挥型北斗卫星导航终端和监控管理中心三大部分。

1. 车载兼容型北斗卫星导航终端

车载兼容型北斗卫星导航终端装载在货运车辆上，可实时将货运车辆的定位信息传送给指挥型北斗卫星导航终端机，由指挥型终端将各车辆的定位信息发送给监控管理中心；同时可通过指挥型终端接收来自监控管理中心的调度指令。与通常的 GPS 车载导航设备不同，北斗卫星导航系统的车载导航设备只用一台北斗普通型导航终端，成本大大降低。北斗普通型导航终端主要由主处理板卡、射频收发处理板卡、天线组成。北斗普通型导航终端同时具有定位功能和通信功能，其定位精度在差分基准站附近可以达到 10m，与 GPS 的定位精度相当；在无差分基准站的地区可以达到 100m。用户可以自己设定定位信息输出频率，最高可达到 10Hz。北斗普通型导航终端只需正常接收到一颗卫星的发射信号，便可实现通信功能。此时北斗普通型导航终端可以与其他车辆的车载北斗普通型导航终端进行电文通信，便于车辆之间协调配合，互相支援。

2. 指挥型北斗卫星导航终端

指挥型北斗卫星导航终端是北斗系统的应用指挥平台，是连接车载兼容型北斗卫星导航终端和监控管理中心的桥梁，不仅具有定位、导航、通信和授时等普通型车载终端的功能，而且具有监收功能，可以接收属于其管理范围内的所有车载兼容型北斗卫星导航终端的定位信息和通信信息，并将这些定位信息和通信信息发送到监控管理中心的服务器上。

3. 监控管理中心

监控管理中心是整个物流信息管理的核心，完成所有车辆的信息收集和调度管理工作，主要由服务器、数据库、监控计算机、远程控制计算机和便携式客户端等组成。

服务器接收指挥型北斗卫星导航终端发来的货运车辆动态定位和运行状态等信息，进行分析汇总和处理后存入数据库，并且将车辆运行状态信息通过多种形式向外部客户端发送，还可以响应物流客户端通过网络方式向服务器提交的各种货运车辆查询请求。监控管理计算机或远程控制计算机也可对货运车辆进行实时管理，查询各车辆的位置、运行轨迹及速度、方向、空或满载等状态信息，还可以处理车辆发出的紧急报警、交通救援、医疗求助等信息。其基本功能包括以下几点。

1）监控管理计算机能实时通过监控管理中心的指挥型北斗卫星导航终端发出调度指令，并得到确认回复信息，实现高效地调度管理。

2）可实时收集汇总物流公司各车辆的动态，可根据各车辆位置及运输空载或满载状态，进行突发和紧急任务的分配，在节约运输成本和提高客户满意度方面体现出巨大的优势。

3）可实现全天候将运输车辆的运能信息、维修信息、车辆运行状况、司机人员信息、运输车辆的在途信息等到多种信息汇总到调度管理部门进行快速高效管理决策。调度人员能更合理、更准确、更科学地进行调度，提高车辆使用率和运输效能。

4）可实现各车辆运输路线优化。通过实时了解车辆的位置和预计到达地点的距离，计算出运输任务的完成情况，并收集和分析数据，进一步优化行驶路线，指导车辆按照实际交通拥堵、道路维修等情况选择最优路线到达目的地，有效解决了车辆因盲目行驶导致的低效率运转问题，节省了运费。

小　结

作为中国自主研制的卫星导航系统，北斗卫星导航系统与美国GPS和俄罗斯GNSS等国外卫星导航系统相比，其性能毫不逊色，在卫星导航增强系统功能上还优于GPS。未来我国的交通运输行业，尤其是物流运输服务业将主要依靠北斗卫星导航系统，实现对车辆行驶状态的全程动态监控，提高车辆的行车效率，降低物流企业的运作成本。

阅读资料

GPS：伊利酸奶冷链物流的千里眼

低温酸奶必须放置于2～6℃低温环境中储藏，一旦脱离了低温环境，酸奶中乳酸菌的活性便会因温度升高而大大降低，对酸奶口感造成毁灭性打击，甚至导致酸奶变质。所以，如何使酸奶在运输途中也保证不断冷，对于酸奶生产商而言，便成了不小的挑战。面对这个挑战，伊利在运输管理系统（TMS）中运用了GPS，即使车辆远在千里之外，伊利的运输调度人员也犹如拥有了千里眼，可以对冷藏车的行驶轨迹和温度状况了然于胸。

1. GPS全天候追踪冷藏车运行状况

每一天，当满载着酸奶的冷藏车驶离酸奶生产工厂奔向经销商仓库的时候，这些冷藏车就成了管理人员的监控对象，他们通过TMS实时远程监控着冷藏车车厢内温度的变化及车辆行驶轨迹，以确保所有冷藏车顺利完成酸奶运达任务。

监控人员每天的工作就是登录TMS，时时监控冷藏车运行状况，系统界面上客观真实地显示着每辆冷藏车的实际到厂时间、装车开始时间、装车结束时间及实际离厂时间。如果车辆的某个时间数值与既定的时间要求有较大出入，监控人员便会及时进行运输调度管理，排查异常情况发生的原因，最大程度降低异常情况对酸奶物流运输的负面影响。

2. GPS 大大提升了酸奶冷链运输效率

为了保证酸奶的新鲜度，这些冷藏车需要昼夜不停地沿着既定的路径驶向经销商所在的位置。受惠于 GPS，物流部还可以为车辆规划出最佳行驶路径，比如选择哪条线路行驶及到达各个经销商所在位置的顺序，这样便可以减少车辆损耗和酸奶在途时间，最大程度确保酸奶产品的新鲜度和及时到达。

在尚未使用 GPS 时，还常会出现这样一种情况：由于信息不对称，经销商无法准确获知冷藏车到达的确切时间，这便导致冷藏车到达经销商所在地点后，由于相关负责人离场，或者卸货人员没有及时到达，司机不得不在等待中耗费大量的时间，大大降低了卸货效率，滞后了司机到达下一个目的地的时间。

当引入 GPS 后，经销商便可通过数据共享及时获知冷藏车到达的时间，在冷藏车到达之前提前做好准备，安排人员及时卸货，使卸货效率大大提高，几乎保证了整个运输链条的无缝对接。

从对承运商的管理来看，GPS 还方便了酸奶物流部对合作的物流公司的管理，在 TMS 上，客观透明地显示着每家物流公司每月的订单总数、正常送达时间、正常送达效率、延迟送达数量、平均延迟送达时间、延迟送达率、承运商正常送达率及承运商延迟送达率等数据指标，这些数据就相当于物流公司的成绩单，真实呈现了物流公司的运输管理能力。

GPS 就像伊利酸奶冷链物流的千里眼，从根本上解决了由于信息不对称所导致的酸奶运输安全无保障、冷藏车调度难、冷藏车管理易失控等问题，通过信息化手段最大程度优化了酸奶冷链运输管理，使行驶在路途中的酸奶也新鲜始终。

在成为全球乳业八强的升级战中，品质为王是伊利集团面对消费者一如既往的态度，为了全方位保障酸奶的品质，伊利不吝在 GPS 方面布局谋篇，借助科技的力量最大程度保持酸奶的新鲜度，用最短的时间把最新鲜的酸奶送到消费者身边。

本章小结

物流行业迅速发展，物流基础设施和装备条件已有较大的发展和改善，但营运水平不高的物流企业仍然存在着产品脱销、订单流失、货损及货漏等现象。定位与导航技术的应用，一方面能提升物流企业的运作水平和车辆监控的能力，从而提高其自身竞争能力；另一方面，也能给客户产品的运送提供保障，降低事故概率。

思考与练习

1．GPS 由哪几部分组成，有哪些基本功能？
2．GPS 有哪些应用？在物流中有哪些应用呢？
3．相对 GPS，北斗系统有什么特点？
4．北斗系统有哪些基本功能？
5．北斗系统对现代物流有什么作用？

小组模拟仿真

（要求小组讨论，并将活动成果以小组为单位提交电子作业）

利用 PPT 展示物流运输中可能出现的各种问题和解决问题的方案

1．分析问题

1）以司机的角度，调查和讨论在长途运输过程中可能出现的问题和麻烦。
2）以运输公司管理者的角度，调查和讨论司机在运输过程中可能发生的不良行为。
3）针对上述问题，找出问题的解决方案。

2．活动要求

分组调查和讨论这些问题，并以 PPT 的形式列出这些问题和针对问题的解决方法。

3．制作步骤

1）任务分工，以司机和运输公司管理者的角度分别进行调查和讨论。
2）将问题一一列出。
3）调查和讨论解决这些问题的方案，证实 GPS 或北斗系统的应用对这些问题解决所起的作用。

4．注意事项

考虑的问题要尽可能全面，解决问题的方法要符合现实情况，并且司机和运输公司管理者都能接受。

5．作业展示及点评

考核评分参见下表。

考核评分表

<table>
<tr><td>考评小组</td><td></td><td>被考评小组</td><td></td></tr>
<tr><td>考评地点</td><td></td><td>考评时间</td><td></td></tr>
<tr><td>考评内容</td><td colspan="3">利用 PPT 展示物流运输中可能出现的各种问题和解决问题的方案</td></tr>
<tr><td rowspan="4">考评标准</td><td>内容</td><td>分值</td><td>实际得分</td></tr>
<tr><td>问题全面、客观</td><td>60</td><td></td></tr>
<tr><td>解决方案现实，双方都能接受</td><td>30</td><td></td></tr>
<tr><td>思路清晰，表达明白、简约</td><td>10</td><td></td></tr>
<tr><td colspan="2">合计</td><td>100</td><td></td></tr>
</table>

注：满分为 100 分，60～74 分为及格；75～84 分为良好；85～100 分为优秀。

第8章 GIS技术

GIS 技术在物流中正逐步得到应用，这项技术将改变传统的配货、运送等方式，对现代物流产生积极影响。本章主要介绍 GIS 技术，以及在现代物流中如何应用 GIS。

8.1 GIS 概述

学习目标

1. 了解 GIS 的定义
2. 了解 GIS 的基本组成
3. 了解 GIS 的基本功能和用途
4. 了解 GIS 的发展概况

学习导入

只需要一部智能手机，就能完成购物、交友、旅游、寻找美食等活动，从而走遍天下，玩转地球。手机里的导航软件，方便我们随时查看地图，规划最佳路线，高德地图使我们临时出差也能查看周边的餐饮住宿等，其中约有 80%的信息都跟 GIS（地理信息系统）技术有关。如今，GIS 已然成了我们的生活助手。GIS 是一个什么样的系统呢?

8.1.1 GIS 的基本概念

GIS 是 geographic information system 的英文缩写，中文名是地理信息系统，是用于输入、存储、查询、分析和显示地理数据的计算机系统。

GIS 的根本目标是使现实世界中具有地理属性的信息实现数据地图化、数据可视化和思维可视化，从而为决策、分析提供支持。

GIS 属于信息系统的一类，GIS 具有信息系统的各种特点。在企业，GIS 与其他信息系统共同构成完整的管理信息系统，提供多方面的信息，为企业提供管理和决策支持。

GIS 是综合性学科，建立在多个学科基础上，如数学、地理学、计算机科学、统计学等。

GIS 的用途十分广泛，可以为各类应用目的服务，典型的有金融、电信、紧急救护、交通、农林、水利、测绘、地矿、环境、航空、城市规划建设、国土资源综合利用等。

与 GIS 有关的学科和应用如图 8.1 所示。

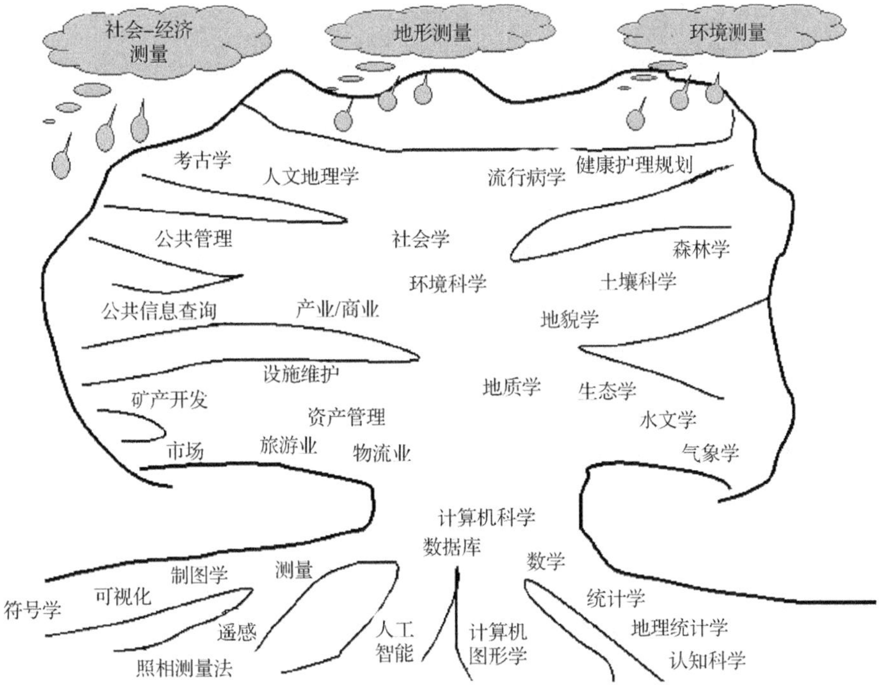

图 8.1　GIS 学科应用树

8.1.2　GIS 的组成

1. GIS 的基本组成

GIS 主要由计算机硬件、软件、地理数据库、系统维护和使用人员四部分共同组成，其中，计算机硬件是基本条件，软件是核心，地理数据库是基础，系统维护和使用人员起决定作用。

GIS 系统的组成如图 8.2 所示。

2. GIS 硬件的组成

GIS 硬件的组成如图 8.3 所示。

GIS 的组成

3. GIS 软件的组成和功能

GIS 软件的组成如图 8.4 所示。

GIS 软件的功能如图 8.5 所示。

GIS 的基本功能是将各类地理数据转换为地理图形显示出来，然后对显示的结果进行浏览和分析。其显示范围可以从洲际地图到非常详细的街区地图，显示对象包括人口、销售情况及运输路线等。

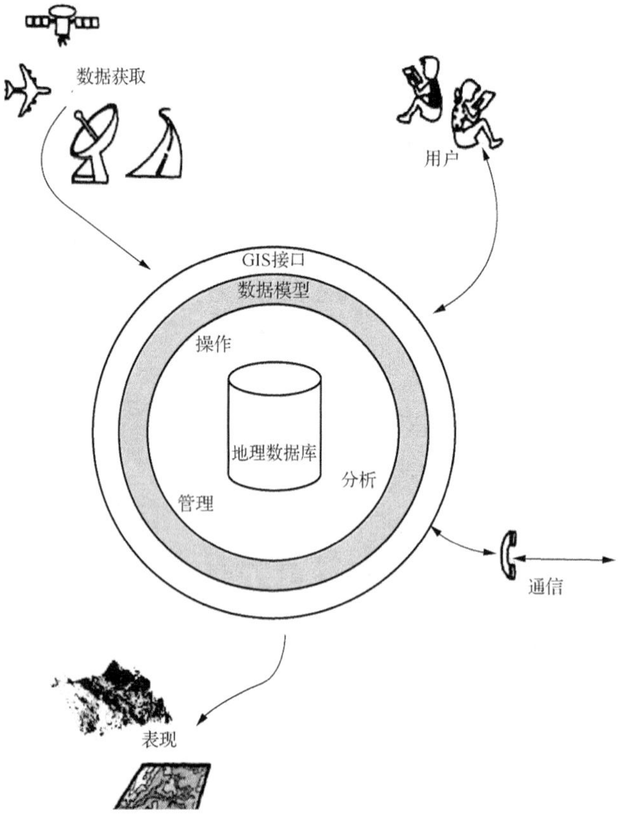

图 8.2　GIS 系统的组成

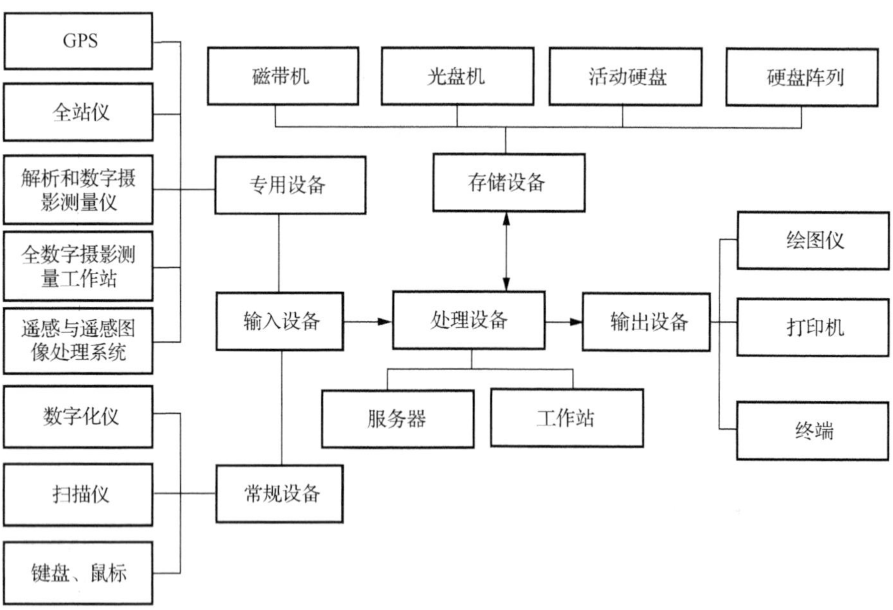

图 8.3　GIS 硬件的组成

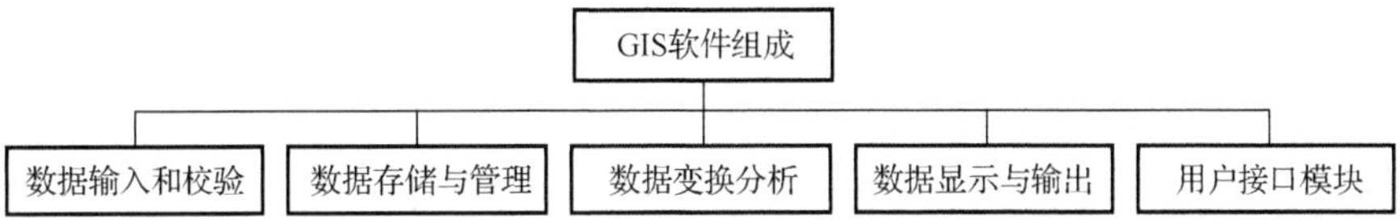

图 8.4 GIS 软件的组成

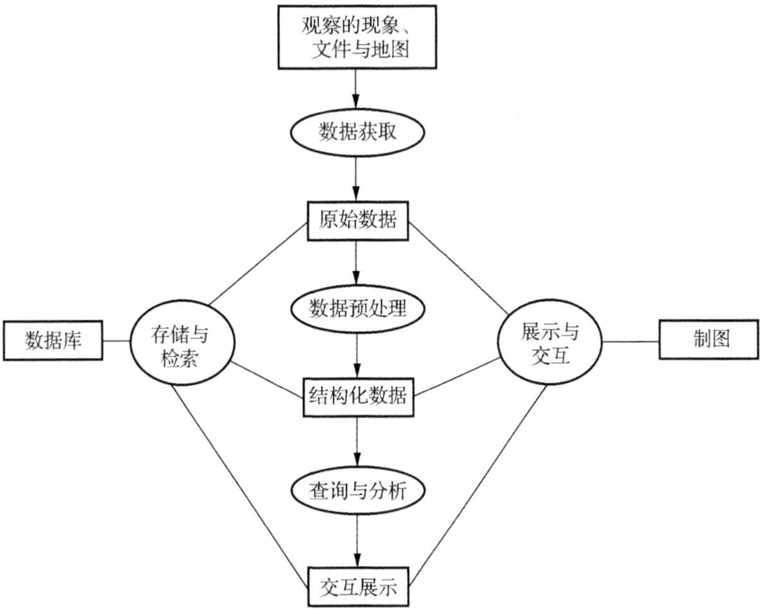

图 8.5 GIS 软件的功能

4. GIS 人群的构成

GIS 十分复杂和庞大，有专业机构负责开发 GIS，并且建立、组织、管理地理空间信息数据库，为用户提供强大的信息服务。GIS 是由专家人群开发研制，专业地理人群采集数据，组织管理地理数据库，用户不需要费很大的精力弄清 GIS 复杂的处理过程，读懂枯燥的数据。我们大多数人都是 GIS 用户群，懂得 GIS 的一些基本原理和技术，可以更好地利用 GIS。

GIS 人群有明显的层次结构，如图 8.6 所示。

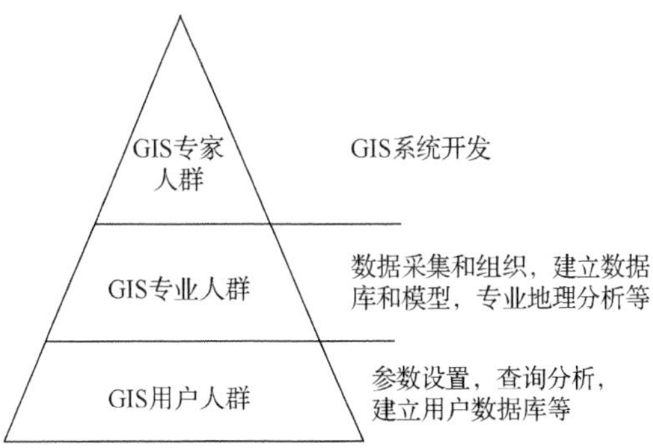

图 8.6 GIS 人群层次结构

8.1.3 GIS 的地理空间数据

GIS 空间分析技术

1. 空间数据的特点

（1）空间特征

空间特征又称为几何特征或定位特征，建立在地理空间的坐标系基础上，一般以坐标数据表示，表示空间位置或地理位置。

地理坐标（经度、纬度）是描述空间信息最直接的方法，笛卡儿坐标（平面直角坐标 x，y）建立了对地理空间良好的视觉感，并易于进行距离、方向、面积参数的量算，以及进一步的空间数据处理和分析，如定量的度量信息（面积、周长、距离等），定性的空间关系（拓扑关系、方位关系等）。

（2）属性特征

属性特征表示实际现象或特征，如变量、级别、数量特征和名称等。

属性特征是地物所固有的，不是由于地物空间分布所带来的特征，如某地的年降雨量、土地酸碱度、人口密度、交通流量、空气污染程度等。这类特征通常以数字、符号、文本和图像等形式来表示。

（3）时间特征

时间特征指现象或物体随时间的变化，其变化的周期有超短期的、短期的、中期的、长期的等。

空间数据涉及时间特征的几个方面，如地物的生命周期（产生、消亡）；地物的移动（移动点）；属性的时效性。

GIS 空间数据特点如图 8.7 所示。

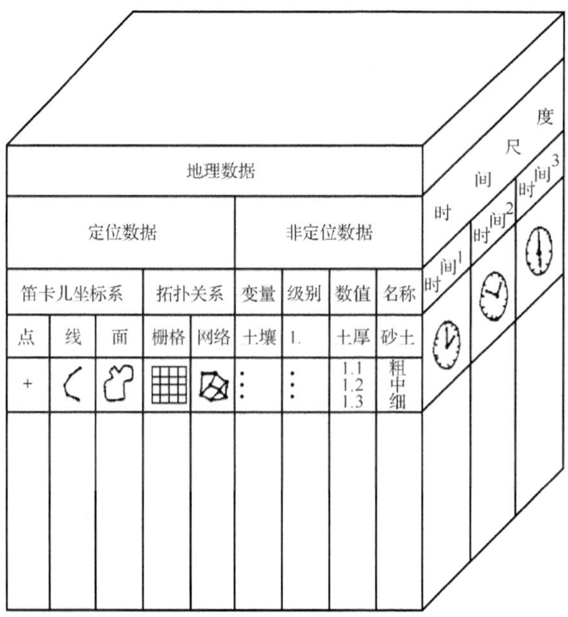

图 8.7 GIS 空间数据特点

2. 地理空间数据类型

1）类型数据：居民点、交通线、土地类型分布等。
2）面域数据：多边形中心点、行政区域界线和行政单元等。
3）网络数据：道路交叉点、街道和街区等。
4）样本数据：气象站、航线等。
5）曲面数据：高程点、等高线和等值区域等。
6）文本数据：地名、河流名和区域名称等。
7）符号数据：点状符号、线状符号和面状符号等。

3. 地理信息的空间关系

（1）地理空间数据的拓扑关系

拓扑结构是明确定义空间结构关系的一种数学方法。在 GIS 中，拓扑结构不但用于空间数据的组织，而且在空间分析和应用中都有非常重要意义。地理空间数据的拓扑关系如下。

1）拓扑邻接：同类元素间的拓扑关系。

2）拓扑关联：不同类元素间的拓扑关系。

3）拓扑包含：同级不同类元素间的拓扑关系。

具体表示如图 8.8 所示。

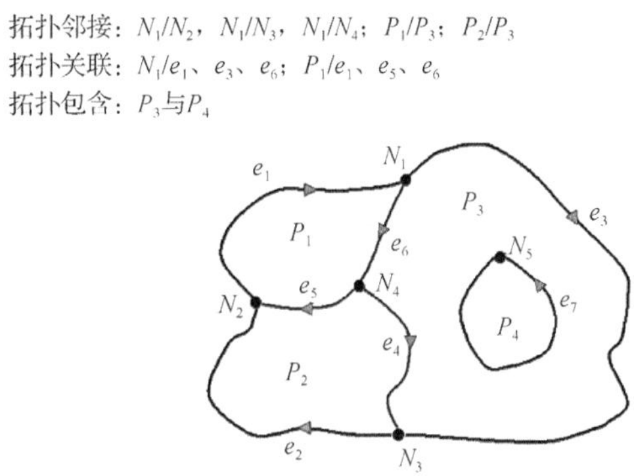

图 8.8　地理空间数据的拓扑关系

（2）地理空间数据的方向关系

方向关系是地理事物在空间中的相互方位和排列顺序。描述空间实体的方向关系，对于点状空间实体，只要计算两点间的连线和某一基准方向的夹角即可，该夹角称为连线的方向角。基准方向通常有真子午线方向、磁子午线方向和坐标纵线方向 3 种。同样，计算线状和面状空间实体时，只需将线状和面状空间实体视为由它们的中心所形成的点状实体，然后按点状实体来求解方向关系即可。

（3）地理空间数据的量度关系

量度关系主要指空间对象的距离关系。这种距离关系可以定量地描述为特定空间中的某种距离，如实体 *A* 距离实体 *B* 200m，也可以应用与距离概念相关的术语，如远、近等进行定性的描述。

4. 地理空间数据结构

数据结构是指数据记录的编码格式及数据间的关系。不同类型的数据，只有按照一定的数据结构进行组织，并且映像到计算机存储器中，才能进行存储、检索、处理和分析。在 GIS 中，地理空间数据常用的数据结构有两种：栅格（raster）结构和矢量（vector）结构。栅格结构和矢量结构如图 8.9 所示。

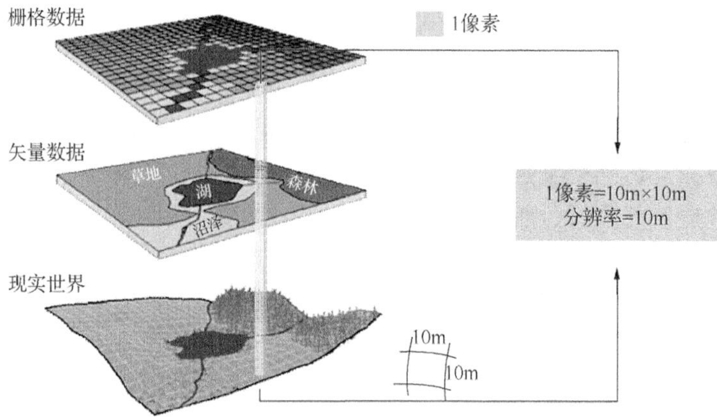

图 8.9　栅格结构和矢量结构

（1）栅格结构

栅格结构中，空间被有规则地分成了许多小格，地理实体用这些小格所占据的栅格的行、列来定义，栅格同时具有属性值。栅格密度越大，表示越精确。栅格结构常用于表示地质、气候、土地或地形等任意面状要素，栅格数据的表达如图 8.10 所示。

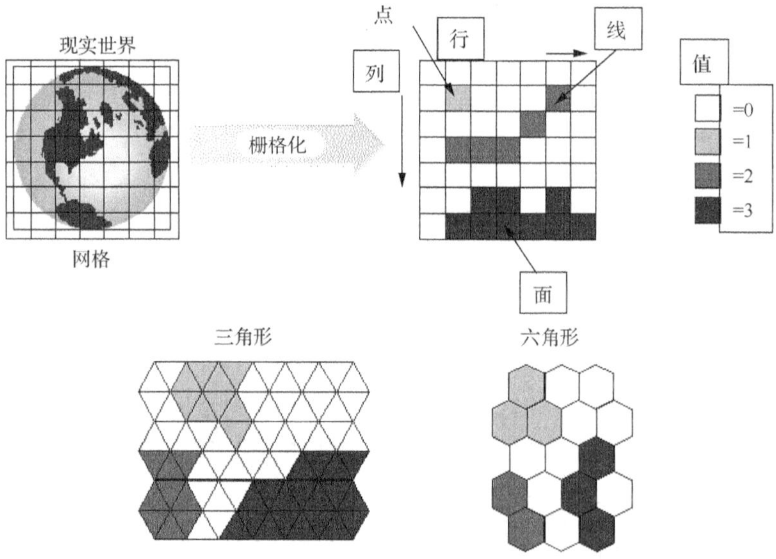

图 8.10　栅格数据的表达

栅格可以有多种形状，如三角形、正方形、六角形等，最常见的是正方形。各个栅格点大小一致，栅格点越小，分辨率越高。栅格结构的特点是属性明显，定位隐含。

（2）矢量结构

矢量结构是基于坐标的，如图 8.11 所示。

矢量数据表示的是点、线和多边形集合，可以用高度抽象的方法将地理实体抽象成几种基本类型——点、线、多边形。

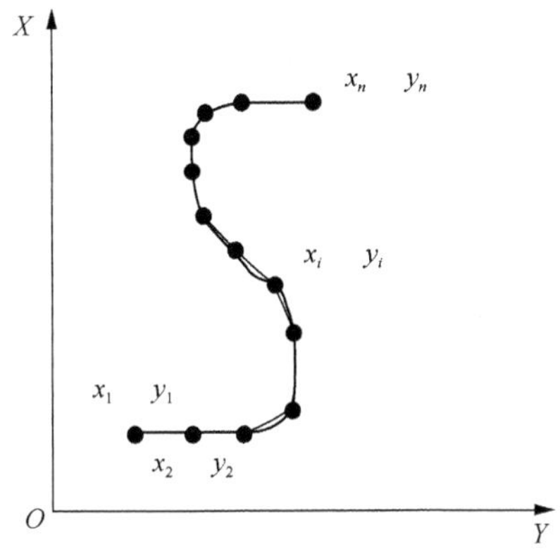

图 8.11 矢量结构

点是该地理目标的大小，长度可以忽略不计，如井口、监测中的车辆等。当然，不同的使用目的，对同一地物的抽象方法也各不相同，如研究全国大城市的分布时，可将城市抽象成点，但对城市的基础设施进行管理时，城市就不能只是一个点状地物了。

线目标的面积可以忽略不计，但长度、方向很重要，如道路、河流等在地图上用线表示。

多边形使地理目标具有特定的、封闭的边界，如城镇、房屋建筑在地图上就是由线围成的不规则多边形。

矢量数据表示图，如图 8.12 所示。

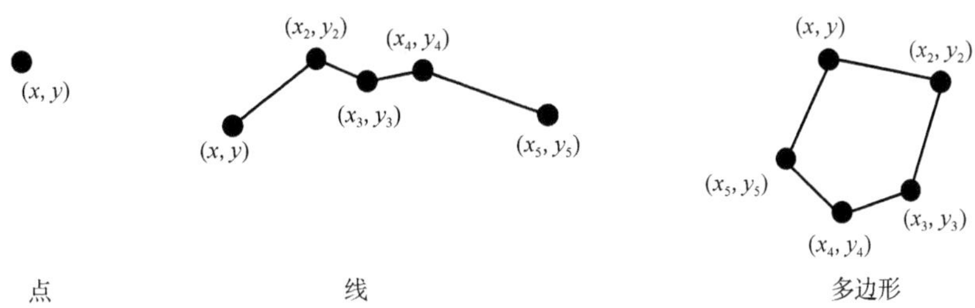

图 8.12 点、线、多边形的矢量数据表示

矢量结构的特点是定位明显，属性隐含。

矢量结构和栅格结构的比较如表 8.1 所示。

表 8.1 矢量结构和栅格结构的比较

比较内容	矢量结构	栅格结构
数据结构	复杂	简单
数据量	小	大
图形精度	高	低
图形运算、搜索	复杂、高效	简单、低效
软件与硬件技术	不一致	一致或接近

续表

比较内容	矢量结构	栅格结构
遥感影像格式	要求比较高	要求不高
图形输出	显示质量高、精度高，但成本较高	输出快速，质量低，成本比较低
数据共享	不易实现	容易实现
拓扑和网络分析	容易实现	不易实现

从表 8.1 中可以看出，两种数据结构各有特点，它们共同存在于 GIS 中，可以借助计算机工具软件实现这两种结构数据的相互转换。

8.1.4 地理数据库

GIS 的基础是空间数据库——地理数据库，是为地理信息而建立起来的，从根本上说，地理数据库是用地理术语描述世界而建立的。地理数据库中的数据表示如下。

1. 地理描述

作为地理数据库设计的一部分，地理描述用来描述指定地理目标的面貌。比如，城市区域被描述成一个几何多边形；街道在地图上用线标出；井口用点标出等。这些不同地理面貌被分类收集整理，所有的地理数据库都有描述地理目标的数据。

2. 属性描述

除了地理描述之外，地理数据也包括传统的表格属性，用以描述地理目标的属性，如道路的等级、宽度、长度，某区域的人口密度等。对地理目标及其属性都可以有一个或多个关键字进行连接，如果使用关键字，许多表格就可以被连接到地理目标，就像传统的数据库应用一样。这些表格信息和关联在地理数据模型中扮演重要的角色。

3. 空间关联：拓扑和网络

空间地物间的位置关系——空间关联，也是地理数据库重要的部分，比如拓扑和网络。拓扑被用于组织公共边界，也用来支持拓扑查询和导航（如决定面貌邻接和连通性），拓扑也用于复杂编辑和从非结构几何形状确定面貌（如从线建立多边形）。

4. 有主题的分层和数据组

GIS 将地理数据组织到一系列有主题的层和表格中，GIS 中地理数据组被用于地理参考，它们都对相同地理位置进行描述，并且一层叠一层。

在 GIS 中，数量众多的地理目标被收集到不同的层，如行政区、井口、建筑、拍摄的图像和栅格立体模型等。

准确定义地理数据组对使用地理信息系统非常重要，层的概念和有主题的信息对 GIS 数据集非常重要。这些层共同对同一地理位置的面貌特征进行描述，使用时，只选择与自己的问题相关的层就可以了，GIS 整合了多种类型的地理空间数据，如图 8.13 所示。

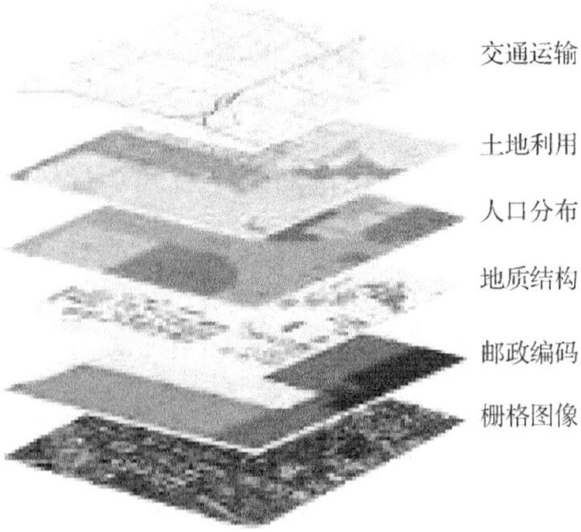

图 8.13　分层的地理数据

8.1.5 地理数据的输入与处理

GIS 需要大量的地理数据，地理数据有多种来源，其采集方式有多种。

GIS 的基本功能

1. 手工方式

在计算机终端手工输入数据，主要是键盘输入，主要用于输入属性的数据。

2. 手扶跟踪数字化方式

数字化仪是一种图形数字化设备，手扶跟踪数字化方式是目前常用的地图数字化方式，主要生成矢量数据，如图 8.14 所示。

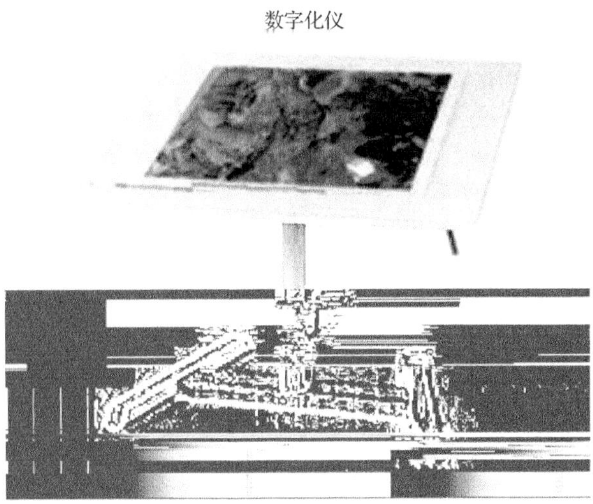

图 8.14　手扶跟踪数字化方式

知识链接

数字化仪的工作方式

点方式，每次定标器的键被按下，感应板发送一对坐标数据到计算机；开关流方式，在定标器上，每按下一次键，即将一组坐标数据发送到计算机；连续流方式，不论定标器的键是否被按下，数字化仪每隔一定的时间就向计算机发送坐标数据，即是不可控的；增量方式，当定标器在感应板上移动某个距离，数字化仪就发送一对绝对坐标数据到计算机。

3. 扫描方式

扫描仪是图形、图像输入设备，可以快速地将图形、图像输入计算机系统，是目前发展最快的数字化设备，主要用于生成栅格数据，如图 8.15 所示。

图 8.15　扫描仪

4. 影像处理和信息提取方式

影像处理和信息提取方式是指从遥感影像上直接提取专题信息。

5. 数据通信方式

数据通信方式是在网络环境中，信息系统内部各子系统之间及与其他信息系统之间实现信息交流和信息共享的主要方式。

8.1.6 GIS 的输出

1. GIS 的输出方式

GIS 分析和处理的过程或结果可以通过输出设备，如显示器、打印机和绘图机等以图形、表格、数据或文字等形式输出，主要输出方式有如下几种。

（1）显示器输出

显示器输出是通过显示设备将 GIS 的分析和处理结果以字符、数字和表格的形式在荧光屏上显示出来。

（2）打印机输出

打印机输出是 GIS 的主要输出设备，它将 GIS 的数据处理和分析结果以字符、汉字、表格、图形等形式打印在纸上。

（3）绘图机输出

绘图机输出是输出图形的主要设备，目前绘图机的种类主要有平台式绘图机、滚筒式绘图机、喷墨式绘图机和静电绘图机。

2. 电子地图的编制

地图是地理信息的载体，是人类使用地理信息的一种强大工具。

电子地图是以地图数据库为基础，以数字形式存储在外存储器上，并能在屏幕上快速显示的可视地图。

GIS 电子地图除了具有交互性外，与传统的静态纸张地图非常相似。我们已经习惯从纸张地图上获取地理信息，比如地理疆界的划分、道路情况、河流情况等。在纸张地图上“所见即所得”。摊开纸张地图时，在你面前展现出城市、道路、山脉、河流、铁路和疆界，城市被表示成小点或小圆圈，道路被表示成红线或黑线，山顶被表示成小三角，湖泊被表示成蓝色区域。

在电子地图上，所有纸张地图上的信息，比如点的位置、路的长度，甚至湖泊的面积，都以数字形式存储在数据库中。GIS 整合了各种类型的地理数据，提供多层的地理信息。这些地理数据作为层数据在计算机屏幕上显示，每层表现特定的主题。比如一个主题是交通道路的组成，一个主题表示土地利用，而另一个主题表示人口密度分布等。这些主题一层叠一层，以堆叠的形式表示同一地理区域的多层信息。具有相同性质的目标都组织在同一层，每层地图的显示可以开启和关闭。比如你是某个物流公司的机动车驾驶员，只关心交通道路情况，而不关心其他地理信息，那么你只打开交通道路层的地图，关闭其他层的地图就可以了。

此外，层与层之间是有联系的，层之间的许多空间关联可以通过它们的共同地理位置计算得出，GIS 利用数据层和丰富的工具管理集，可以衍生出许多重要的层关系。

在浏览交互式电子地图时，可以上下左右移动和放大缩小视图，以适当的图示比例进行浏览，也可以随时关闭和打开所需的地图层。

电子地图往往层层嵌套，比如在浏览地图时单击鼠标，可以在浏览器中打开更深一层的地图。在电子地图上浏览的同时可以处理地理数据，如数据编辑、属性描述、制图、分析、查询和应用数据采集等。

在许多情况下，电子地图比一般表格或图形能更为有效地帮助我们进行趋势和策略方面的研究，而且更易于将这类信息转化为其他形式的信息。

电子地图与全球定位系统（GPS）集成，在航天、航空、军事领域及汽车导航中发挥着十分重要的作用。

8.1.7 GIS 的发展趋势

国外主流 GIS 软件有：ARC/INFO（ArcView、ArcObject、ArcIMS）、GenaMap、MGE（Modular GIS Environment）、GeoMedia、MapInfo（Mapinfo Proserver、MapX、MapXtreme、SpatialWare）、ERDAS 等。

我国主流 GIS 软件有：GeoStar、MapGIS、SuperMap、CityStar 等。我国的 GIS 整体水平与发达国家相比，差距还很大，地理信息系统发展进程需要加快。

目前 GIS 的发展趋势如下：

① GIS 与遥感和全球定位系统进一步结合，构成地理学日趋完善的技术体系。

② 空间数据结构与数据管理的研究更加深入。

③ GIS 应用模型开发日趋加强。

④ GIS 智能化。

⑤ GIS 网络化。

⑥ 三维 GIS 的研究不断深入。

⑦ 宏观与微观应用进一步加强，并形成新的产业。

小 结

GIS 是一个具有集中、存储、操作和显示地理参考信息的计算机系统，是非常庞大复杂的信息系统。GIS 能提供多种方式地理信息，应用十分广泛，有巨大的发展应用前景。

8.2 GIS 在物流企业中的应用

学习目标

了解 GIS 在物流中的应用

学习导入

星巴克（Starbucks）咖啡公司成立于 1971 年，是世界领先的特种咖啡的零售商、烘焙者和星巴克品牌拥有者。星巴克进行门店选址时，会通过 GIS 进行数据化分析，从而决定开店位置和营销方式。举个例子，如果星巴克要在某地开设新门店，星巴克当地团队会使用这个平台定位出最佳门店选址，选址因素包括这个门店位置附近消费者步行可达范围内有几栋在建写字楼，是否位于商业大街或十字路口边上，人流量是否密集等。星巴克不仅把数据分析方法用于门店选址，他们还会利用地理数据来设定发布优惠活动的时间与区域。比如，星巴克会调取气象数据，巧妙地将星冰乐的促销时间与热浪来袭的预测时间进行匹配。星巴克在使用 GIS 和其他的数据服务时遵循一个简单的逻辑：防止企业在不适宜的地点开店而浪费资金。目前，星巴克在中国有 4800 多家门店，开店成功率接近 100%。GIS 在物流企业中有哪些应用呢？

现代物流所需解决的最大的问题是如何用最优的成本完成物料运输，简单地说就是如何节约运输成本，GIS 应用于物流分析，主要是指利用 GIS 强大的地理数据功能来完善物流分析技术，减少运输费用，如优化配送系统的运输线路。智能配送系统模块如图 8.16 所示。

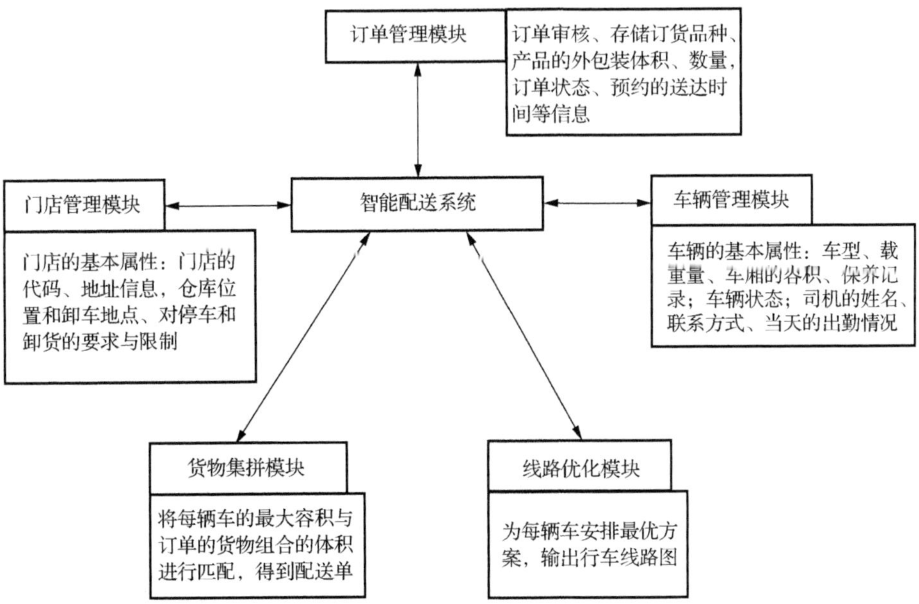

图 8.16　智能配送系统模块

GIS 物流分析软件中集成的物流分析模型，包括车辆路线模型、最短路径模型、网络物流模型、分配集合模型、设施定位模型等，这些模型既可以单独使用，解决某些实际问题，又可以作为基础，进一步开发适合不同需要的应用程序，这些模型代表性地说明了 GIS 在物流分析中的应用水平。

GIS 在物流领域的基本应用

8.2.1 车辆路线模型

车辆路线模型用于解决在一个起点、多个终点的货物运输中，降低操作费用并保证服务质量，包括决定使用多少车辆，每个车辆经过什么路线的问题。

在物流分析中，在一对多收发货点之间存在着多种可供选择的运输路线的情况下，应该以物资运输的安全性、及时性和低费用为目标，综合考虑，权衡利弊，选择合理的运输方式，并确定费用最低的运输路线。例如，一个公司有一个仓库，而零售商店有 30 家，并分布在各个不同的位置上，每天用卡车把货物从仓库运到零售商店，每辆卡车的载重量或货物尺寸是固定的，同时每家商店所需的货物重量或体积也是固定的，因此，需要多少车辆以及所有车辆所经过的路线就是一个最简单的车辆路线模型。

在实际问题中，车辆路线问题还应考虑很多影响因素，问题也变得十分复杂。例如，仓库的数量不止一个，而仓库和商店之间不是一一对应的；部分或所有商店对货物送达时间有一定的限制，如某商店上午 8 点开始营业，因此要求货物在上午 5 点至 7 点之间运到；仓库的发货时间有一定的限制，如当地交通规则要求卡车上午 7 点之前不能上路，而司机要求每天下午 6 点之前完成一天的工作；在每个车站，需要一定的服务时间，最常见的情况是不管卡车所运货物多少，在车站上都需要固定的时间让卡车进站接受检查，当然也有检查时间随着所运货物多少而变化的情况等。物流 GIS 中的车辆路线模型可以综合考虑这些因素。

GIS 软件的界面如图 8.17 所示。

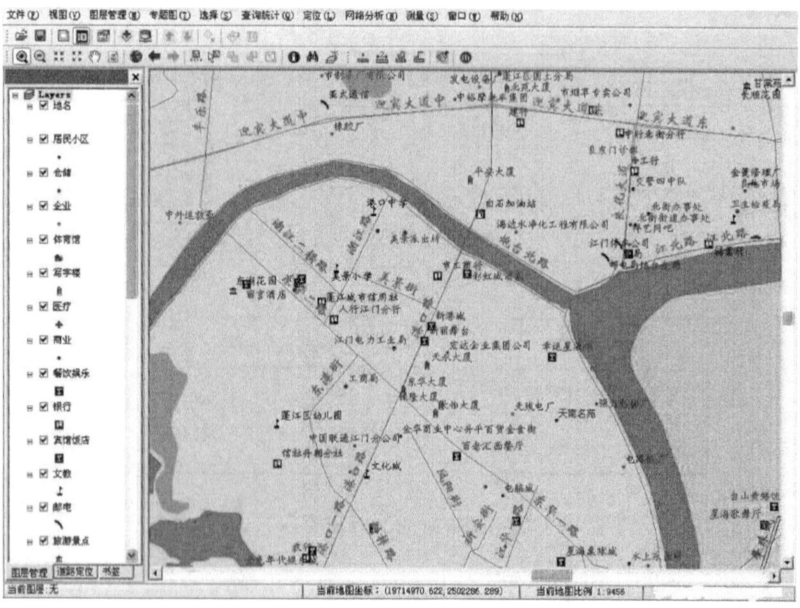

图 8.17　GIS 软件界面

8.2.2 设施定位模型

设施定位模型用来确定仓库、医院、零售商店、加工中心等设施的最佳位置，其目的同样是提高服务质量，减少操作费用，使利润最大化等。设施定位模型可以用于确定一个或多个设施的位置。

在物流系统中，仓库和运输线共同组成了物流网络，仓库处在网络的“结点”上，运输线就是连接各个“结点”的“线路”，从这个意义上看，“结点”决定着“线路”。具体地说，在一个具有若干资源点及若干需求点的经济区域内，物资资源要通过某一个仓库的汇集中转和分发才能供应各个需求点，因此，根据供求的实际需要并结合经济效益等原则，在既定区域内设立多少仓库，每个仓库的地理位置在什么地方，每个仓库应有多大规模（包括吞吐能力和存储能力），这些仓库间的物流关系如何等问题，就显得十分重要。这些问题运用设施定位模型可以很容易地解决。

设施定位模型也可以加入经济或其他限定条件，运用模型的目的也可以是使各服务设施之间的距离最大或使其服务的人数总和最大，同时，也可以是在考虑其他已经存在设施的影响的情况下，确定设施的最佳位置等。对于这些形式不一的问题，物流 GIS 都可以通过运用现有的模型，或者修改一定的参数加以解决。

8.2.3 网络物流模型

网络物流模型用于寻求最有效的分配货物路径问题，也就是物流网点布局问题的解决办法。

物流 GIS 包括网络物流的程序，这些程序解决最有效的分配货物路径或提供服务路径问题。例如，需要把货物从 15 个仓库运到 100 家零售商店，每家商店有固定的需求量，因此需要确定哪个仓库供应哪家零售商店，从而使运输代价最小；在考虑线路上的车流密度的前提下，怎样把空的货车从所在位置调到货物所在位置，这些问题物流 GIS 都能有效解决。

分配集合模型可以根据各个要素的相似点把同一层上的所有或部分要素分成几组，用于解决确定服务范围、销售市场范围等问题。很多物流问题都涉及分配集合模型。例如，某公司要设立 12 个分销点，要求这些分销点覆盖整个地区，且每个分销点的顾客数目大致相等；某既定经济区域（可大至一个国家，小至某一地区、城市）内，考虑各个仓储网点的规模及地理位置等因素，合理划分配送中心的服务范围，确定其供应半径，实现宏观供需平衡。

利用物流 GIS 提供的两个模型：区域分散模型和集中模型来解决这些问题。在对某一区域做地理分区时应使用区域分散模型，而依据某一层上的许多小的要素彼此之间的距离或旅行时间进行组合时则应使用集中模型。

在我国，GIS 的应用及其产业的发展水平与发达国家相比，差距还很大，而且缺乏有效的宏观调控。GIS 在我国物流研究中的应用，迄今为止还处于起步阶段。国内许多物流分析 GIS 软件都是从国外引进的，因此必须处理好已有模型和二次开发的关系。

目前我国已经加快了地理信息系统产业化进程，已有一批我国自行设计的 GIS 软件研制成功，并陆续投入使用。但应注意宏观指导和协调，避免重复开发，浪费资源，无序竞争，尽快实现 GIS 软件应用的国产化，建立全面的、系统的 GIS 数据库。物流企业也应该加大对 GIS 应用的投入，提高信息化水平。

小 结

依赖 GIS 强大的地理数据功能，在物流领域应用 GIS 可以完善物流分析技术，合理调整物流路线和流量，合理设置仓储设施，提高物流作业的效率。

知识链接

GIS 和 MIS 的关系

GIS 和 MIS 都是以计算机为核心的信息处理系统，都具有数据量大和数据之间关系复杂的特点。但 GIS 主要处理空间数据，如土地资源、森林资源、交通运输网络、人口分布等数据。MIS 主要处理物资、设备、资金、产量、库存、劳动力及人事档案、生产合同、计划任务等非空间数据。

在大型 MIS 系统中集成部分 GIS 功能，这种应用模式将越来越广泛。

阅读资料

京东物流配送系统——GIS 大大提高用户购物体验

2015 年，在第三届中国电子信息博览会期间举办的“2015 中国北斗产业化应用论坛”上，京东集团青龙研发部总监李鹏涛全面介绍了 GIS（地理信息系统）在京东物流配送系统中的应用。通过自主研发的 GIS 系统，京东可以对订单轨迹、行车轨迹、配送员轨迹做实时的监控和调度，在企业端完成站点规划、车辆调度、GIS 预分拣、配送员路径优化、GIS 单量统计等模块管理，对用户实现基于位置的服务（location based services，LBS）、订单全程可视化、送货时间可预期、基于 GIS 的 O2O 等服务，大大提高了用户的购物体验。他建议北斗芯片研发、系统生产厂家积极扩展商业联盟，和互联网企业结合，从芯片研发到企业应用形成闭环效应。

京东拥有中国电商行业最大的仓储物流设施。截至 2014 年 12 月 31 日，京东在全国拥有 7 大物流中心，在全国 40 座城市运营着 123 个大型仓库，拥有 3210 个配送站和自提点，覆盖全国 1862 个区县。京东专业的配送队伍已拥有 5 万名员工，上千台车辆，每天的包裹数量达到数百万之巨！如何才能支撑如此庞大的配送体系，为京东用户提供一系列专业的服务呢？李鹏涛在演讲中表示，在支撑京东物流配送的青龙系统中，正是通过自主研发的 GIS 系统实现了对物流运输的有力保障。

据了解，京东 GIS 的系统架构包含基础层、展示层、监控层和运营层，通过不断进行系统优化，京东物流系统已经发挥出规模效应，有效解决了物流配送环节的突出问题。

据悉，我国北斗市场空间巨大，产业发展迅速，2019 年总产值将近 3450 亿元，在这个过程中，北斗终端市场占有率将迅速提升，届时可望发展成为全球范围内与 GPS 比肩的导航系统。业内人士认为，京东在北斗应用方面不断地研发与探索，不但能够为京东物流配送体系的发展提供有力保障，进一步提升京东的用户体验，同时也积极推动了北斗技术的落地，促进北斗相关产业的共同发展，为北斗产业联盟的形成与壮大做出贡献。

本章小结

本章全面系统概要地讲述了 GIS 的基本概念、GIS 的基本构成、GIS 的基本功能、GIS 的地理空间数据类型、GIS 地理数据库、GIS 地理数据的输入与输出、GIS 输出形式、GIS 应用和发展趋势及 GIS 在物流中的作用。

思考与练习

1. 什么是 GIS？
2. GIS 的基本功能是什么？
3. GIS 软件的组成是什么？
4. 举例说明 GIS 的应用。

小组模拟仿真

（要求小组讨论，并将活动成果以小组为单位提交电子作业）

利用 PPT 找出最佳路径

1. 分析问题

1）从学校出发，经过 6 个地点，最后返回学校。
2）找出最佳路径。

2. 活动要求

1）经过的 6 个地点在本地要有代表性。
2）这 6 个地点不能在一条直线上，尽可能分散。
3）分组去找，并以 PPT 的形式表示最佳路径。

3. 制作步骤

1）小组任务要分工，找出全部的路径。
2）估算出经过每条路径所需要的时间。
3）估算出每条路径的长短。
4）估算出每条路径的安全、方便程度，并且量化。

4. 注意事项

以自行车为标准交通工具；考虑的情况要尽可能全面。

5. 作业展示及点评

考核评分参见下表。

考核评分表

考评小组		被考评小组	
考评地点		考评时间	
考评内容	利用 PPT 找出最佳路径		
考评标准	内容	分值	实际得分
	时间最少	60	
	路径短	30	
	道路安全、方便	10	
合计		100	

注：满分为 100 分，60～74 分为及格；75～84 分为良好；85～100 分为优秀。

第9章 智能物流技术

随着计算机与通信技术的迅猛发展，现代物流也逐步完善和进步，无论是仓储、运输还是配送各环节都融入了前沿的技术，极大地提高了物流的效率和服务质量。近年来，零售业的突变和技术的升级一直是物流行业发展的两大核心动力。随着新零售概念的提出，以及现代信息技术的应用，新一代物流行业呼之欲出。人工智能、大数据云计算、物联网及区块链都离不开高质量通信技术的支撑，随着5G移动通信技术的全面商用，基于上述核心的产品将逐步落地，因此新一代物流行业实现的关键契机在于5G通信技术的推动。

9.1 大数据和云计算概述

学习目标

1. 了解大数据和云计算的概念
2. 了解大数据、云计算与智能物流的关系

学习导入

2019 年 8 月 27 日，中交兴路（一个公路货运智能服务平台）与阿里云在北京联合推出“智云”计划，旨在构建“智运网络货运平台系统”，健全网络货运平台生态系统。加快物流行业的网络化、智能化，是降低物流成本、提升实体经济国际竞争力的必然选择。

何谓大数据、云计算呢？

9.1.1 大数据概述

1. 大数据的概念和特点

大数据（big data），又称巨量资料，指的是所涉及的数据资料量规模巨大到无法通过人脑甚至主流软件工具，在合理时间内完成撷取、管理、处理，并整理成为能够帮助企业经营决策的资讯。

大数据的特点是数据量大、数据种类多、要求实时性强、数据所蕴藏的价值大。在各行各业均存在大数据，但是众多的信息是纷繁复杂的，我们需要搜索、处理、分析、归纳、总结其深层次的规律。

2. 大数据的采集

科学技术及互联网的发展，推动着大数据时代的来临，各行各业每天都在产生数量巨大的数据碎片，数据计量单位已从 B、KB、MB、GB、TB 发展到 PB、EB、ZB、YB 甚至 BB、NB、DB。大数据时代数据的采集已不再是技术问题，只是面对如此众多的数据，我们怎样才能找到其内在规律。

3. 大数据的挖掘和处理

大数据必然无法用人脑来推算、估测，或者用单台的计算机进行处理，必须采用分布式计算架构，依托云计算的分布式处理、分布式数据库、云存储和虚拟化技术，因此，大数据的挖掘和处理必须用到云技术。

4. 大数据对经济社会的重要影响

（1）大数据能够推动实现巨大经济效益

例如，对中国零售业净利润增长的贡献，降低制造业产品开发、组装成本等。

（2）大数据能够推动增强社会管理水平

大数据在公共服务领域的应用，可有效推动相关工作开展，提高相关部门的决策水平、服务效率和社会管理水平，产生巨大社会价值。例如，城市通过分析实时采集的交通流量数据，指导驾车出行者选择最佳路径，从而改善城市交通状况。

9.1.2 云计算概述

1. 云计算的概念

云计算（cloud computing）是分布式计算的一种，指的是通过网络“云”将巨大的数据计算处理程序分解成无数个小程序，然后通过多部服务器组成的系统进行处理和分析这些小程序，得到结果并返回给用户。

云计算最大的特点是“快速弹性”，简单地说，就是如果你需要新的计算资源（主机、数据库、磁盘、文件存储），你所做的只是单击几下鼠标（甚至无须单击，可以写代码使其自动化），在几分钟内就能获得你所需的资源，然后当你不需要的时候，可以马上释放，停止计费。

2. 云计算的应用

云计算在我国的运用还只是“冰山一角”，但随着本土化云计算技术产品、解决方案的不断成熟，云计算理念的迅速推广普及，云计算必将成为未来我国重要行业领域的主流IT应用模式，为重点行业用户的信息化建设与IT运维管理工作奠定核心基础。

（1）医药医疗领域

医药企业与医疗单位一直是国内信息化水平较高的行业用户，在“新医改”政策推动下，医药企业与医疗单位对自身信息化体系进行优化升级，以适应医改业务调整要求，在此影响下，以“云信息平台”为核心的信息化集中应用模式孕育而生，逐步取代各系统分散的应用模式，进而提高医药企业的内部信息共享能力与医疗信息公共平台的整体服务能力。

（2）制造领域

随着“后金融危机时代”的到来，制造企业的竞争日趋激烈，企业在不断进行产品创新、管理改进的同时，也在大力开展内部供应链优化与外部供应链整合工作，进而降低运营成本、缩短产品研发生产周期，未来云计算将在制造企业供应链信息化建设方面得到广泛应用，特别是通过对各类业务系统的有机整合，形成企业云供应链信息平台，加速企业内部“研发-采购-生产-库存-销售”信息一体化进程，进而提升制造企业的竞争实力。

（3）金融与能源领域

金融、能源企业一直是国内信息化建设的“领军性”行业用户，在过去几年里，中石化、中保、农行等行业内企业信息化建设已经进入“IT 资源整合集成”阶段，在此期间，需要利用“云计算”模式，搭建基于基础设施即服务（infrastructure as a service，IaaS）的物理集成平台，对各类服务器基础设施应用进行集成，形成能够高度复用与统一管理的 IT 资源池，对外提供统一硬件资源服务。同时在信息系统整合方面，需要建立基于平台即服务（platform as a service，PaaS）的系统整合平台，实现各异构系统间的互联互通。因此，云计算模式将成为金融、能源等大型企业信息化整合的“关键武器”。

（4）电子政务领域

未来，云计算将助力中国各级政府机构“公共服务平台”建设，各级政府机构正在积极开展“公共服务平台”的建设，努力打造“公共服务型政府”的形象，在此期间，需要通过云计算技术来构建高效运营的技术平台，其中包括：利用虚拟化技术建立公共平台服务器集群，利用 PaaS 技术构建公共服务系统等方面，进而实现公共服务平台内部可靠、稳定的运行，提高平台不间断服务能力。

（5）教育科研领域

未来，云计算将为高校与科研单位提供实效化的研发平台。云计算应用已经在清华大学、中国科学院等单位得到了初步应用，并取得了很好的应用效果。在未来，云计算将在我国高校与科研领域得到广泛的应用普及，各大高校将根据自身研究领域与技术需求建立云计算平台，并对原来各下属研究所的服务器与存储资源加以有机整合，提供高效可复用的云计算平台，为科研与教学工作提供强大的计算机资源，进而大大提高研发工作效率。

9.1.3 大数据云计算下的智慧物流

大数据的应用可使物流行业提升物流效率进而应对供应链挑战，同时赋能物流行业，给物流行业带来新的机遇和挑战。

智慧物流要求具备信息化、数字化、网络化、集成化、可视化等先进技术特征。最新的编码、定位、数据库、无线传感网络、卫星技术等高新技术的应用会产生海量数据，贯穿物流全过程。如何挖掘和分析这些海量数据，挖掘价值数据，提高智慧物流效率，是智慧物流大数据战略的核心所在。通过对物流信息处理流程的大数据分析发现，大数据背景下的智慧物流信息技术主要分为智慧物流信息捕捉技术、智慧物流信息推送技术、智慧物流信息处理技术、智慧物流信息分析技术及智慧物流信息预测技术五个方面（图 9.1）。

1. 智慧物流信息捕捉技术

（1）传统智慧物流信息捕捉

传统智慧物流信息捕捉主要是基于供应链的信息采集，主要包括条码技术、RFID 技术、GPS、GIS 技术等。

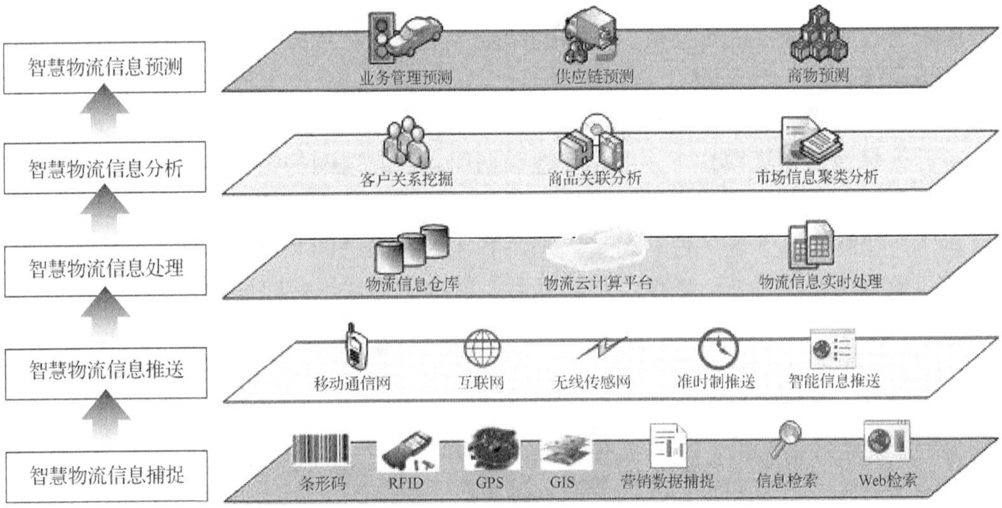

图 9.1　智能物流信息技术

（2）现代智慧物流信息捕捉

大数据背景下的现代智慧物流信息捕捉技术，是基于物品商品类型、物流业务角度的信息捕捉，是针对更广域的超大体量数据环境，如企业营销数据、信息检索数据等，对智慧物流中的商品数量分布、需求分布、商品来源等海量信息进行捕捉。

2. 智慧物流信息推送技术

通过采用移动通信、互联网等网络传输技术为信息推送提供硬件保障，同时在大数据背景下，智慧物流信息采集过程将实体“物”转化为信息和数据传输到网络环境中，再通过通信网络、无线或有线网络将感知信息传递至智慧物流应用平台中。

（1）基于供应链的智慧物流信息推送

基于供应链的智慧物流信息推送，即通过对物流信息的实时掌控与推送，实现供应链业务的高效、快捷。其中，基于拉式生产的准时制（just in time，JIT）技术与理念应用于智慧物流中，从原材料采购、产品生产到销售各个环节，避免了供应链供应缺乏或供应过剩、生产与运输之间的不协调、库存居高不下等弊端。

（2）基于商品的智慧物流信息推送

在互联网经济下，为了实现“以客户为中心”的要求，在准确分析供需关系和商品流量流向的条件下，力求在所发布的内容上满足个性化需求，即有针对性地为用户选择符合其实际的物流服务。

3. 智慧物流信息处理技术

通过建立智慧物流数据仓库，构建物流云计算平台，以及对物流信息实时处理，完成智慧物流信息的存储、计算与实时流处理，为智慧物流提供完备的数据准备。

（1）智慧物流数据仓库

数据仓库技术主要是对数据进行集成化收集和处理，不断地对信息系统中的数据进行整理，为决策者提供决策支持。数据仓库技术主要解决数据的提取、集成及数据的性能优化等问题。

（2）智慧物流云计算平台（图 9.2）

在云计算智慧物流模式下，用户可将数据保存在互联网的数据中心，应用程序的运行依托互联网大规模服务器集群。云计算服务提供商负责数据管理和维护，保证数据的正常运作，智慧物流管理平台为用户提供足够大的存储空间和足够强的计算能力，对全社会物流数据资源进行统一调配。云计算下智慧物流管理平台能够减少企业在物流平台的投资和使用成本，降低企业实现智慧物流管理信息化的门槛，从而提升企业的竞争能力。

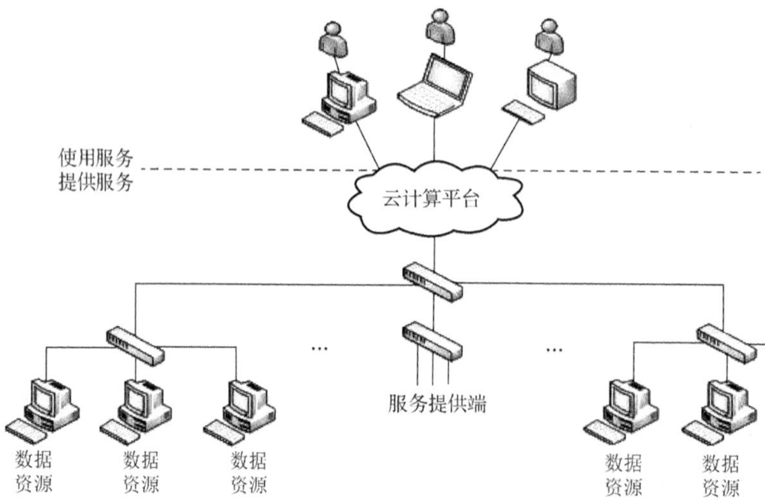

图 9.2　智慧物流云计算平台

4. 智慧物流信息分析技术

通过对物流数据进行关联分析、聚类分析等数据挖掘，可以实现物流客户关系分析、商品关联分析、物流市场信息聚类分析等功能，为智慧物流的运营与发展提供有效的分析与决策。

针对已有的海量客户与商品数据，如何应用数据挖掘技术对其关联关系、内在规律进行解析，进而为物流企业发展提供正确的决策依据，是大数据背景下智慧物流的核心。面对数量巨大的客户信息，物流提供商在设法留住老客户的同时，还要尽可能地挖掘潜在的新客户，用传统的方法并不能满足这一需求。但是，拥有处理海量数据能力及自我学习能力的数据挖掘技术与物流信息系统相结合，就能够为物流企业提供强有力的支持。

5. 智慧物流信息预测技术

利用完备的数据基础和先进的运营理念，在大数据信息预测技术的基础上，可以实现物流配送路线优化、物流预测性运输与动态管理等，真正有效地帮助物流企业制定决策。

（1）智慧物流业务管理预测

在大数据背景下，智慧物流业务管理预测以实现物流各个环节业务预测的信息化、数字化、可视化、智能化为目的，涵盖物流配送业务、运输业务等方面，达到物流配送路线优化、预测性运输和仓储的动态管理。

（2）智慧物流供应链预测

在大数据背景下，智慧物流供应链从货源发布、接单承运、物流跟踪、货物交付到财务核算以及协同的各个环节，都能够运用大数据预测技术对其各环节进行更为翔实的动态掌控。通过大数据预测技术优化供应链战略，推动物流生态发展，能够有效提升物流企业的核心竞争力。

知识链接

云计算的三种服务模式：SaaS、PaaS 和 IaaS

从用户体验的角度出发，云计算可分为以下三种服务模式：

SaaS：software as a service，软件即服务，是将应用作为服务提供给客户。

PaaS：platform as a service，平台即服务，是将开发平台作为服务提供给用户。

IaaS：infrastructure as a service，基础设施即服务，是将虚拟机或其他资源作为服务提供给用户。

小 结

大数据汇聚多平台采集的海量数据，通过大数据技术的分析及预测能力为企业提供智能化的数据分析、运营优化、投放决策、精准营销、竞品分析等整合营销服务，已广泛服务于全国各省市及汽车、快销、金融、教育、房产等各行业。大数据正以稳定的步伐渗透到各个行业之中，未来，我们生活中所接触到的大数据的应用会越来越多。不论企业还是个人，唯有借力于大数据，高效地利用所获得到的信息，才能保持发展的强劲动力，生生不息，大数据正在改变我们的生活。

9.2 物联网技术

学习目标

1. 了解物联网技术的构成
2. 了解 5G 网络技术知识
3. 了解物联网在物流中的应用

学习导入

物联网应用将多个设备连接在一起，并帮助它们进行通信，从智能手表到空调，再到自动驾驶汽车。据预测，全球物联网设备的安装数量将从 2015 年的 154 亿台增长到 2020 年的 307 亿台。到 2025 年，这一数字预计将达到 754 亿台，未来 10 年复合增长率高达 17.21%。在物流行业，以物联网为基础的智慧物流迅速发展，市场空间巨大。那么什么是物联网呢？它由哪些技术构成？

9.2.1 物联网技术概述

1. 物联网的定义

物联网与互联网的区别

物联网（internet of things）指的是将无处不在的末端设备和设施，包括具备“内在智能”的传感器、移动终端、工业系统、数控系统、家庭智能设施、视频监控系统等，和“外在智能”的，如贴上 RFID 的各种资产、携带无线终端的个人与车辆等“智能化物件或动物”或“智能尘埃”，通过各种无线和/或有线的长距离和/或短距离通信网络实现互联互通、应用大集成及基于云计算的 SaaS 营运等模式，在内网、专网、和/或互联网环境下，采用适当的信息安全保障机制，提供安全可控乃至个性化的实时在线监测、定位追溯、报警联动、调度指挥、预案管理、远程控制、安全防范、远程维保、在线升级、统计报表、决策支持、领导桌面等管理和服务功能，实现对“万物”的“高效、节能、安全、环保”的“管、控、营”一体化。

物联网是互联网的延伸，是新一代信息技术的重要组成部分。物联网实现了物体和物体的互联、物体和人的互联，具备全面感知、可靠传送、智能处理特征，使人类可以用更加精细和动态的方式管理生产、生活，从而提高整个社会的信息化能力。

物联网泛指物与物之间互连的网络及应用，广泛应用于交通、物流、安防、电力、家居等领域，分为感知层、网络层和应用层三部分，感知层主要包括各种感知器件和终端设备，感知器件包括 RFID 标签、二维码、各种传感器、摄像机等，网络层分为接入、传输两部分，应用层包括各种应用服务平台。较为成熟的应用领域有智能物流、智能交通、智能电网、安防监控、智能卡系统等。

2. 物联网的关键技术

物联网技术的核心和基础仍然是互联网技术，是在互联网技术的基础上延伸和扩展出的一种网络技术，其用户端延伸和扩展到了任何物品，它们之间进行信息交换和通信。

物联网应用中有三项关键技术。

（1）传感器技术

传感器技术是计算机应用中的关键技术。大家都知道，到目前为止绝大部分计算机处理的都是数字信号。自从计算机出现以来，就需要传感器把模拟信号转换成数字信号，计算机才能处理。

（2）RFID 技术

RFID 技术是融合了无线射频技术和嵌入式技术为一体的综合技术，在自动识别、物品物流管理方面有着广阔的应用前景。

（3）嵌入式系统技术

嵌入式系统技术是综合了计算机软硬件、传感器技术、集成电路技术、电子应用技术为一体的复杂技术。经过几十年的演变，以嵌入式系统为特征的智能终端产品随处可见；小到手机，大到航天航空的卫星系统。嵌入式系统正在改变着人们的生活，推动着工业生产及国防工业的发展。如果把物联网用人体做一个简单比喻，传感器相当于人的眼睛、鼻子、皮肤等感官，网络就是神经系统用来传递信息，嵌入式系统则是人的大脑，在接收到信息后要进行分类处理。这个比喻很形象地描述了传感器、嵌入式系统在物联网中的位置与作用。

9.2.2　物联网的技术架构

物联网的技术架构是由以下三个部分组成（图 9.3）。

1. *感知层*

即利用 RFID、传感器、二维码等随时随地获取物体的信息。

2. *网络层*

通过各种电信网络与互联网的融合，将物体的信息实时准确地传递出去。

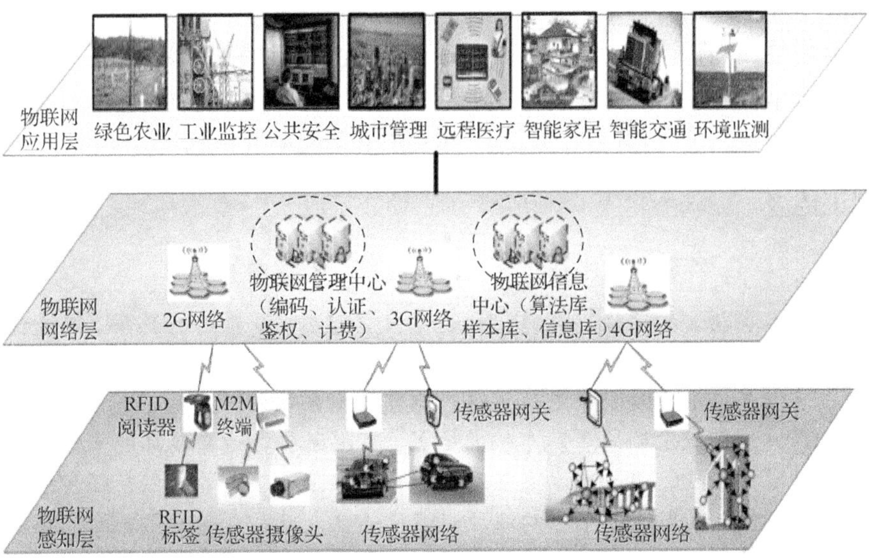

图 9.3　物联网技术结构

3. 应用层

把感知层得到的信息进行处理，实现智能化识别、定位、跟踪、监控和管理等实际应用。

9.2.3 物联网在智能物流系统中的应用

1. 智能管理交通

物流需要货运，而货运就难免遇上堵车的现象，在此前景下就会造成货物到达的时间延后，进而引起一系列的运作问题。应用物联网的智能物流系统，就可以对货运的交通路线进行管理，通过在路途中安放传感器，实时获取路况数据以实现对路况的实时掌控，通过路况分析可以使货车提前走向状况较好的路线，进而最大限度地保证了货运的通畅。

2. 智能仓储管理

智能仓储的管理，是通过电子产品代码（electronic product code，EPC）与无线传感器网络（wireless sensor networks，WSN）技术结合后实现的功能，具体工作流程为，EPC 系统中的 RFID 技术与 WSN 技术进行结合之后，通过阅读器获取 RFID 的信息，与此同时阅读器会将阅读到的信息发送至数据管理中心，数据管理中心在对信息进行分析后发出相关的指令。

3. 冷链物流智能管理

冷链物流智能管理技术在现代物流行业中运行较为广泛，多数用于食品与药品的运输当中，而基于食品药品的特殊性，我国对于冷链物流智能管理有相应的规范。但传统的冷链物流管理的运用有许多不足之处，常见的有人工测量数据，因没有数据系统的支持，导致实时性不强、管理脱节严重、事故责任难以追查等现象发生。冷链物流智能管理系统会使用 RFID 阅读器，对货物所处的温度环境、存储状态等能够及时地记录，进而避免了大部分的人工失误，在此前提下也不需要过多的追查人工的责任。

知识链接

物联网技术在物流运输、存储、配送中的应用

物联网技术在物流的运输、存储、配送过程中都发挥着很好的作用。在物流运输的过程中，物联网技术结合了全球定位技术、地理信息技术、传感器技术、移动通信技术等，首先在运输车辆中安装全球定位系统、地理信息系统的传感器、移动通信设备。这样营销商和用户就可以准确地了解车辆的位置。其次还要在运输物品的车厢内安装传感器，利用传感器技术，营销商可以准确地了解物品温度、湿度等。然后还可以对物品的质量进行监测。例如，当运输车中的温度、湿度降低或升高，传感器就会将信息通过无线信息技术及时地传送给营销商，营销商得到信息后就会对车内的温度、湿度进行控制（图 9.4）。

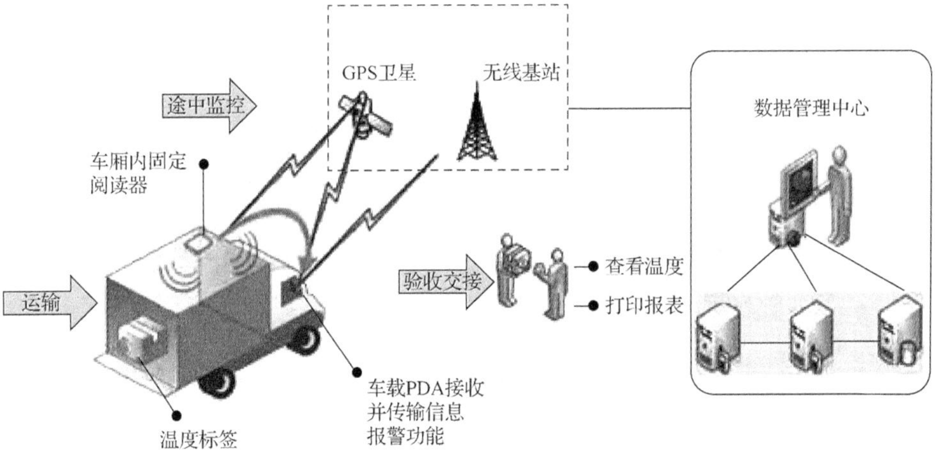

图 9.4　物联网中的智能运输

在物流存储的过程中可以通过物联网技术、射频技术和条码技术对具有集装性的物品进行存储。在物品中贴入条码，并在物品托盘中加入电子标签，托盘上放入同一品种同一数量的物品，当整盘物品出入库时，阅读器对多个托盘进行读取，这样就加快了商品进出库的速度。当不满一托盘时，就要用条码技术对物品进行扫描。

在物流配送的过程中，会借助交通诱导系统了解交通信息，交通诱导系统是交通控制系统、物联网技术、信息技术结合的产物，使车辆与交通系统建立联系，通过无线网络和客户终端互通信息，司机可以及时地了解道路信息。交通诱导系统为用户制定最佳的行车路线，这样就可以使物品能够及时地送到客户手中。

阅读资料

智能交通系统

智能交通系统（intelligent traffic systems, ITS）的前身是智能车辆道路系统（intelligent vehicle highway system, IVHS）。智能交通系统将先进的信息技术、数据通信技术、传感器技术、电子控制技术及计算机技术等有效地综合运用于整个交通运输管理体系，从而建立起一种大范围内、全方位发挥作用的，实时、准确、高效的综合运输和管理系统。该系统由交通信息采集系统、信息处理分析系统、信息发布系统构成。其作用是通过人、车、路的和谐、密切配合提高交通运输效率，缓解交通阻塞，提高路网通过能力，减少交通事故，降低能源消耗，减轻环境污染。

智能运输系统的产生与发展

智能运输系统在物流中的主要应用

智能运输系统的组成

小　结

物联网成为经济社会智能、绿色、可持续发展的关键技术基础与重要的引擎，随着物联网技术的不断发展，物联网的重要性和发展性正在慢慢地凸显，物联网应用将更快地渗透到生活和生产的各个环节之中，市场规模也会不断壮大；产业潜力将更快地释放，市场化的资源配置机制将逐渐地确立；物联网和传统产业也将更加地融合，并给生活方式和生产方式带来更加深刻的改变。

9.3　智能机器人技术

学习目标

1. 了解智能机器人技术
2. 了解智能机器人的发展过程
3. 了解智能机器人在物流中的应用

学习导入

根据 Tractica 的预测，到 2021 年全球仓储和物流机器人出货量将激增至 62 万部，中国企业仍有巨大发展空间。没有机动车辆的轰鸣，没有工作人员的频繁走动，只看到自动导引车（automatic guided vehicle，AGV）在快速移动、码垛机器人在举重若轻地搬运货物——这是以往人们想象中的“智慧物流”，如今，这一梦想已经照进现实。

9.3.1　智能机器人技术概述

1. 智能机器人

智能机器人是一个在感知、思维、效应方面全面模拟人的机器系统，它的外形不一定像人。智能机器人有相当发达的“大脑”。在脑中起作用的是中央计算机，这种计算机跟操作它的人有直接的联系。最主要的是，这样的计算机可以进行按目的安排的动作。正因为这样，我们才说这种机器人才是真正的机器人，尽管它们的外表可能有所不同。它是人工智能技术的综合实验场，可以全面地考察人工智能各个领域的技术，研究它们相互之间的关系。它可以在有害的场所替人从事危险的工作，在上天下海等方面大显身手。

机器人的发展历程大致经历了三个时代：第一代为简单的个体机器人，第二代为群体劳动机器人，第三代为智能机器人。智能机器人带有多种传感器，能够将各种传感器得到的信息进行融合，具有很强的自适应能力、学习能力和自治功能。机器人未来的发展方向是有知觉、有思维、能与人对话，当发生故障时，能通过自我诊断装置诊断出故障位置，并能进行自我修复的智能机器人。

目前，机器人已经广泛应用于人类生产和生活中，随着人工智能、机器人、传感器技术的不断发展，机器人已经由传统的在线示教工作模式向智能工作模式方向发展。

2. 智能机器人分类及介绍

（1）按功能分类

机器人按功能分类可分为一般机器人和智能机器人。一般机器人是指不具有智能，只具有一般编程能力和操作功能的机器人。到目前为止，在世界范围内还没有一个统一的智能机器人定义。

智能机器人根据其智能程度的不同，又可分为以下三种。

1）传感型机器人，又称外部受控机器人。机器人的本体上没有智能单元，只有执行机构和感应机构，它具有利用传感信息（包括视觉、听觉、触觉、接近觉、力觉和红外、超声及激光等）进行传感信息处理、实现控制与操作的能力。传感型机器人受控于外部计算机，在外部计算机上具有智能处理单元，处理由受控机器人采集的各种信息以及机器人本身的各种姿态和轨迹等信息，然后发出控制指令指挥机器人的动作。目前机器人世界杯的小型组比赛使用的机器人就属于这样的类型。

2）交互型机器人。机器人通过计算机系统与操作员或程序员进行人—机对话，实现对机器人的控制与操作。交互型机器人虽然具有了部分处理和决策功能，能够独立地实现一些诸如轨迹规划、简单的避障等功能，但是还要受到外部的控制。

3）自主型机器人。在设计制作之后，机器人无须人的干预，能够在各种环境下自动完成各项拟人任务。自主型机器人的本体上具有感知、处理、决策、执行等模块，可以像一个自主的人一样独立地活动和处理问题。机器人世界杯的中型组比赛中使用的机器人就属于这一类型。

（2）按用途分类

智能机器人与普通机器人在用途上有许多相似之处，但因其智能性使得它能做更复杂的工作，完成更高级的任务。

1）工业智能机器人。依据具体应用的不同，工业智能机器人通常又可以分成焊接机器人、装配机器人、喷漆机器人、码垛机器人、搬运机器人等多种类型。作为具有智能的工业机器人，他们在很多方面超越了传统机器人。

2）农业智能机器人。随着机器人技术的进步，以定型物、无机物为作业对象的工业机器人，正在向更高层次的以动、植物之类的复杂作业对象为目标的农业机器人发展，农业机器人或机器人化的农业机械的应用范围正在逐步扩大。但由于农业机器人所面临的是非结构，不确定、不宜预估的复杂环境和工作对象，所以与工业机器人相比，其研究开发的难度更大。农业机器人的研究开发目前主要集中在耕种、施肥、喷药、蔬菜嫁接、苗木株苗移栽、收获、灌溉、养殖和各种辅助操作等方面。

3）探索智能机器人。机器人除了在工农业上广泛应用之外，还越来越多地用于极限探索，即在恶劣或不适于人类工作的环境中执行任务。例如，在水下（海洋）、太空以及在放射性（有毒）或高温等环境中进行作业。人类借助潜水器具潜入到深海之中探秘已有很长的历史。然而，由于危险性大、费用极高，所以水下机器人就成了代替人在这一危险的环境中工作的最佳工具。空间机器人是指在大气层内和大气层外从事各种作业的机器人，包括在内层空间飞行并进行观测、可完成多种作业的飞行机器人，到外层空间其他星球上进行探测作业的星球探测机器人和在各种航天器里使用的机器人。

4）服务智能机器人。机器人技术不仅在工农业生产、科学探索中得到了广泛应用，也逐渐渗透到人们的日常生活领域，服务机器人就是这类机器人的总称。尽管服务机器人的起步较晚，但应用前景十分广泛，目前主要应用在清洁、护理、执勤、救援、娱乐和代替人对设备维护保养等场合。国际机器人联合会给服务机器人的一个初步定义是，一种以自主或半自主方式运行，能为人类的生活、康复提供服务的机器人，或者是能对设备运行进行维护的一类机器人。

9.3.2 智能机器人发展趋势

视觉技术的进步使得机器人可以实现对作业对象的位置识别、姿态识别，甚至获得作业对象的三维特征；力控制技术的发展使得机器人对作业对象有了更精准的触觉反馈，实现更精细的操作；人工智能的发展使得机器人可以在动态环境下具有更好的规划与决策功能，并可以支持多个机器人协同作业，完成特定任务；人机交互技术的进步使得机器人和操作者之间能够以语音等方式进行更自然的交互；网络技术的发展使得机器人成为智慧工厂的智能设备，能够进行故障诊断与设备维护。随着技术的提升，机器人的功能、性能及可靠性不断增强，具备更高的柔性和智能，能够完成复杂的工作和精细作业，这是机器人在技术上能够胜任大批量替代人的工作的先决技术条件。

1. 未来智能机器人的关键技术发展

未来智能机器人的关键技术发展主要集中在以下方面。

（1）机器人机构优化设计技术

高负重比轻量化手臂、中空手腕设计、一体化关节、新型仿生机构设计等技术。

（2）高性能运动控制技术

人机安全伺服驱动、软 PLC、动力学控制、高速高精度轨迹规划与控制及多机器人协调等技术。

（3）智能人机交互技术

离线编程、三维仿真、VR（虚拟现实）、声音和手势识别、生肌电检测等技术。

（4）智能感知认知和人工智能技术

视觉识别与定位、力控制技术、远程故障诊断、语义理解和深度学习等技术。

2. 智能机器人的应用领域

未来，随着技术的提升，机器人的功能、性能及可靠性不断增强，具备更高的柔性和智能化，能够完成各种复杂的任务和精细作业，所以其应用领域也在由汽车等传统领域向新兴领域不断进行扩展。

（1）服务行业：公共服务机器人、医疗康复机器人及养老助残机器人

产品特点：采用视觉、力觉、激光、超声、红外等多种传感器信息融合提高机器人的智能程度，具有自主导航定位、路径规划、自主避障和人机交互等功能。

典型应用：展示、引导、讲解、端物品、人员识别与判断、医疗辅助、康复健身及情感陪护等。

（2）新兴制造业：柔性多关节机器人、复合型机器人及双臂机器人

产品特点：满足安全、快速、易用及高柔性的操作需求，具有高速度、高精度、小型化等优势。

典型应用：精密组装、部件分拣与装配、生产线自动化上下料、物流运输、设备维修、检测与清洁等。

（3）航空、航天领域：智能工业机器人协调作业系统

产品特点：可以实现对于具有自由曲面的大尺寸工件的三维建模与机器人最优作业轨迹规划，完成大尺寸工件的精确作业，可实现多机器人同时无人化作业，提高作业效率。

典型应用：工作站维修、大部件喷涂、焊接、加工作业等。

（4）物流运输领域：室外 AGV、重载 AGV 及激光导引 AGV 系统

产品特点：可以实现室内、室外复杂环境集装箱等重载物品的自动水平转运。

典型应用：港口集装箱运输、高铁大型部件自动转运、重载工程机械物料运输等。

机器人是“制造业皇冠顶端的明珠”，其研发、制造、应用是衡量一个国家科技创新和高端制造业水平的重要标志。相对于传统机器人简单、重复性劳动来说，智能机器人是更智能化、柔性化、信息化的机器人。狭义上，智能机器人将智能传感技术与机器人技术相融合，使机器人可以更加准确、完全地感知外部信息，做出正确决策，并基于多传感器融合信息对环境进行智能判断和快速反应。广义上，在制造业，通过建立数字化智能无人工厂，将机器人作为核心智能感知和作业单元，实现与加工、装配、物流、仓储等生产作业系统的泛在感知与无缝集成；在非制造业，将新兴技术与机器人技术深度融合，实现人类在智慧城市享受智慧生活所带来的极致体验。因此，智能机器人代表了机器人未来的趋势和发展方向。

9.3.3　智能机器人与物流

1. 智能物流大战核心是机器人

随着中国的人口红利逐渐消失，科技创新正在席卷全球，传统行业正不断地与科技

碰撞。依赖人力的物流行业，也正努力从劳动密集型向技术密集型转变，从传统模式向机器人智能物流升级。机器人智能物流，顾名思义，即是用机器人作为物理载体，综合机器人、人工智能、大数据等先进技术，将物流的不同环节实现自动化、柔性化、智能化的系统级解决方案。

随着互联网、电子商务的迅猛发展，消费者的需求也在逐渐转变，更趋于多样化和个性化，企业的订单处理也呈现出“多品种、小批量、多批次、高时效”的特点。特别是“新零售”概念的推出，对仓储系统的智能化、柔性化提出了更高的要求。企业要想高效率、低成本地履行订单，一套自动化、智能化的仓储系统显得尤为重要，这就对物流机器人的应用提出了强烈需求。基于“货到人”方案的机器人可以完成补货、整箱拣货、拆零拣选、退货等物流作业，近年来需求巨大。

在如今的大环境下，机器人企业如雨后春笋般涌现，各种物流机器人迅速面世，并在搬运、码垛、拣选等物流环节得到应用，具体涉及的物流机器人可以分为自动导引车、码垛机器人、分拣机器人等多种。

AGV 即自动导引车，一种具有高度柔性化和智能化的物流搬运设备，被称为移动机器人，国外从 20 世纪 50 年代开始在仓储业使用；AGV 的核心技术主要包括传感器技术、导航技术、伺服驱动技术、系统集成技术。拥有自主核心技术是每个 AGV 企业发展的关键。

码垛机器人不仅能搬运重物，而且作业速度和质量远远高于人工；每一台码垛机器人都有独立的控制系统，极大地保证了作业精度；通过科学、合理的刚性机械本体设计，机器人可以适应高负重、高频率、高灵活性的码垛作业。

分拣机器人一般具备传感器、物镜、图像识别系统和多功能机械手，可根据图像识别系统“看到”物品形状，用机械手抓取物品，然后放到指定位置，实现货物快速分拣。目前，分拣机器人在仓储物流的应用不是很多，有部分企业正在尝试研发和生产人机配合作业的分拣机器人。

2. 电商巨头争先加入智能物流体系

电子商务物流

（1）京东从运输机器人到送货无人机

京东的仓储运输机器人飞马和搬运机器人地狼 AGV，已在京东“亚洲一号”仓库正式亮相，分拣机器人、智能叉车、智能机械臂等相关产品也得以规模化应用。据了解，通过人工智能、深度学习、图像识别、大数据等诸多技术的赋能，这些机器人能够适应不同的应用场景，完成各种复杂的任务。京东自主研发的重型无人机目标有效载重量达 1～5t，飞行距离超过 1000km，100%自主知识产权。同时京东超重无人机项目也已立项，目标有效载重量达 40～60t，飞行距离超过 6000km。

（2）阿里巴巴打造智慧物流“未来园区”

阿里巴巴作为国内的又一电商巨头，其在智能物流机器人的布局上也不落人后。早在 2016 年，阿里巴巴就成立了菜鸟 ET 物流实验室，专门负责物流机器人的研发工作。

时至今日，阿里巴巴已经推出了配送机器人“小 G”和分拣机器人“曹操”等多款产品。2018 年，阿里巴巴旗下的菜鸟网络公布了一个很可能改写物流园区形态的产品——全球首个基于物流 IoT（物联网）的“未来园区”。这是该前沿技术全球范围内第一次大规模在物流领域应用。通过给各种物理设备装上感应器，让每个摄像头在云端之外进行边缘计算，整个“未来园区”在繁忙场景下可以调度自如。在智能仓库内部，菜鸟投入了单仓超过 500 个 AGV 机器人的作业规模。商品离开仓库后，在配送和最后 100m 签收环节，也出现了多种黑科技。无人车矩阵、无人机编队在“天猫 6·18”小试牛刀。高储量的快递塔、刷脸自提柜、菜鸟小盒等神器，也在用科技刷新消费者的收包裹体验。

（3）亚马逊的智能物流体系建设

亚马逊自 2014 年开始便在其智能物流体系中使用 Kiva 机器人，如今亚马逊已启用了如摇臂机器人、仓储机器人、智能运算推荐包装、智能包裹分拣等多款机器人。其中仅仓储机器人便已在全球部署了 10 万台。2017 年 9 月，亚马逊宣布在纽约的首个订单履行中心将坐落于史坦顿岛，将全面启用“机器人员工”以提高订单处理效率，公司称新员工将有机会“与先进的机器人”协同工作。2018 年 9 月，亚马逊位于纽约史坦顿岛的大型物流中心开业。

小 结

许多国家为提高本国制造业的竞争力纷纷制定了促进国家工业发展的复兴计划，如美国的再工业化和工业互联网战略、德国的工业 4.0 战略、日本的机器人新战略及中国的智能制造 2025 战略等。这些战略都无例外地将工业机器人作为未来发展的重点领域之一。随着社会经济的不断发展，高速增长的物流需求对物流行业的服务效率提出了更高要求，而工业机器人作为一种高度自动化装备势必会在迅猛发展的物流业中占有一席之地。

阅读资料

亚马逊的物流技术

亚马逊从成立至今经历了 20 多年的发展，同时也引领了电商仓储物流的发展 20 多年。亚马逊创始人贝佐斯曾经说过：你可以学会亚马逊的过去、学会亚马逊的现在，但你学不会亚马逊的未来。从 20 多年前贝佐斯的汽车房到今天的机器人库房、直升机配送，亚马逊开创了一整套以高科技为支撑的电商仓储物流的模式，在过去 20 多年快速稳健的发展中，亚马逊已经形成了成熟的覆盖全球的运营网络。

亚马逊是最早玩转物流大数据的电商企业：亚马逊在业内率先使用了大数据、人工智能和云技术进行仓储物流的管理。亚马逊创新地推出了预测性调拨、跨区域配送、跨国境配送等服务，不断给全球电商和物流行业带来惊喜。

1. 亚马逊的智能机器人 Kiva 技术

亚马逊在 2012 年以 7.75 亿美金的价格收购 Kiva Systems，大大提升了亚马逊物流系统的运行效率。据悉，时至 2015 年亚马逊已经将机器人数量增至 10000 台，用于北美的各大运转中心。Kiva 系统作业效率要比传统的物流作业提升 2～4 倍，机器人每小时可跑 30 英里，准确率达到 99.99%。亚马逊的机器人仓库如图 9.5 所示。

图 9.5 亚马逊的机器人仓库

机器人作业颠覆了传统电商物流中心作业“人找货、人找货位”模式，通过作业计划调动机器人，实现“货找人、货位找人”模式，使整个物流中心库区无人化，各个库位在 Kiva 机器人驱动下自动排序到作业岗位。

2. 无人机送货

早在 2013 年 12 月，亚马逊就发布了 Prime Air 无人快递，顾客在网上下单时，如果重量在 0.5kg 以下，可以选择无人机配送，快递会在 30min 内送到。整个过程无人化，无人机在物流中心流水线末端自动取件，直接飞向顾客。2014 年，贝佐斯曾公开表示，亚马逊正在设计第八代送货无人机，将采用无人机为 AmazonFresh 生鲜配送服务。

3. 订单与客户服务中的大数据应用

亚马逊是第一个将大数据推广到电商物流平台运作的企业。电商完整的端到端服务可分为五大类，即浏览、购物、仓配、配送和客户服务。

（1）浏览

亚马逊有一套基于大数据分析的技术来精准分析客户的需求。具体方法是，系统后台会记录、分析客户的浏览历史和购物历史，并随之决策把顾客感兴趣的商品库存放在离他们最近的运营中心，以提升顾客的购物体验。

（2）购物

亚马逊能够帮助客户不管在哪个角落都可以快速下单，也可以很快收到他们喜欢的选品。

（3）仓储

大数据驱动的仓储订单运营非常高效，亚马逊（中国）运营中心最快可以在 30min 之内完成整个订单处理，订单接收、快速拣选、快速包装、分拣等一切都由大数据驱动且全程可视化。由于亚马逊后台的系统分析能力非常强大，因此能够实现快速分解和处理订单。

（4）配送

对电商物流来说，快不是本事，真正体现高技术的是精准的物流配送。亚马逊的物流体系会根据客户的具体需求时间进行科学配载，调整配送计划，实现在用户定义的时间范围内精准送达，亚马逊在美国还可以根据大数据的预测，提前发货。

（5）客户服务

据悉，亚马逊（中国）提供的是 7×24 小时不间断的客户服务，首次创建了技术系统识别和预测客户需求，根据用户的浏览记录、订单信息、来电问题，定制化地向用户推送不同的自助服务工具，大数据可以保证客户可以随时随地电话联系对应的客户服务团队。

4. 智能入库管理技术

亚马逊全球的运营中心从入库这一时刻开始，就把大数据技术应用得淋漓尽致。

（1）商品入库

采用独特的采购入库监控策略，亚马逊基于自己过去的经验和所有历史数据的收集，了解什么样的品类容易坏，坏在哪里，然后给它进行预包装。这都是在收货环节提供的增值服务。

（2）商品测量

亚马逊的 Cubi Scan 仪器会为新入库的中小体积商品测量长宽高和体积，根据这些商品信息优化入库。例如，鞋服类、百货、新的爆款等，都可以直接送过来通过 Cubi 测量直接入库。

这一做法给供应商提供了很大方便，供应商不需要自己测量新品，大大提升了新品上升速度；同时有了这个尺寸之后，亚马逊数据库可以存储下这些数据，在全国范围内共享，这样其他库房就可以直接利用这些后台数据，有利于后续的优化、设计和区域规划。

5. 大数据驱动的智能拣货和智能算法

（1）智能算法驱动物流作业，保障拣货最优路径

在亚马逊的运营中心，不管是什么时间点，基本上在任何一个区域、任何一个通道

里面，几乎不会出现很多人聚在一起的情况，这是为什么呢？因为亚马逊的后台有一套数据算法，它会给每个人随机地优化他的拣货路径。系统会推荐下一个要拣的货在哪儿，拣货的员工直接朝前走，永远不走回头路，而且确保全部拣选完了之后，路径最短。通过这种智能的计算和智能的推荐，可以把传统作业模式的拣货行走路径减少至少 60%。

（2）图书仓的复杂作业方法

图书仓采用的是加强版监控，相似品尽量不放在同一个货位，而是穿插摆放。亚马逊通过数据分析发现，这样穿插摆放可以保证每个员工的拣货任务比较平均。

（3）畅销品的运营策略

例如奶粉，有些是放在货架上的，有些是放在托盘位上的。亚马逊通过后台的大数据分析得知哪种奶粉需求量大，那么它进来的时候就是整批整批地进，并被放在离发货区比较近的地方，这样可以减少员工的负重行走路程。

6. 随机存储

（1）随机存储的运营原则

随机存储是亚马逊运营的重要技术之一，但要说明的是，亚马逊的随机存储不是随便存储，是有一定的原则性的，特别是畅销商品与非畅销商品，要考虑先进先出的原则，同时随机存储还与最佳路径也有重要关系。

（2）随机存储与系统管理

亚马逊的随机存储核心是系统 Bin，将货品、货位、数量绑定关系发挥极致。收货：把订单看成一个货位，运货车是另一个货位，收货即货位移动；上架：Bin 绑定货位与货品后随意存放；盘点：与 Bin 同步，不影响作业；拣货：Bin 生成批次，指定库位，给出作业路径；出货：订单生成包裹。

（3）随机存储运营特色

亚马逊的运营中心有两大特色，其中一个特色就是随机上架，实现的是见缝插针式的最佳存储方式。看似杂乱，实则乱中有序。实际上这个乱不是真正的乱，乱就是说可以打破品类和品类之间的界线，把它放在一起。有序是说，库位的标签就是它的“GPS”，然后这个货位里面所有的商品其实在系统里面都是各就其位，非常精准地被记录在它所在的区域。

7. 智能分仓和智能调拨

亚马逊作为全球大云仓平台，智能分仓和智能调拨拥有独特的技术含量。在亚马逊（中国），全国 10 多个平行仓的调拨完全是在精准的供应链计划的驱动下进行的。

（1）独特的供应链智能大数据管理体系

通过亚马逊独特的供应链智能大数据管理体系，亚马逊实现了智能分仓、就近备货和预测式调拨。这不仅用在自营电商平台上，在开放的“亚马逊物流+”平台中应用得更加有效果。

（2）智能化调拨库存

全国各个省市包括各大运营中心之间都有干线的运输调配，以确保库存已经提前调拨到离客户最近的运营中心。整个智能化全国调拨运输网络很好地支持了平行仓的概念，全国范围内只要有货就可以下单购买，这是大数据体系支持全国运输调拨网络的充分表现。

8. 精准预测、二维码精准定位技术

（1）精准的库存信息

亚马逊的智能仓储管理技术能够实现连续动态盘点，库存精准率达到99.99%。

（2）精准预测库存，分配库存

在业务高峰期，亚马逊通过大数据分析可以做到对库存需求精准预测，在配货规划、运力调配及末端配送等方面做好准备，平衡了订单运营能力，大大降低了爆仓的风险。

（3）二维码

亚马逊全球运营中心中，每一个库位都有一个独特的编码：二维码。二维码是每一个货位的身份证，就是一个“GPS”，可以在系统里查出商品位置，亚马逊精准的库位管理可以实现全球库存精准定位。

9. 可视化订单作业、包裹追踪

在跨境电商方面，2015年8月13日，亚马逊发布了“海外购·闪购”，这是依托保税区/自贸区发货的创新模式。亚马逊海外购的商品非常有价格优势，同质同价。

亚马逊（中国）的员工在当地就能看到来自大洋彼岸库存，亚马逊实现了全球百货直供中国，这是在全球电商供应链可视化中，亚马逊独特的运营能力。亚马逊在中国独一无二地实现了全球可视化的供应链管理。

在国内，亚马逊平台可以让消费者、合作商和亚马逊的工作人员全程监控货物、包裹位置和订单状态。例如，昆山运营中心品类包罗万象，任何订单的执行包括从前端的预约到收货；内部存储管理、库存调拨，拣货、包装；以及配送发货，送到客户手中，整个过程环环相扣，每个流程都有数据的支持，并通过系统实现全订单的可视化管理。

10. 亚马逊独特发货拣货技术

某年“双11”的亚马逊运营中心大量采用了“八爪鱼”技术，作业人员会根据客户的送货地址设计出来不同的送货路线，不同时间点经过不同的线路，分配到不同的流水线方向。在“八爪鱼”作业台操作的员工，主要是负责把在前面已经运作完的货品，分配到专门的路由上去。

采用这种运营模式，一个员工站在分拣线的末端就可以非常高效地将所有包裹通过

“八爪鱼”作业台分配到各个路由上面。站在中间那个位置，一个人可以眼观六路，这个作业可以通达八方，非常高效，没有人员的冗余。而且，“八爪鱼”作业台上全部是滚珠式的琉璃架，没有任何的板台，员工的作业很方便。

11. 其他重要的技术应用

（1）物联网技术

在亚马逊的运营中心，安全标准设定很高，人和车、物要分开，所以会有镜子帮助工作人员了解周围路况，有人就停下来。

另外，司机有安全带，员工有安全帽，安全帽里有芯片，如果探测到一定范围内有人，也会停下来，镜子的用途即是同理。

（2）双库联动模式

亚马逊昆山运营中心有一个类似于天桥的传送带，全封闭式，其作用是完成不同品类的合单，通过传送带可以将一个库的货物转到另一个库中，这又叫双库联动。昆山运营中心是超大库，在两个超大库之间进行双库联动对效率有非常高的要求，对时间点的把控也很严格。

本章小结

智能化是电子商务下现代物流的一个典型特征。智能化是物流自动化、信息化的一种高层次应用，物流作业过程中大量的运筹和决策，如库存水平的确定、运输（搬运）路线的选择、自动导向车的运行轨迹和作业控制、自动分拣机的运行、物流配送中心经营管理的决策支持等问题，都可以借助专家系统、人工智能和机器人等相关技术加以解决。除了智能化交通运输外，无人搬运车、机器人堆码、无人叉车、自动分类分拣系统、无纸化办公系统等现代物流技术，都大大提高了物流的机械化、自动化和智能化水平。同时，还出现了虚拟仓库、虚拟银行的供应链管理，这都必将把现代物流推向一个崭新的发展阶段。

思考与练习

1. 什么是云计算和大数据？
2. 物联网基本构架是什么？
3. 简要说明智能机器人的分类。

小组模拟仿真

（要求小组讨论，并将活动成果以小组为单位提交电子作业）

未来智能物流技术

1. 活动要求

1）分析当前智能物流技术的应用水平。
2）想象一下，你希望未来物流是什么样子的。
3）说出你的想法（可能现在无法实现，但未来有可能实现）。

2. 活动要求

为了能够充分展示自己的观点，可用一些相关的图片资料。

3. 活动目的

通过活动，谈谈你对未来的智能物流有何设想。

4. 作业展示及点评

考核评分参见下表。

考核评分表

<table>
<tr><td>考评小组</td><td></td><td>被考评小组</td><td></td></tr>
<tr><td>考评地点</td><td></td><td>考评时间</td><td></td></tr>
<tr><td>考评内容</td><td colspan="3">未来智能物流技术</td></tr>
<tr><td rowspan="4">考评标准</td><td>内容</td><td>分值</td><td>实际得分</td></tr>
<tr><td>功能齐全，设计合理</td><td>60</td><td></td></tr>
<tr><td>标志形象，美观大方</td><td>30</td><td></td></tr>
<tr><td>整体内容连贯，素材运用得当</td><td>10</td><td></td></tr>
<tr><td colspan="2">合计</td><td>100</td><td></td></tr>
</table>

注：满分为 100 分，60～74 分为及格；75～84 分为良好；85～100 分为优秀。

参 考 文 献

鲍吉龙，江锦祥，2017. 物流信息技术[M]. 3 版. 北京：机械工业出版社.
李建成，2002. 现代物流概论[M]. 北京：中国财政经济出版社.
李平，赵丽华，马丽，2006. 管理信息系统[M]. 北京：清华大学出版社.
王世文，2010. 物流管理信息系统[M]. 2 版. 北京：电子工业出版社.
钟雁，2006. 管理信息系统开发案例分析[M]. 北京：清华大学出版社.
http://www.56b2b.com